산돌의 아침

산돌의 아침

매일 성서 묵상 구약

아침

김종수 · 김경희 함께 지음

동연

참 나와 자유를 찾아서, 말씀 속으로

목포산돌교회 故 김종수 목사와 김경희 부목사가 매일 아침 배달한 『산돌의 아침 ─ 매일 성서 묵상』이 나왔다. 코로나19 팬데믹으로 교회들도 대면 예배를 드리지 못하고 심방도 못하던 때 비대면이지만 새벽 배송처럼 목사님들은 매일 아침 카톡을 통해 생명의 양식을 배달해 주었다. 2019년부터 2023년 5월까지 산돌교회 신도들은 그 말씀을 먹고, 지혜도 생명도 사랑도 용기도 얻어 생활했다.

지난 6월 말 담임목사님이 갑자기 하나님 품으로 돌아가면서 말씀 배송이 잠시 중단되었다. 산돌교회는 고 김종수 목사님을 기억하고자 두 목사님이 쓴 매일 성서 묵상 글 중 먼저 구약성서 편을 묶어 출판하게 되었다. 또 다른 목적이 있다면 『산돌의 아침 ─ 매일 성서 묵상』이 목포산돌교회를 너머 더 많은 목사와 신도들에게 배달되기를 바라는 마음에서다.

수많은 말씀 묵상집이 출판되고 있지만 이 책은 다른 묵상집들에서 보기 힘든 신학적·신앙적·사회적·역사적 통찰이 성서 해석에 담겨 있다. 이 책은 다음과 같은 특징을 담고 있다.

─ 신앙과 삶이 하나되는 말씀 해석이 특징이다.

— 사회와 세상을 외면하지 않는 말씀 해석이 특징이다.

— 하나님 말씀에 세속 가치(돈, 권력, 이념 등)를 물타기하는 거짓 설교
　를 비판하고 바로잡는 말씀 해석이 특징이다.

— 시대착오적이고 진부한 성서해석을 비판하면서 새롭게 말씀을 해석
　하는 것이 특징이다.

『산돌의 아침 — 매일 성서 묵상』이 목사님들에게는 설교 소재와
새로운 해석의 지혜를 얻는 데 보탬이 되기를 바라고, 거짓 목사들에
게 길든 신도들에게는 참 나와 자유를 찾는 데 도움이 되기를
바라며 구독을 추천한다.

기장 · 서울노회 원로목사

강원구

머 리 말

아침을 여는 말씀, 말씀을 여는 묵상

　　목사님이 돌아가시고 얼마 후 부고를 듣지 못한 교단의 한 목사님에게서 전화가 왔다. 어느 일간지 지면에서 목사님 소식을 알게 되었다면서 위로의 말을 전해왔다. 그러면서 그즈음 교단 회보에 실린 "설교 자료"를 언급하셨다. 필자가 지난 5·6월호 회보에 원고를 기고한 적이 있다. 전화하신 목사님께서는 그 글을 읽었을 때 마치 김종수 목사님의 글을 읽는 듯하였다는 말씀이었다. 어느덧 문장이 비슷해졌을까? 어느덧 스승을 닮은 제자가 된 듯하여 슬픈 중에도 잠시 웃었다. 문장만이 아니라 글의 뜻과 깊이까지도 닮아 있었기를….

　　'말씀'에서 길을 찾던 사람이었다. 이 책을 준비하며, 그 많은 말씀을 두고 어찌 눈을 감으셨을까 싶어졌다. 늘 시간이 부족하던 분이었다. 그래서 목사님이 쓰는 분량의 원고는 언제나 나보다 먼저 내 책상 위에 출근해 있었다. 그 원고를 교정하는 것이 나의 첫 업무였다. 그리고 다음날 새벽에 발송한다.

　　2020년 7월 9일에 시작하여 2023년 5월 9일까지 화수목금요일에 길어 올린 묵상 글은 전부 501편이다. 그 가운데 1/4은 내 몫이었다. 그중에 구약 편만 우선 골라 출판하게 되었다. 전화하셨던 목사님처럼, 누가 쓴 것인지 쉬이 구분이 가지 않는다면 나는 또 잠시 웃을 것 같다.

어린아이가 말을 트기까지 3~4년의 시간이 걸린다. 하나님의 말씀을 묵상하여 그것을 글로 써 내려가는 데도 그에 비유할만한 오랜 침묵과 기다림이 필요하다. 깊은 곳까지 두레박을 내려 깊고도 맑은 샘을 길어 올리듯이 말씀도 여지없이 그러하다. 그만큼의 깊은 물, 맑은 물, 달콤하고 시원한 물이라고 장담할 수는 없다. 어떤 날은 서둘러 쓰기도 하고, 어떤 날은 가볍게 써 내려가기도 했으니까. 다만 그 모든 순간 말씀 앞에 선 목사로서의 성실함과 정직함을 담았음에는 부끄러움이 없다. 김종수 목사님도 그리고 나도….

목사님은 이 책을 올해 초에 내고 싶어 하셨는데, 올해 초부터 몸이 약해지셨고 그 덕에 나는 더욱 바빠져서 목사님 생전에 이 책을 보게 해드리지 못했다. 담임목사와 부목사가 함께 쓰고 교우들이 함께 읽으며 마침내 완성된 『산돌의 아침 ― 매일 성서 묵상(구약)』, 그 아침이 지나가 버린 과거의 어느 날이 아니기를 바란다.

이번 편이 '구약' 편이기 때문에 머잖아 '신약' 편이 다시 출판될 것을 기대한다. 모든 것이 근원으로 돌아가는 계절, 그토록 사모했던 말씀의 근원으로 돌아가신 고 김종수 목사님과 산돌에서 12년 목회를 마무리하는 나에게 이 책은 선물이다. 산돌 교우들에게도 목사님과 내가 전하는 마지막 선물로 간직되기를 소망한다.

2023년 12월 2일
목포산돌교회에서
김경희

차 례

지혜서 묵상 377

일러두기

이 책에 사용한 신구약성서 역본은 표준새번역이며, 다른 역본을 사용한 경우 별도로 표기하였다.

오경 묵상

태초에

태초에 하나님이 천지를 창조하셨다(창 1:1).

그리스어로 '거룩한 기록'을 뜻하는 히에로글리프(Hieroglyph)는 기원전 3200년부터 기원후 394년까지 약 3,600여 년 동안 사용되었던 고대 이집트의 공식 문자로, 신의(hiero) 문자(glyph)라고도 하며 형상을 본떠 글자를 만들었다 하여 상형문자라고 번역하기도 합니다. 히브리어의 알파벳에도 상형문자적 요소가 있다고 유대교 랍비들은 말합니다. 창세기의 첫 낱말 '태초에'는 히브리어로 '버레쉬트'라고 하는데, 그 첫 글자는 히브리어 알파벳 두 번째인 ב(베트)입니다. 랍비들은 왜 구약성서의 첫 글자가 히브리어 알파벳의 첫 글자인 '알레프'(א)가 아니고 두 번째인 '베트'인지 나름 상상했습니다. 히브리어는 일반적인 언어와 달리 오른쪽에서 왼쪽 방향으로 써 내려갑니다. "이 글자(ב)는 쓰는 방향을 기준으로 볼 때 앞쪽만 열려있고, 나머지 세 방향, 곧 위와 아래 그리고 뒤는 사람을 비롯한 창조 세계에 허용되지 않았다는 의미가 됩니다. 오직 한 가지 방향, 즉 미래만 열려 있다는 해석이 가능합니다"(김창주,『창세기 마루』, 22).

다행입니다. 시간의 뒤인 과거나 공간에 있어서 하늘이나 땅 밑으로 가지 않아서 말입니다. 물론 갈 수도 없지만 갈 방향이 정해져 있어 선택할 필요도 없습니다. 물론 미래로 제대로 가기 위해서는 지난 과거에 대한 반성이 있어야 하고 하늘의 뜻과 현재 딛고 있는 땅의 현실을 밑바닥까지 깊이 알아야 할 것입니다. 그래서 우리는 지난 역사를 배우고 하나님의 뜻을 깨닫고 땅의 자연과 인간에 대해 깊이 연구합니다. 그것이 미래를 소망으로 이끌어줄 것입니다. 앞을 빼고 나머지 세 방향을 닫은 것은 혹여나 과거에 매이거나 멍하니 하늘만 바라보거나 현실에 절망하여 땅에 주저앉아 버릴 것을 염려했기 때문은 아닐까요?

이런 의미에서 '태초에'는 물리적 시간을 뜻하지 않습니다. 이것은 미래를 향해 기꺼이 가는 결단의 시간, 영적 의미의 시간입니다. 창조란 결단입니다. 근본적인 결단입니다. 그래서 '태초에'라는 말을 '근원적으로', '근본적으로'라고 쓰기도 합니다. 요한복음은 이 히브리어를 헬라어로 번역하여 "태초에(엔 아르케) 말씀이 계셨다"(1:1)로 시작합니다. 말씀은 약속입니다. 약속은 미래의 자리에서 성취됩니다.

창조

태초에 하나님이 천지를 창조하셨다. 땅이 혼돈하고 공허하며, 어둠이 깊음 위에 있고, 하나님의 영은 물 위에 움직이고 계셨다. 하나님이 말씀하시기를 "빛이 생겨라" 하시니, 빛이 생겼다(창 1:1-3).

직역하면 "처음에 하나님이 그 하늘과 그 땅을 창조하셨다"입니다. '창조하다'는 히브리어로 '바라'입니다. "'바라'라는 동사의 피상적이며 거친 의미는 '(빵과 고기의 쓸데없는 부위를) 칼로 잘라내다'입니다. 이 의미로는 무에서 유를 만드는 것이 아닙니다. 요리사나 사제가 신에게 제사를 드리기 위해 제물의 쓸데없는 것을 과감히 제거해 신이 원하는 제물을 만드는 것처럼, 창조란 자신의 삶에 있어서 핵심을 찾아가는 과정입니다. 이 과정은 자신의 삶의 깊은 관조를 통해 부수적인 것, 쓸데없는 것, 남의 눈치, 체면을 제거하는 거룩한 행위입니다"(배철현, 『심연』, 109).

창조의 주체, 창조주 '하나님'은 히브리어로 '엘로힘'인데 아카드어 '엘루'에서 온 말로, 그 뜻은 '거룩'입니다. 거룩한 분이 만드신 거룩한 천지, 모든 피조물입니다. 그런데 하늘이 아니라 땅이 혼돈하고 공허하며, 어둠이 깊음 위에 있었습니다. 땅의 현실입니다. 이 구절의 역사적 배경은 이스라엘이 바빌론 포로로 잡혀와 유프라테스강과 티그리스강 사이 포로 촌에 있을 때입니다. "고대 근동의 제국들의 경전으로 기록된 '에누마 엘리쉬'를 보면 천지 창조는 제국의 신들의 전쟁에서 비롯된 것입니다. 폭력이 창조의 원동력이라는 세계관은 제국의 도성민들이 신봉하는 우상 숭배의 세속적 사상입니다"(이영재, 『토라서론』, 34). 오늘날과 다를 바 없는 제국들의 힘 자랑으로 인한 전쟁의 혼돈, 공허, 어둠입니다. 힘을 자랑하는 제국이 세계를 지배하는 것을 창조라고 본 것입니다. 그런데 성서는 창조를 어떻게 말하고 있습니까?

성서의 창조는 제국의 신들의 전쟁을 단호히 거부합니다. 폭력 창조론은 제국의 지배자들이 신봉하는 사상이었습니다. 바빌론 제국의 치하에서 억압당하던 유대 공동체는 제국의 신이 만든 세상이 어떠했는가를 뼈저리게 느낍니다. 바빌론 포로에서 문자화된 성서의 창조는 하나님의 말씀입니다. "하나님이 말씀하시기를"(요메르 엘로힘)이 창세기 1장에서만 아홉 차례 반복됩니다(1:3, 6, 9, 11, 14, 20, 24, 26, 29). 하나님의 말씀은 그분의 꿈이며 약속입니다. 생각과 꿈은 보이지 않는 것입니다. 그 보이지 않는 것이 보이는 것을 만듭니다. 예컨대 비행기는 어떻게 만들어졌는가요? 비행기가 만들어지는 첫 시작은 무엇입니까? 보이는 물질이 아닙니다. 더 빨리, 높이 날고자 하는 인간의 꿈이 만든 것입니다. 보이지 않는 것이 보이는 것을 만들었습니다. 무로부터의 창조는 바로 이를 두고 한 말입니다. 신앙은 하나님의 말씀에 드러난 그 뜻을 찾아 창조의 사역에 쓰임 받는 것입니다.

사실과 진실

하나님이 말씀하시기를 "빛이 생겨라" 하시니, 빛이 생겼다. 그 빛이 하나님 보시기에 좋았다. 하나님이 빛과 어둠을 나누셔서, 빛을 낮이라고 하시고, 어둠을 밤이라고 하셨다. 저녁이 되고 아침이 되니, 하루가 지났다(창 1:3-5).

구약성경의 첫 마디는 '태초에'(창 1:1)라는 말입니다. '태초'라는 말은 물리적인 시간의 처음을 가리키는 말이 아닙니다. '태초'가 물리적인 시간이라면 지구의 나이는 45억 년이 아니라 6천 년일 것입니다. 성서는 과학에 관심이 없습니다. 사실 성서는 팩트에 관심이 없습니다. 성서의 관심은 사실을 넘어선 진실입니다. 사실과 진실, 이 차이는 엄청납니다. 만일 성서를 사실의 눈으로 볼 때 우리는 엄청난 모순을 만나고 신앙은 여지없이 왜곡됩니다. 3절 이하를 보면 하나님이 첫째 날에 빛을 만드시며 낮과 밤을 만드십니다. 낮과 밤을 구별 짓게 하는 것이 무엇입니까? 태양입니다. 해가 뜨면 낮이고 해가 지면 밤입니다. 그런데 16절을 보면 그 해를 하나님은 넷째 날에 만드십니다. 16절의 큰 빛이 해를 가리키고 작은 빛이 달을 가리킵니다. 첫날 해를 아직 만들지 않았는데 어떻게 낮과 밤이 생길 수 있나요?

성 어거스틴이 개종하기 전 마니교에 있었을 때 그의 어머니가 그를 개종시키기 위해 그에게 성경을 읽으라고 했더니 바로 이 대목을 지적하며 성경은 잘못된 것이라고 하였답니다. 물론 후에 그는 그의 참회록에서 하나님의 말씀을 단순히 사실의 관점에서 본 것을 시인했습니다. 더 이상한 것은 4장을 보면 하나님이 동생 아벨을 살해한 가인에게 떠돌아다니게 하는 징벌을 내립니다. 그때 가인은 14절에서 "저를 만나는 사람마다 저를 죽이려고 할 것입니다"라고 말합니다. 말이 안 됩니다. 아담과 하와가 낳은 자식이 가인과 아벨뿐인데, 그러면 인간이라고는 아담의 가족 빼고 아무도 없는데 누굴 만난다는 말입니까?

"2천 년 전에 예수님이 사셨다"는 것은 사실입니다. 그러나 "예수님을 믿는다"는 말은 진실입니다. 진실은 나에게 다가와 내 마음과 삶을 움직이는 것입니다. 진실은 나와의 관계입니다. 성서는 진실입니다. 하나님의 말씀인 성경은 언제나 '지금' 그리고 '여기'에 있는 우리 각자인 '나'를 향한 말씀입니다. 창조란 시계로 잴 수 있는 물리적 시간의 처음을 알리는 과거의 사건이 아닙니다. 그것은 오늘의 삶을 새롭게 창조해 가기를 바라는 지금, 이 자리의 사건이요, 결정적으로 나를 향한 사건입니다.

나의 어둔 삶의 내면에서 "빛이 생겨라"라는 하나님의 음성이 들릴 때 우리는 비로소 우리 안에서 역사하시는 하나님의 손길을 만나게 됩니다. 창조 신앙이라는 진실이 만들어 낸 새 삶이 있습니다. 성서 자체가 그것을 증언합니다. 창조란 현재입니다. 그래서 창조 과학이 아니라 창조 신앙입니다.

거룩한 시간, 거룩한 장소

이렛날에 하나님이 창조하시던 모든 일에서 손을 떼고 쉬셨으므로, 하나님은 그 날을 복되게 하시고 거룩하게 하셨다(창 2:3).

하나님이 말씀하셨다. "이리로 가까이 오지 말아라. 네가 서 있는 곳은 거룩한 땅이니, 너는 신을 벗어라"(출 3:5).

'거룩하다'(카다쉬)는 것은 구별하여 다르게 본다는 뜻입니다. 성서에 가장 먼저 등장하는 '거룩'은 창조 후 일곱 번째 날을 일컬을 때입니다(창 2:3). 그리고 거룩한 장소가 등장합니다(출 3:5). 거룩한 시간과 거룩한 장소의 시작입니다. 그 이후 성서에서 이 단어는 제물과 사람과 행위와 삶과 존재로 확장되어 갑니다. 그리고 이 거룩의 궁극적인 목표를 표현한 말씀이 "내가 거룩하니 너희도 거룩하라"(레 11:45; 벧전 1:16)로 수렴됩니다. 거룩은 하나님의 본질 이며, 신앙의 방법이고, 신앙의 궁극적 목표입니다.

창조의 일곱째 날은 앞서 엿새와 구별됩니다. 여섯 날은 '만드시는 행위'(아사)로 가득 차 있습니다. 이 동사를 성경은 "손수 만드셨다"라고 번역하고 있습니다. 하나님의 창조 행위를 아주 구체적인 모습으로 형상화한 것입니다. 그런데 일곱째 날, 이날은 그 모든 손수 만드는 행위로부터 "손을 떼셨다"는 것입니다(2:2). 그리고 그날을 축복하시고 또 거룩하게 하셨다는 것입니다. 즉, 구별하신 것입니다. 여섯 날 동안 반복된 창조 행위는 어느새 '익숙한 것', '습관적인 것', '일상의 것'이 됩니다. 일곱째 날은 바로 그 익숙함을 멈춘 날입니다. 일곱째 날은 앞의 여섯 날의 연속선상에 있습니다. 같은 날이나 다른 날일 수 있는 것은 그날, 모든 일로부터 손을 떼시는 것으로 가능했던 것입니다.

거룩한 장소 역시 같은 이야기 구조 속에 있습니다. 출애굽기 3장에서 모세는 사막의 떨기나무 앞에서 하나님의 음성을 듣습니다. "네가 서 있는 곳이 거룩하다. 그러니 신을 벗어라"(5절)였습니다. 이때 거룩한 장소는 전혀 다른 어떤 장소가 아닙니다. 모세가 발딛고 서 있는 바로 그 장소입니다. 그 장소를 익숙하지 않게, 낯설게 인식하는 순간 거기는 '거룩한 곳'이 됩니다. 그리고 그때 인간이 취할 행동은 익숙한 길을 걸어온 신발을 벗는 것입니다.

거룩은 일상과 익숙함의 연속선상에 있으나 그 계속됨을 멈추었을 때 깃드는 것입니다. 굳이 주일과 교회를 구별하여 거룩함을 입고 훈련하는 이유가 여기 있습니다. 그러나 그러면서 잊지 말아야 하는 것은 바로 그 주일이 한 주일의 '시작'에 있다는 것, 신을 벗은 그 장소는 사막에서 제일 흔한 떨기나무 앞이었다는 사실입니다. 익숙함에 대하여 낯설게 바라볼 수 있습니까? 오늘, 매일 보는 사람을 새 눈으로 바라보고 매일 하는 일을 새로운 마음으로 만나보십시오. 그 순간이 거룩입니다. 그렇게 하나님은 "우리가 평생 동안 주님 앞에서 거룩하고 의롭게 살아가게 하셨"(눅 1:75)습니다.

생명나무

주 하나님은 보기에 아름답고 먹기에 좋은 열매를 맺는 온갖 나무를 땅에서 자라게 하시고, 동산 한가운데는 생명나무와 선과 악을 알게 하는 나무를 자라게 하셨다(창 2:9).

동산 한가운데에는 선과 악을 알게 하는 나무만 있는 것이 아닙니다. '생명나무'도 있습니다. 생명나무는 살리는 나무입니다. 생명나무는 좋고 나쁨으로 가르지 않습니다. 생명나무의 열매를 먹으면 모든 생명을 하나님 보시기에 아름답게 봅니다. 아름다움과 추함으로 나누지 않습니다. 그래서 생명나무는 어느 쪽을 악이라고 정죄하고 죽이지 않습니다. 생명나무는 오히려 살립니다. 생명나무는 높고 낮음으로 가르지 않습니다. 생명나무는 군림하지 않습니다. 생명나무는 섬깁니다. 생명나무는 많고 적음으로 가르지 않습니다. 생명나무는 빈익빈 부익부로 가르지 않습니다. 그래서 생명나무는 많이 가진 이가 적게 가진 이에게 주어 그를 살리게 합니다.

"하나님 앞에 가치 없는 생명은 없습니다. 하나님께서는 모든 생명에 가치를 두시기 때문입니다. 하나님이 생명을 창조하고, 유지하고, 구원하는 분이시라는 말씀은 아무리 비참한 생명이라 할지라도 하나님 앞에서는 가치가 있다는 뜻입니다. 누가복음 16장 19절 이하, 부자의 문전에 기대 있던 불쌍하고 병든 나사로는 개가 고름을 핥을 정도로 사회적 가치가 전혀 없던 사람입니다. 유용성에 따라 판단하는 사람들의 희생자가 된 그를 하나님은 영생을 얻을 가치가 있다고 보셨습니다"(디트리히 본회퍼, 「기독교사상」 2015년 2월 호). 사람들은 나사로를 죽였지만 하나님은 그를 하늘로 올리어 살리셨습니다.

하나님은 그가 의인이든 죄인이든, 그가 악인이든 선인이든 생명으로 봅니다. 예수님은 의인과 죄인, 악인과 선인을 넘어서 살리시는 하나님의 초월적인 거룩함을 말합니다. 마태복음 5장 45절 중반부 이하입니다. "아버지께서는, 악한 사람에게나 선한 사람에게나 똑같이 해를 떠오르게 하시고, 의로운 사람에게나 불의한 사람에게나 똑같이 비를 내려주신다."

"우리가 간과해서는 안 될 사실이 있습니다. 불치의 병으로 인해 소위 살아갈 가치가 없다고 여겨지는 한 생명이, 건강한 사람들인 의사와 간호사와 친척들에게 고도의 사회적인 희생정신을 불러일으키게 할 수 있다는 점입니다. 이처럼 건강한 생명이 건강하지 않은 생명을 위해 바치는 봉사와 희생은 사회를 위한 최고 수준의 참된 유용성을 낳는다는 사실을 잊지 말아야 할 것입니다"(위의 글). 살리는 생명나무를 그대의 삶의 동산에서 찾으십시오. 단, 선과

악을 알게 하는 나무의 열매를 먹기 전에 말입니다. 탐욕으로는
생명나무에 이를 수 없기 때문입니다(창 3:24).

선악과

주 하나님이 사람에게 명하셨다. "동산에 있는 모든 나무의 열매는, 네가 먹고 싶은 대로 먹어라. 그러나 선과 악을 알게 하는 나무의 열매만은 먹어서는 안 된다. 그것을 먹는 날에는, 너는 반드시 죽는다"(창 2:16-17).

하나님께서는 사람을 창조하고서 에덴동산에 두시고 모든 것을 허용하되 딱 하나만을 금하셨습니다. 선과 악을 알게 하는 나무의 열매입니다. 이 열매는 우리 보통 과수원에서 볼 수 있는 열매가 아닙니다. 실제의 동산에는 존재하지 않는 열매입니다. 선악과는 마음의 동산에만 존재합니다. 그래서 우리는 선악과가 무엇을 의미하는지 알아야 합니다. 그 의미를 알면 예외 없이 자기 자신이 그 열매를 먹은 사람이라는 것을 알 수 있습니다.

선악과의 의미는 복잡하지 않습니다. 모든 것을 선과 악, 좋고 나쁨으로 갈라놓고 자신이 좋아하는 것을 가지려는 인간 탐욕의 본능을 말합니다. 높고 낮음, 많고 적음, 아름다움과 추함으로 갈라놓고 높음, 많음, 아름다움을 선택해 가는 사람의 욕망을 비유한 것이 바로 '선악과'입니다. 하나님은 세상과 사람을 만들고서 선악으로, 좋고 나쁨으로 가르지 않았습니다. 낮과 밤을 만들고 낮은 밝으니 좋고 밤은 어두우니 나쁘다고 하시지 않았습니다. 낮은 낮대로 좋고 밤은 밤대로 좋다고 하셨습니다. 태양은 커서 좋고 달과 별들은 작아서 나쁘다고 하시지 않았습니다. 크면 큰 대로 작으면 작은 대로 하나님 보시기에 좋은 창조 세계입니다. 남자와 여자를 만들고 남자는 우월하고 여자는 열등하다고 하지 않았습니다. 남자는 남자 대로 좋고 여자는 여자대로 좋다고 하셨습니다. 만드신 모든 것이 하나님 보시기에 좋았다고 하셨습니다. 하나님 보시기에 좋은 것을 사람이 좋고 나쁨으로 가른 것이 선악과의 현실입니다.

'선과 악을 알게 하는 나무의 열매'라는 말만 들으면 선과 악을 분별하니 좋은 것이라고 여길 수 있을 것입니다. 선과 악의 원래 의미는 도덕적, 윤리적 분별의 선과 악이 아닙니다. 좋고 나쁨의 분별입니다. 하나님 보시기에 좋은 것을 사람이 좋고 나쁨으로 가르고, 좋아하는 것을 선택해 가는 사람의 탐욕입니다. 이것을 분별지(分別智)라고 합니다. 하나님은 이 열매를 먹는 날 반드시 죽는다고 말씀하십니다. 하나님 보시기에 좋은 모든 것을 좋고 나쁨으로 갈라 놓고, 좋음을 서로 선택하려는 탐욕의 삶이 부른 죽음이라는 말입니다. 서로를 죽이고 스스로 죽습니다. 너 죽고 나 죽자입니다. "너는 반드시 죽는다." 살아도 죽은 것이나 다를 바 없음을 안다면 다행입니다. 기후재앙도 그 하나입니다. 사람과 자연을 좋고 나쁨, 지배와 피지배로 분별한 탐욕이 만든 죽음의 재앙입니다.

중심에 대한 질문

주 하나님이 그 남자를 부르시며 물으셨다. "네가 어디에 있느냐?"(창 3:9)

창세기에 나오는 인간의 근본적 질문 중 첫 번째 질문이죠. 아담이 그 아내 하와와 함께 금지된 열매를 따 먹고 나무 사이에 숨었을 때 들려온 하나님의 음성입니다. "네가 어디에 있느냐?" 아담과 하와가 숨은 것으로 봐서는 자신들의 '잘못'을 인식하였다는 것입니다. 잘못을 물었을 때 즉각 변명이 나오는 것 또는 "안 그랬어요" 하고 뻔한 거짓말을 하는 것은 바로 우리가 그 아담의 후예이기 때문입니다. 그런데 아담 이야기를 '설화'나 '신화', 즉 '이야기'라고 했을 때 '아담의 후예'라는 말이 맞고, 사실은 아담은 고유한 한 인물이 아니라 언제나 '하아담'('그사람')이니 인류 전체를 뜻한다고 봐야 하는데, 그렇다면 나무 뒤에 숨거나 뻔한 거짓말을 하거나 책임 전가를 하는 것은 '인간의 속성'이라고 말하는 것이 맞겠습니다. 그러니 '어디'라고 하는 것 역시 장소를 묻는 차원에서 이해가 끝나서는 안 될 것입니다.

이야기로 이 장면을 읽고 끝난다면 하아담은 나무 뒤에 숨었습니다. 하나님의 눈으로부터 자신이 드러나지 않게 자신의 존재를 감추었습니다. 그러나 장소를 묻는 물음이 아니라면 이 물음의 '어디'는 무엇을 의미할까요? 그것은 마가복음 7장 21-23절로 가서 대답을 찾을 수 있습니다. "나쁜 생각은 사람의 마음에서 나오는데, 곧 음행과 도둑질과 살인과 간음과 탐욕과 악의와 사기와 방탕과 악한 시선과 모독과 교만과 어리석음이다. 이런 악한 것이 모두 속에서 나와서 사람을 더럽힌다." 즉 "너 지금 어디 있느냐?"는 질문은 인간의 마음, 중심(中心)에 대한 질문이라고 하겠습니다. 지금 내 마음이 어디에 있느냐가 바로 내가 지금 있는 존재의 자리가 되는 것입니다. 마가복음의 이 말씀은 바리새인들과 율법학자들이 정결법을 지키지 못하는 예수님의 제자들을 비난하자 하신 말씀입니다. 그들은 손과 그릇 등은 깨끗하게 하였지만, 정작 자기 자신의 마음과 타인을 향한 마음은 깨끗하지 않았던 것입니다.

정작 깨끗하게 해야 할 것은 사람의 안에 있는 것입니다. 정결법의 본래 취지 역시 그러합니다. 고대 사회는 위생 상태가 그다지 좋지 못했습니다. 그것은 곧 질병으로 연결되었고, 질병은 공동체의 운명에 치명적인 영향을 끼쳤습니다. 즉, 정결법은 공동체를 유지하기 위한 법이었고 서로의 생명을 지키는 방법이었습니다. 그러나 지금 바리새인과 율법 학자들은 정결법을 지키지 못하는 가난한 사람들을 보호하기는커녕 오히려 공동체로부터 정죄하고 있었던 것입니다. 자칫하면 중심을 잃고 주변에 눈이 팔리기 쉽습니다. 눈은 바깥을 향해 열려 있기 때문입니다. 그래서 가끔은 눈을 감고 내 중심으로 돌아와야 합니다. 하루 중 짧게라도 기도하는 시간을

가지십시오. 중심(中心)에 앉으십시오. 그리고 그때 이 음성을 들으
십시오. "사람아, 너 어디에 있느냐?" 아마도 태초의 그 사람처럼
나무 뒤에 숨지는 않을 것입니다.

어디에 있느냐

주 하나님이 그 남자를 부르시며 물으셨다. "네가 어디에 있느냐?"(창 3:9)

"네가 어디에 있느냐?" 히브리어로는 한 단어인 '아이예카'입니다. 간결하고 군더더기가 없는 하나님의 질문입니다. 야훼 엘로힘(주 하나님)이 사람에게 물은 첫 번째 질문입니다. 유대인들이 '토라'(오경·율법서: 창세기, 출애굽기, 레위기, 민수기, 신명기)를 이해하기 위해 반드시 거쳐야 하는 것이 '질문하기'입니다. 질문은 묻는 자의 실존입니다. 자기 자신에 대해 묻는 질문 없이 하나님은 아무 대답도 하지 않습니다. 사실 인류가 낳은 종교와 철학은 인간의 실존적 질문에 대한 답변입니다.

오늘 우리 기독교는 질문을 가르치지 않습니다. 그저 믿으라고만 합니다. "믿으시기 바랍니다", "믿습니까?"라고 말하며 "아멘!"을 유도합니다. 질문을 차단하는 종교는 마루 宗(종), 가르칠 敎(교), 宗敎(종교)가 아닙니다. 근본을 말하는 마루 宗(종)이 아닙니다. 믿음을 강요하는 종교의 종은 좇을 從(종)입니다. 오늘 교회는 일방적으로 좇아오라고 순종(順從)을 강요할 뿐입니다. 사실 맹목적 믿음이 훨씬 쉽고 편합니다. 노력할 것도 없습니다. 그저 믿고 순종하면 됩니다. 마루 宗, 근본은 정직하고 절박한 질문에 대한 답변입니다.

하나님은 인간에게 질문으로 다가섭니다. 하나님은 일방적으로 인생의 답을 주지 않습니다. 그런 정답은 없거니와 그것은 사람마다 다릅니다. '그 남자를'은 히브리어로 '엘 하아담', '그 사람에게'입니다. '모든 사람'이 아닙니다. 사람마다 답이 틀리고 때론 답이 정해지지 않았기 때문입니다. 정답은 없습니다. 어쩌면 그 답을 찾으려는 우리 인생의 과정이 정답일 것입니다.

하나님은 '그 사람'인 나에게 다가와 "너는 어디에 있느냐"고 묻습니다. 하나님이 몰라 물었겠습니까? 스스로 알라고 물은 것입니다. 그 사람이 있는 장소가 그 사람을 결정합니다. 우리가 자주 거주하는 곳이 어디입니까? 술집인가요? PC방인가요? 아니면 교회인가요? '어디에'라는 장소는 그의 실체, 정체성을 결정합니다. 그렇지만 교회라고 해서 마냥 좋을 것은 없습니다. 새벽부터 나와 "주시옵소서" 구하는 곳이 교회라면 구하는 것이 무엇이냐에 따라 그의 사람됨이 결정될 것입니다.

하나님처럼 되고 싶은(5절) 탐욕의 열매를 먹고서 사람은 벗은 몸인 것을 알았습니다. 원래 하나님의 형상을 입은 존재가 아니었습니다. "남자와 여자가 둘 다 벌거벗고 있었으나, 부끄러워하지 않았다"(2:25). 그러나 이제는 "벌거벗은 몸인 것이 두려워서 숨었습니다"(10절). 떳떳하지 않은 것입니다. 숨은 것은 가린 것입니다. 사람은 죄마저 가리고 죄인인 자신을 변명합니다. 그러면서도 죄의 자리에 있는지조차 아직 모릅니다. 오늘도 하나님은 나에게 묻습니다. "네가 어디에 있느냐?"

하나님이 찾으시는 이유

주 하나님이 그 남자를 부르시며 물으셨다. "네가 어디에 있느냐?" 그가 대답하였다. "하나님께서 동산을 거니시는 소리를, 제가 들었습니다. 저는 벗은 몸인 것이 두려워서 숨었습니다"(창 3:9-10).

대부분의 사람은 수치심에 못 견뎌 합니다. 그래서 숨으려고 합니다. 영원히 숨기 위해 스스로 목숨을 끊기도 합니다. 알고 보면 사냥꾼이 가까이 다가서면 수풀 속에 머리를 처박는 꿩과 같습니다. 자기 눈을 가리면 남의 눈도 가려지는 줄 압니다. 때로는 자살로 자신의 수치심으로부터 도망칩니다. 어떤 의미로는 비겁한 행위입니다. 부끄러운 줄만 알지 참회할 줄 모릅니다. 아담, 사람이 그러합니다. '그 사람'이 그러합니다. '그 사람'은 바로 '나'입니다. 그래서 '참 나'이신 주님(야훼)이 물으신 것입니다.

'야훼'라는 말에는 '하야'라는 사역동사가 있다고 합니다. 그 뜻은 '되게 하다'입니다. 야훼는 그 뜻이 '나로 나 되게 하다'라는 의미가 있습니다. 나의 나 됨은 벌거벗은 그대로를 인정하는 것입니다. 하나님의 형상대로 지음을 받은 아담과 그 아내는 둘 다 벌거벗고 있었지만 부끄러워하지 않았습니다(2:25). 벌거벗었다는 것은 온갖 치부를 다 드러냈다는 말입니다. 처음 창조된 인간은 하나님의 형상대로 지음을 받았으니 흠 없는 인간이라고 착각합니다. 아닙니다. 온갖 치부를 다 갖고 있는 존재입니다. 둘이 벌거벗었어도 부끄러워하지 않은 것은 죄를 짓지 않아서가 아닙니다. 죄를 지어도 그들은 숨지 않았다는 것입니다. 용서해줄 하나님이 계시고 덮어줄 아내와 남편이 있기 때문입니다. 하나님은 처음부터 흠 없는 완벽한 인간을 만든 것이 아닙니다. 결점으로 가득 찬 인간을 만들었습니다. 그게 인간입니다. 부끄러워하지 않는 인간, 뻔뻔한 인간을 만들었다는 것이 아닙니다. 죗값을 치르고 용서를 구할 인간을 만들었다는 것입니다.

인간의 타락은 죄를 지은 데 있지 않고 죄를 숨기고 변명한 데 있습니다. 숨는 것은 죄를 인정하지 않겠다는 것입니다. 할 얘기가 있다는 것입니다. 이후 아담의 변명은 숨은 자의 변명입니다. 여기 '숨다'는 '감추다'라는 뜻의 히브리어 '하바'의 니팔형(수동)으로 잘못을 인정하여 숨은 것이 아니라 잘못을 감추기 위해 숨은 꼴입니다. 한자의 羞恥(수치)와 다릅니다. 수치의 恥(치)는 귀 耳(이)와 마음 心(심)이 합해진 말입니다. 양심의 소리에 귀를 기울인 것입니다. 그러나 둘은 그저 감췄을 뿐입니다. '숨다'의 히브리어 '하바'에는 '한발 물러서다'라는 뜻이 있습니다. 둘은 한발 물러섰을 뿐입니다.

하나님은 온갖 치부에도 하나님 앞에 서 있는 인간을 만드셨습니다. 하나님은 용서하고 싶어 안달이 나신 분이십니다. 용서를 구하고 용서해주는 관계, 이것이 인간과 하나님의 관계입니다. 용서해주고 싶어 오늘도 "네가 어디에 있느냐?"며 우리를 찾으시는 하나님이십니다. 그 하나님의 소리는 내 양심의 소리입니다. '동산을 거니시는 소리', 내 양심의 동산을 거니시는 하나님의 소리입니다.

땅이 너 때문에 저주를 받을 것이다

남자에게는 이렇게 말씀하셨다. "네가 아내의 말을 듣고서, 내가 너에게 먹지 말라고 한 그 나무의 열매를 먹었으니, 이제, 땅이 너 때문에 저주를 받을 것이다. 너는, 죽는 날까지 수고를 하여야만, 땅에서 나는 것을 먹을 수 있을 것이다"(창 3:17).

오래전 원주에서 첫 목회를 할 때 교회 옆에 어울리지 않게 포장마차가 있었습니다. 해마다 겨울이 되면 어김없이 이 포장마차의 바깥 포장에는 겨울의 새로운 메뉴 하나가 크게 붙어 있었습니다. 바로 '개구리 튀김'입니다. 처음에는 식용 개구리인 황소개구리가 아닌가 생각했었습니다만 알고 보니 겨울에 바위틈에서 잠을 자고 있는 개구리였습니다. 사람들 이야기에 의하면 겨울잠을 자고 있는 개구리가 보양식으로 대단히 좋다는 것이었습니다.

사람들의 먹이로 잡혀 온 개구리를 생각해 보았습니다. 아마 자다가 날벼락을 맞았다고 생각할 것입니다. 이런 일은 사람만이 할 수 있는 일입니다. 그 어떤 배고픈 동물도 바위 깊은 곳에 잠들어 있는 먹잇감을 찾아내어 배를 채우는 일을 하지 않습니다. 오직 사람만이 배가 고파서가 아니라 보양이라는 이유로 그런 짓을 합니다. 인간의 욕망에는 한계가 없습니다. 이것이 원죄입니다. 하나님은 아담에게 모든 것을 허용하되 단 하나 동산 한가운데 있는 나무 열매만은 먹지 말라고 명령합니다. 하나님은 이 열매의 나무에 선을 그어 놓은 것입니다. 사람으로서는 넘지 말아야 할 선입니다. 그러나 사람의 마음속에 고개를 쳐든 욕망이라는 뱀은 마침내 그 선을 넘어갑니다. 하나님은 아담에게 징벌을 내립니다. "이제, 땅이 너 때문에 저주를 받을 것이다."

인간의 욕망이 곧바로 자연의 황폐를 가져온다는 것을 이미 고대인들은 알고 있었습니다. 우리에겐 옛날 사람들이 문명하고는 거리가 먼 미개인으로 보일지 모르지만 알고 보면 우리야말로 옛사람들의 깊은 지혜를 이해하지 못하는 정신적인 미개인들입니다. 정신의 세계는 날로 퇴보를 계속하고 있습니다. 잠든 개구리 사냥처럼 정신의 세계는 계속 날벼락을 맞고 있습니다. 정신문명의 퇴보는 결코 정신세계에만 한정되는 것은 아닙니다. 이것은 곧바로 자연의 저주로 나타납니다. 오늘의 환경 문제는 환경 자체의 문제가 아니라 인간성 자체의 문제입니다. 결국 땅에게 내려진 저주는 그 땅에 살고 있는 사람에게 내려진 재앙입니다.

구조악

※

그 무렵에, 그 후에도 얼마 동안, 땅 위에는 네피림이라고 하는 거인족이 있었다.
그들은 하나님의 아들들과 사람의 딸들 사이에서 태어난 자식들이었다. 그들은
옛날에 있던 용사들로서 유명한 사람들이었다(창 6:4).

네피림은 하나님의 아들들과 사람의 딸들이 결혼하여 낳은 힘센
용사, 거인족입니다. 여기서 하나님의 아들들이란 고대 왕들이나
황제들을 뜻합니다. 스스로를 신의 아들로 신격화, 절대화시켰습니
다. 사람의 딸들이란 그 절대자들을 섬기는 사람들입니다. 하나님의
아들들이란 오늘날로 말하면 절대 지배 이념이나 체제를 가리킵니
다. 즉, 이념이나 체제를 가지고 자신의 권력을 절대 정의라고 정당화
시키는 것을 말합니다.

네피림은 구조악입니다. 체제와 이념이 권력의 절대화를 위해
합법화되면 거기에 속한 법은 지키면 지킬수록 악이 됩니다. 국가보
안법 같은 것입니다. 그 법을 통해 자신이 권력에 반하는 사람들을

빨갱이로 몰고 죽였습니다. 제주 4.3항쟁, 여순항쟁 등 민간인 학살이 그 예입니다. 정권을 위협한다고 종북 좌파로 몰고 갑니다. 정권에 부담이 된다고 세월호 가족도 갑자기 빨갱이가 됩니다. 교육도 마찬가지입니다. 살인적인 경쟁주의가 공정이 됩니다. 성적으로 사람을 줄 세웁니다. 학력과 학연으로 사람을 차별합니다. 비교육이 교육이 되는 것입니다. 이런 교육적 구조에서는 교육은 없습니다. 이 구조에 잘 적응하는 사람일수록 사람다운 사람은 없습니다. 이 구조 안에서는 가장 비교육적 인간이 가장 잘 교육 받은 인간이 됩니다.

종교도 그러합니다. 맹목적인 아멘이 좋은 신앙으로 둔갑합니다. 예수의 가르침은 모르면서 예수를 믿는다고 합니다. 열심히 교회를 들락거리고 집사, 장로, 목사가 되면 신앙이 좋은 것입니다. 이 구조악에서는 신앙이 좋을수록 사람답지 못한 사람입니다. 제국의 전쟁에는 언제나 평화의 깃발이 넘칩니다. 동맹은 적을 전제합니다. 목적은 패권입니다. 기후 위기로 종말의 초침은 임계점을 향해 가고 있는데, 선한 연대는커녕 냉전의 약탈이 자유 수호와 평화로 위장됩니다. 적을 많이 죽이면 죽일수록 영웅이 됩니다. 살인이 미화되는 구조악입니다. 네피림이라는 거대한 구조악이 전 분야에서 지배의 기승을 부립니다. '네피림'은 구조악으로, 악의 정점입니다. 네피림은 '네펠'에서 온 말인데 이 말은 유산되어 나온 기형아를 가리킵니다. 기형아 세상에서는 기형아가 정상인입니다. 네피림은 죄악의 정점입니다(5절). 하나님마저 후회합니다(6절).

구원은 교회 밖에!

이렇게 주님께서는 땅 위에 사는 모든 생물을 없애 버리셨다. 사람을 비롯하여 짐승까지, 길짐승과 공중의 새에 이르기까지, 땅 위에서 모두 없애 버리셨다. 다만 노아와 방주에 들어간 사람들과 짐승들만이 살아 남았다(창 7:23).

한때(어쩌면 지금도 계속) "교회 밖에 구원이 있다/없다"의 논쟁이 교회와 신학대 내에서 일어났습니다. 여러분, 어떻게 생각하십니까? 한번 생각해 보시겠습니까? 교회 밖에도 구원이 있다는 말을 했다는 이유로 한 신학교 교수는 강단에서 퇴출되었고, 그에 동조했다는 이유로 교단에서 제명된 목사도 있었습니다. 지난 초파일에 조계사 앞에서 찬송가를 부르며 석가탄신일 행사를 방해한 기독교인들 얘기 들으셨나요? 들어도 못 들은 척하고 싶을 만큼 정말로 낯부끄럽고 죄송스러운 일이었습니다. 그러니 교회 안팎 구원 논쟁은 여전한 것이나 마찬가지입니다.

그러나 상식적으로, 양심적으로 새로운 세기를 살고 있는 적지 않은 교회와 기독교인들이 그러한 행위와 주장에 대해서 동조하지 않습니다. 그러나 여전히 "구원이 교회 밖에 있다"는 말에 대해서는 주춤할 것입니다. 보통 이 주장의 근거로 '노아의 방주' 이야기를 합니다. 방주를 교회에 빗댔을 때 말입니다. 하나님의 물의 심판 때 방주에 살아남은 노아 가족 여덟 명과 암수 한 쌍 또는 두 쌍 또는 일곱 쌍씩은 소위 '구원' 받았다고 가르치고, 믿고, 알고 있기 때문입니다. 그러나 정말 그럴까요? 하나님이 심판 때 노아와 방주에 들어간 생명들만 '구원'하셨다는 말이 사실이라면, 그 하나님은 참 이상한 하나님, 자아분열의 하나님이라 하겠습니다. 왜냐하면 그 심판이 바로 하나님이 사람과 땅에 대하여 내린 심판이었기 때문입니다.

하나님이 고약한 새디스트가 아니라면, 병 주고 약 주는 분이 아니라면 심판하면서 또 구원하셨다는 것은 말이 되지 않기 때문입니다. 그런데 성서 본문에서 우리는 그날, 물의 심판 때 하나님이 '심판'에 집중하셨다는 것을 알 수 있습니다. 창세기 7장 23절을 직역해보겠습니다. "그(하나님)가 땅 위에 사는 모든 생명체들을 사람으로부터 시작해서 짐승까지, 기어다니는 것들까지, 하늘의 새까지 쓸어버리셨다. 그리고 오직 노아만이 남겨졌다. 그리고 방주 안에 그(노아)와 함께 있던 사람들만이." 노아와 그의 가족은 그저 '남겨졌습니다'. 수동태입니다. 이 구절에서 주어는 하나님이 아니라 '노아'입니다. 노아는 남겨졌습니다!

그리고 바로 여기서부터 중요합니다. 그의 남겨진 목적입니다. 새로운 세상을 위해서입니다. 새로운 계약을 위해서입니다. 하나님의 새 세상을 위해서입니다. 150일이 지난 후 노아의 방주 문이 열릴 때 그 방향은 세상입니다. 방주를 향한 문이 아니라 세상을 향한 문이라는 것입니다. 하나님의 구원의 계획과 그 대상은 여전히 그분이 창조하신 세상, 저 교회 바깥인 것입니다. 교회는 자신이 어떤 이유로 세워졌는지를 알아야 합니다. 그 안으로 사람들을 불러모으기 위해서가 아니라 그곳으로부터 세상을 향해 나아가게 하기 위해서 세워진 것입니다. 그러므로 "교회 안에 구원이 있다"가 아니라 "교회 밖에 구원이 있다"가 더 옳은 말입니다. 교회는 구원의 대상이 아니라 하나님의 구원 역사에 들어 사용하시는 구원의 도구입니다.

하나님의 결심

네가 데리고 있는, 살과 피를 지닌 모든 생물들, 곧 새와 집짐승과 땅 위에서 기어다니는 모든 길짐승을 데리고 나가거라. 그래서 그것들이 땅에서 생육하고 땅에서 번성하게 하여라. … 땅이 있는 한, 뿌리는 때와 거두는 때, 추위와 더위, 여름과 겨울, 낮과 밤이 그치지 아니할 것이다(창 8:17, 22).

"주님께서는, 사람의 죄악이 세상에 가득 차고, 마음에 생각하는 모든 계획이 언제나 악한 것뿐임을 보시고서, 땅 위에 사람 지으셨음을 후회하시며 마음 아파하셨"습니다(6:5-6). 그리고는 창조하신 모든 것을 이 땅 위에서 쓸어버리기로 결심하십니다. 하늘의 새까지도 창조하신 모든 것이 후회되셨기 때문입니다. 그리고는 하늘의 문을 열어 비를 내리는데, 40일 밤낮으로 내리게 하십니다. 그때 노아의 나이 600살. 그리고 온 세상은 물의 심판을 받습니다. 방주에 남겨진 것들 말고는 아무것도 살아남지 못했습니다. 그리고 오늘 본문 구절이 시작되는 13절에 보니 노아의 나이 601살, 1월 1일이 되었습니다. 비가 내리고 온 세상을 쓸어버린 후 그 물이 말라

사라지고 다시 땅이 마르는 데 꼬박 1년이 걸린 것입니다.

하나님은 노아에게 방주 속에 보호하였던 사람들과 모든 짐승, 새, 기어다니는 것을 땅으로 다 내보내라 명령하셨고, 땅으로 나온 노아는 하나님께 첫 번째 제사를 드립니다. 하나님이 번제의 '향긋한 냄새'(레야흐 한닉호악흐)를 맡으십니다. 창조하신 모든 것에 대한 후회와 그 후회에 깃든 슬픔과 절망과 허무가 물과 같이 사라지고 난 후의 상큼함이 마치 긴 장마 끝에 땅에서 피어오르는 풀 향기 같았을까요? 하나님이 마음속으로 다짐하십니다. 다시는 사람의 악함으로 인해 땅을 저주하지 않겠다고 말입니다. 다시는 모든 생물의 생명을 빼앗는 일은 하지 않으시겠다고 말입니다.

그러나 우리가 살고 있는 지금 이 세상은 다시 멸망의 전조로 가득합니다. 기후위기가 그것입니다. 인도는 지난 4월부터 50도에 육박하는 폭염을 앓고 있습니다. 남의 나라 이야기일까요? 열돔현상으로 이달 말쯤부터 우리나라도 그 영향권에 들어갈 것으로 전망됩니다. 에어컨으로 버티면 될까요? 인간이 문제가 아니라 식물들과 동물들이 위험해지는 것입니다. '2050 탄소중립'이 현실적으로 가능할까요? '2050 거주 불능 지구' 시나리오가 더 현실적이지 않을까요? 성경에 하나님이 다시는 세상을 멸망시키지 않겠다 하셨다면서 혹시 안심한 채로 노아 시대처럼 흥청망청 살고 있는 것은 아닐까요? 결국 하나님의 마음의 결심을 지켜내는 것은 우리 인간일 것입니다.

심판을 끝내시며 하나님께서 다시 하신 말씀을 들어보십시오. 살과 피를 지닌 모든 생물, 새들은 알을 낳고 짐승들은 새끼를 낳으며 번성하라는 말씀입니다(8:17). 씨 맺는 식물들은 다시 꽃을 피우고 열매를 맺고 씨를 맺으라는 것입니다. 다시는 그 땅을, 생명을 살리는 그 땅을 저주하지 않으시겠다는 것입니다. "땅이 있는 한, 뿌리는 때와 거두는 때, 추위와 더위, 여름과 겨울, 낮과 밤이 그치지 아니할 것"(8:22)이라는 것입니다. 1년 내내 온 세상이 물에 잠겨 있는 것처럼, 1년 내내 폭염에 절절 끓는 것처럼, 1년 내내 온 세상이 꽁꽁 얼어있는 것처럼 그런 고통과 절망의 시절이 아니라 봄-여름-가을-겨울, 씨뿌리고 거두며, 낮과 밤이 이어지는 생명의 땅이 지켜질 것이라는 하나님의 마음속 다짐입니다. 그런데 이번에는 이 세상의 운명이 우리 인간의 손으로 넘어왔습니다. 불행일까요? 다행일까요?

하나님이 변했다

주님께서 그 향기를 맡으시고서, 마음속으로 다짐하셨다. "다시는 사람이 악하
다고 하여서, 땅을 저주하지는 않겠다. 사람은 어릴 때부터 그 마음의 생각이
악하기 마련이다. 다시는 이번에 한 것 같이, 모든 생물을 없애지는 않겠다"(창
8:21).

하나님은 사람을 창조하시고서 번성의 복을 주셨습니다(1:28).
이것이 사람을 만든 하나님의 뜻이었습니다. 그러나 사람이 번성하
기 시작하면서 죄악도 늘었습니다. 아담(사람)으로부터 시작된 죄는
네피림이라는 구조악에 이릅니다. 아담은 땅(아다마)을 오염시킵니
다. 하나님은 "사람의 죄악이 세상에 가득 차고, 마음에 생각하는
모든 계획이 언제나 악한 것뿐임을 보시고서"(6:5) 사람 만든 것을
후회하십니다(6:6, 7). 마침내 하나님은 사람에 의해 오염된 땅의
모든 것들을 쓸어버리겠다는 홍수 심판을 내리십니다(6:7). 이것은
말 그대로 심판이었습니다.

노아는 하나님의 은혜를 입은 사람(6:8, 직역하면 "노아는 하나님의 눈에서 은혜를 발견했다")이었지만 아브라함이나 모세처럼 하나님의 심판을 만류하거나 지연시키는 어떤 요청도 하지 않았습니다(창 18:17-18, 출 32:31-32). 노아는 하나님으로부터 유일하게 '재난 문자'를 받고도 세상 사람들에게 재난을 경고하며 방주를 준비하자는 이야기도 하지 않았습니다. 노아는 분명 심판을 심판 그대로 받아들였습니다. 다만 최소한 암수 생명들만 실어 하나님과 함께 재창조를 준비했을 뿐입니다. 다행히도 정결한 짐승만이 아니라 부정한 짐승도 암수로 함께 실었습니다(7:2). 악인과 선인, 의인과 죄인 모두를 끌어안으시는 하나님이십니다(마 5:4). 하나님의 창조의 뜻입니다.

그런데 이 심판을 내리고서 하나님의 마음이 바뀌었습니다. 사람이 악하기에 내린 심판이었는데(6:5-7), 이제는 사람이 악하기에 심판을 다시는 하지 않겠다는 것입니다. 하나님이 변하셨습니다. 사람은 심판으로 달라지지 않는다는 것을 아셨기 때문입니다. 한편으로는 무서운 이야기입니다. 심판하지 않는다는 것은 방주도 만들지 않겠다는 말입니다. 한마디로 이제 재창조는 없습니다.

그럼 어떻게 하겠다는 말입니까? 노아의 제사가 그 답입니다. 제사는 하나님과의 관계 회복입니다. 어떻게 회복합니까? 제사는 희생 제물을 요구합니다. 이제 답은 인간에게로 넘어갑니다. 그 원형이 예수 그리스도입니다. 말씀이 삶이 되신 하나님, 예수 그리스도라는 희생 제물을 통할 수밖에 없다는 것을 안 것입니다. 이것은 단지 예수님에게만 국한된 것이 아닙니다. 예수를 믿는다는 것은 예수를 따르는 것입니다. 자기 십자가를 지는 것입니다. 예수님은 우리에게 세상의 빛이 되라고 하십니다. 그 빛은 나를 태워 이루어지는 빛입니다. 언제까지 예수의 십자가에 기대겠습니까? 언제까지 편리만을 좇겠습니까?

땅인가 사람인가

아브람이 롯에게 말하였다. "너와 나 사이에, 그리고 너의 목자들과 나의 목자들 사이에, 어떠한 다툼도 있어서는 안 된다. 우리는 한 핏줄이 아니냐! 네가 보는 앞에 땅이 얼마든지 있으니, 따로 떨어져 살자. 네가 왼쪽으로 가면 나는 오른쪽으로 가고, 네가 오른쪽으로 가면 나는 왼쪽으로 가겠다." 롯이 멀리 바라보니, 요단 온 들판이, 소알에 이르기까지, 물이 넉넉한 것이 마치 주님의 동산과도 같고, 이집트 땅과도 같았다. 아직 주님께서 소돔과 고모라를 멸망시키시기 전이었다(창 13:8-10).

세상에는 없어서 생긴 문제보다는 있어서 생긴 문제가 더 큽니다. 없으면 나눌 것도 없지만, 있으면 나누는 문제가 발생합니다. 아브람과 조카 롯도 마찬가지였습니다. "그러나 그 땅은 그들이 함께 머물기에는 좁았다. 그들은 재산이 너무 많아서, 그 땅에서 함께 머물 수가 없었다"(6절). 모순입니다. 그들이 함께 머물기에는 좁은 땅인데 재산은 많다는 것입니다. '좁은 땅'과 '많은 재산'이 상호 모순입니다. 이것이 사람입니다. 너무 많은데 함께 살 수 없는 좁은 땅입니다. 많을수록 적다고 느끼는 사람의 욕망을 말해줍니다.

아브람은 이 다툼을 원하지 않았습니다. "우리는 한 핏줄이 아니냐!"며 아브람은 말합니다. "이 말의 히브리어 '키-아나쉼 악힘 아나흐누'는 직역하면 '왜냐하면 우리는 한 형제인 사람들이기 때문이다'입니다"(이영재, 『아브라함 이야기』, 81). 그는 재산 다툼보다는 한 형제, 한 핏줄을 소중히 여겼습니다. 말하자면 그는 재산보다 사람을 택했습니다. 재산을 중시해 형제가 평생 원수처럼 등지고 살기도 합니다. 그래서 이어 아브람은 "따로 살자" 말합니다. 이 말을 직역하면 '나로부터 분리하다'는 말입니다. 조카의 독립을 인정해줍니다. 조카를 자신에게 예속시키지 않습니다. 경제적 독립도 빼놓을 수 없습니다. 재산 분할에도 조카 롯에게 우선권을 줍니다. 롯은 요단 온 들판, 소알에 이르기까지 물이 넉넉한 소돔과 고모라 땅을 봅니다. '물이 넉넉하다'는 히브리어로 "'마쉬케'인데 관개수로를 갖추어 논밭에 물을 댈 수 있는 상태"(같은 책, 83)를 말합니다. 야훼의 동산은 에덴동산으로 네 갈래의 강이 흘러 물이 넉넉한 것을 연상케 합니다. 그리고 '이집트 땅'도 물이 넘치는 나일강을 중심으로 비옥한 땅임을 말합니다.

롯이 본 것은 육안으로 본, 아니 눈앞의 욕심으로 본 땅입니다. 그러나 이어 성서는 "아직 주님께서 소돔과 고모라를 멸망시키기 전이었다"고 덧붙입니다. 성서는 넉넉함의 함정, 풍요의 어둠을 말합니다. 그 함정은 소돔의 멸망이 말하듯 사람에 대한 배척, 차별, 혐오였습니다. 사람보다 우선인 재물은 멸망의 함정입니다.

그러나 아브람은 사람을 택했습니다. 그런 사람은 어떤 곳을 가나 행복합니다. "눈을 크게 뜨고, 북쪽과 남쪽, 동쪽과 서쪽을 보아라"(14절). 사방으로 막힘이 없는 광활한 미래가 기다립니다.

알아야겠다는 말

> 그들은 롯에게 소리쳤다. "오늘 밤에 당신의 집에 온 그 남자들이 어디에 있소? 그들을 우리에게로 데리고 나오시오. 우리가 그 남자들과 상관 좀 해야겠소" (창 19:5).

> 그들이 한참 즐겁게 쉬고 있을 때에, 그 성읍의 불량한 사내들이 몰려와서, 그 집을 둘러싸고, 문을 두드리며, 집 주인인 노인에게 소리질렀다. "노인의 집에 들어온 그 남자를 끌어내시오. 우리가 그 사람하고 관계를 좀 해야겠소"(삿 19:22).

동성애를 공격하는 대표적인 두 본문입니다. 왜냐하면 남자들이 남자들을 성적 욕망의 대상으로 요구하였기 때문입니다. 창세기 19장은 소돔성 남자들이 롯의 집에 들어온 나그네 두 사람에게, 사사기 19장은 베냐민 땅 기브아의 불량배들이 나그네로 머물게 된 한 레위 지파 사람과 그의 젊은 첩에게 가한 집단 성폭행 사건입니다. 창세기에서는 롯이 두 나그네 대신 자신의 결혼하지 않은 두 딸을 내놓으려 했고, 레위 사람은 직접 자기 첩을 그들에게 내주어 자기 명예를 지킵니다. 소돔은 이 일 후에 불의 심판을 당하며, 기브아가 속한 베냐민 역시 온 이스라엘과 큰 전쟁을 치러 완패하고, 그 성 역시 모두 불타버립니다.

이 두 본문에서 '상관하다', '관계하다'로 번역된 히브리어 동사는 '야다'(뜻: 알다)입니다. '야다'가 처음 동침의 뜻으로 사용된 본문은 창세기 4장 1절입니다. 하와가 주도하여 선악과를 범하고 에덴에서 쫓겨난 후의 일입니다. 직역하면 "아담이 그의 아내 하와를 알았다"입니다. 이때 '야다'로 묘사된 둘의 동침은 죄로 인해 파괴된 관계가 다시 회복되는 하나의 상징입니다. 아담은 하와를 깊이 이해하고 받아들이게 됩니다. 그리고 그 결과로 가인을 얻습니다. 이때 '야다'는 논리를 건너뛰어 직관적으로 '아는 상태'를 의미합니다. 또한 두 인격체 사이의 깊은 소통과 연결을 의미합니다. 구약성경 전체에 '야다'라는 동사는 모두 941회 등장합니다. 동사의 형태에 따라서 '안다, 가르친다, 깨닫다, 능숙하다, 하나님이 선택하다'의 뜻으로 번역됩니다. 그중에 남녀 간의 성관계를 뜻하는 구절은 단 9구절(창 4:1, 17, 25; 19:5; 38:26; 삿19:22, 25; 삼상1:19; 왕상1:4)뿐입니다. 굳이 '남자를 알지 못했다', 즉 '동침한 적이 없다'는 뜻으로 번역한 4구절 (창19:8; 24:16; 삿11:39; 21:12)을 더한다 해도 13구절이 전부입니다. (하나 더 추가하면 민 31:17인데, 이 구절에서는 샤카브와 야다를 같이 쓰고 있습니다.)

오늘 두 본문은 동침을 뜻하는 직접적인 다른 동사(보오, 샤카브,

심지어 간음, 음행을 뜻하는 다른 동사도)가 있음에도 불구하고 굳이 '야다'를 사용했습니다. 완곡어법을 사용할 필요가 없는 본문입니다. 여기서는 '야다'가 성관계를 뜻하는 완곡어법으로 사용된 것이 아닙니다. 이 두 본문, 소돔과 기브아의 사건은 예외적이고 비상식적입니다. 다른 본문의 모든 '야다'는 일대일 관계이지만, 이 두 본문에서는 '집단'이 두 나그네 혹은 나그네 일행을 상대하고 있습니다. 다수의 집단이 소수의 약자에게 가하는 폭력적 상황입니다. 성폭행은 성관계가 아닙니다. 인격과 명예를 짓밟는 범죄입니다. 그리고 오늘 다시 이 두 본문으로 성소수자들을 공격하고 있는 기독교 집단 역시 소돔 남자들이나 기브아 불량배들과 하나 다를 바가 없습니다.

하나님의 시험

이런 일이 있은 지 얼마 뒤에, 하나님이 아브라함을 시험해 보시려고, 그를 부르셨다. "아브라함아!" 하고 부르시니, 아브라함은 "예, 여기에 있습니다" 하고 대답하였다. 하나님이 말씀하셨다. "너의 아들, 네가 사랑하는 외아들 이삭을 데리고 모리아 땅으로 가거라. 내가 너에게 일러주는 산에서 그를 번제물로 바쳐라" (창 22:1-2).

하나님은 아브라함을 시험해 보시려고 하나님이 주신 아들 이삭을 바치라고 합니다. 하나님이 시험하신다는 말이 당황스럽습니다. 이 시험을 통해 하나님은 외아들까지 아끼지 않고 하나님께 바칠 정도로 하나님을 두려워하는 아브라함의 믿음을 알게 되었다고 하십니다(12절). 하나님이 전지전능하신 분이라면 시험하지 않아도 알 수 있는 것이 아닌가 생각되어 좀 이상합니다. 하나님은 사람을 시험하려고 시내산에 나타나셨습니다(출 20:20). 십계명을 주시어 계명대로 사는지를 시험하셨습니다. 율례와 법도를 주시고 시험하십니다(출 15:25). 만나를 주시면서 필요한 만큼만 거두는지 시험하시고(출 16:4), 안식일에도 만나를 거두는지 시험하셨습니다(출16:26-27). 이스라엘을 광야로 인도한 것은 이스라엘을 단련시키고 시험하셔서 이스라엘이 하나님의 계명을 잘 지키고 있는지 그들의 속마음을 알려는 것이었습니다(신 8:2).

사실 성서에는 사탄만이 아니라 하나님의 시험이 적지 않습니다. 그만큼 사람은 믿을만한 존재가 아닙니다. 아침에 다르고 저녁에 다릅니다. 시시각각 변하는 것이 사람입니다. 알 수 없는 게 사람입니다. 그래서 하나님은 자주 사람을 시험하십니다. 우리의 의문은 하나님이 왜 이렇게 사람을 믿을만한 존재로 만드시지 않았는지에까지 이릅니다. 반대로 사람이 하나님을 시험하기도 합니다. 하나님에 대한 믿음이 없으니 하나님을 시험합니다. 물이 없다고 하나님의 존재를 의심하며 하나님을 시험합니다(출 17:7). 목마르다고 맛사에서 하나님을 시험했습니다(신 6:16). 이스라엘은 열 번이나 거듭 하나님을 시험하고 순종하지 않았습니다(민 14:22).

삶은 하나님의 시험입니다. 이 시험은 하나님의 사랑을 전제합니다. 그러나 그 사랑을 깨닫지 못하면 반대로 사람의 시험이 시작됩니다. 문제는 하나님 앞에 서 있는 것입니다. 첫 사람 아담은 하나님 앞에 있지 않았습니다. "아담, 네가 어디에 있느냐?"(창 3:9)라는 질문에 대답하지 못하고 하나님의 낯을 피하여 숨었습니다(창 3:8). 그러나 아브라함은 하나님의 부르심에 "네, 여기 있습니다"라고 대답합니다.

사람은 부름 받은 존재입니다. 그 부름 속에 그의 시험이 있고 우리는 그 뜻을 찾는 신앙인입니다. 하나님의 전지전능은 우리의 요구에 대한 하나님의 능력이 아니라 하나님의 무한한 사랑의 능력입니다.

하나님의 시험(2)

주님의 천사가 하늘에서 두 번째로 아브라함을 불러서, 말하였다. "주님의 말씀
이다. 내가 친히 맹세한다. 네가 이렇게 너의 아들까지, 너의 외아들까지 아끼지
않았으니, 내가 반드시 너에게 큰 복을 주며, 너의 자손이 크게 불어나서, 하늘
의 별처럼, 바닷가의 모래처럼 많아지게 하겠다. 너의 자손은 원수의 성을 차지
할 것이다"(창 22:16-17).

　자식을 바치라는 하나님의 시험에 아브라함이 하나님의 명령대
로 이삭을 바쳐 하나님 두려워하는 줄 알게 되었다는 것입니다.
하나님의 시험에 아브라함이 통과한 것입니다. 그런데 의문이 있습
니다. 하나님은 아브라함을 시험할 정도로 아브라함을 믿지 못했다
는 것입니까? 맞습니다. 하나님은 아브라함에게 자식 이삭을 주셨습
니다. 주신 분이 있습니다. 그렇다면 주신 분의 뜻이 있습니다.
백세가 되어 아들을 보았으니 금지옥엽(金枝玉葉) 같은 아들입니다.
주셨으니 자기 것이라고 생각하며 애지중지했습니다. 그러나 하나
님의 것입니다. 언제든 하나님의 부름에 쓰임 받는 하나님의 사람입

니다. 하나님은 바로 이것을 시험했습니다.

아브라함은 이삭을 하나님께 묶었습니다(9절). 그리고 하나님의
제단에 제물로 바치려고 했습니다. 이 사건이 얼마나 충격적이었던
지 이후 사라는 아브라함과 같이 브엘세바에 살지 않고 죽을 때까지
헤브론 땅에서 따로 살았습니다. 사라가 죽은 후 비로소 아브라함은
사라가 사는 헤브론으로 갑니다. 사라의 마음, 이해할 수 있습니다.
외아들을 하나님의 뜻에 묶어 제물로 바친 아브라함을 두고 우리는
순종의 모델로 삼습니다. 그런데 하나 더 물어야 합니다. 왜 순종했
을까요? 단지 하나님에 대한 두려움 때문인가요?(12절) 하나님이
주신 공포 때문인가요? 그렇다면 맹목적 신앙인가요? 아닙니다.
그것은 거룩한 두려움입니다. 여기에는 하나님의 뜻이 있고 아브라
함의 깨달음이 있다는 것입니다.

"바쳐라"(2절)와 "그 아이에게 손을 대지 말아라"(12절), 이 모순
된 하나님의 두 명령에 하나님의 뜻이 있었고 아브라함의 깨달음이
있었습니다. 이삭을 희생 제물로 바침으로 자손의 융성이 있었습니
다. "너의 외아들까지 아끼지 않았으니, 내가 반드시 너에게 큰
복을 주며, 너의 자손이 크게 불어나서, 하늘의 별처럼, 바닷가의
모래처럼 많아지게 하겠다. 너의 자손은 원수의 성을 차지할 것이
다." 자손의 희생은 자손의 번영을 가져왔습니다. 희생 안에 번영이
있습니다. 번영은 희생과 함께 옵니다. 역설입니다. 노자는 도덕경
2장에서 故有無相生 難易相成(고유무상생 난이상성), "그러므로 유와
무는 서로를 생성시키며, 어려움과 쉬움은 서로를 이루어준다"고
합니다. 죽임 속에 살림이 있고, 묶임 속에 풀림이 있고, 고난 속에

영광이 있고, 십자가 속에 부활이 있습니다. 사실 모순이 아니라 동근(同根), 같은 뿌리입니다. 바로 아브라함은 이 시험을 통과한 것입니다.

형이 동생을 섬기는

주님께서 그에게 대답하셨다. "두 민족이 너의 태 안에 들어 있다. 너의 태 안에서 두 백성이 나뉠 것이다. 한 백성이 다른 백성보다 강할 것이다. 형이 동생을 섬길 것이다"(창 25:33).

이삭은 자기 아내 리브가가 임신하지 못하므로 아이를 갖게 해달라고 주님께 기도하였습니다. 주님께서 이삭의 기도를 들어주시니, 그의 아내가 임신하게 되었습니다(21절). 그러나 그 임신이 편치 않았습니다. 기도의 응답은 받았지만 좋은 쪽은 아니었습니다. 태중의 두 아이가 서로 싸웠습니다. 그래서 주님께 이 일에 대해 물었습니다(22절). 그러자 주님께서는 두 민족의 대립이 이미 시작되었다면서 두 백성이 나뉠 것이고 한 백성이 다른 백성보다 강할 것이며 형이 동생을 섬길 것이라고 합니다(23절). 두 아이는 형 에서와 동생 야곱입니다.

하나님은 분명 형이 동생을 섬길 것이라고 했지만 현실은 그러지 못했습니다. 에서가 야곱보다 강했습니다. 셈과 함도 마찬가지입니다. "노아는 함이 셈을 섬기는 종이 될 것이라고 예언했지만 창세기는 함의 자손들이 큰 도성을 짓고 위세를 떨치는 형국을 묘사합니다(창 10:8-10). 이 모든 예언은 다윗의 통일 왕국 시대에 성취될 것을 염두에 두고 있습니다. 다윗에게 에돔(에서)은 정복당하였고, 함의 자손인 가나안 부족들도 다윗에게 굴복했습니다. 그러나 함의 후손이라고 할 수 있는 애굽과 바빌론과 아시리아는 굴복시키지 못했습니다. 여호수아 시대에도 가나안 부족들을 다 굴복시키지는 못했습니다"(이영재, 『이삭 이야기』, 75). 다윗 왕국이 멸망 당하고 난 후에는 성서의 말과는 반대로 바빌론 포로로 잡혀가 함의 자손을 섬겨야 했습니다. 셈이 함의 종노릇만 한 것입니다.

그럼에도 왜 계속해서 성서는 고착화된 질서를 무너뜨리는 이야기를 하는 것일까요? 이것이 성서가 바라는 세계이기 때문입니다. 출생 순서에 권한을 두는 장자권 제도의 부당성을 지적합니다. 남자라는 이유 하나만으로 여자를 제압하는 가부장제도의 부당성을 지적합니다. 부모의 소유와 지위에 따라 운명이 갈리는 세상을 거부합니다. 적어도 교육, 의료, 생존의 기본적 권리가 차별받는 세상을 만들어서는 안 된다는 것입니다. 소수라고 다수에 밀려 차별받는 것을 거부합니다. 형이 동생을 섬기는 것, 강자가 약자를 돌보는 것, 큰 나라가 작은 나라의 힘이 되어주는 것, 이것이 아직 이루어지지는 않았지만 성서가 바라는 세상입니다. 우리가 만들어야 할 하나님의 나라입니다. 차별금지법! 그런 세상을 위한 작은 도약입니다.

르호봇의 마음

이삭이 거기에서 옮겨서, 또 다른 우물을 팠는데, 그때에는 아무도 시비를 걸지
않았다. 그래서 그는 "이제 주님께서 우리가 살 곳을 넓히셨으니, 여기에서 우리
가 번성하게 되었다" 하면서, 그 우물 이름을 르호봇이라고 하였다(창 26:22).

이삭은 블레셋 지역의 그랄 평지에 거주하면서 농사를 지었는데
엄청난 수확을 거두면서 부자가 되었습니다(창 26:12). 그걸 본 블레
셋 사람들이 시기하여 이삭의 아버지 아브라함 때에 판 우물을
메워버렸습니다(14-15절). 결국 이삭은 그랄의 다른 평원으로 가서
샘줄기 우물을 찾아냈으나 그랄 지방 목자들이 소유권을 주장하여
다투었습니다(19절). 이 다툼에 이삭은 소유권을 포기했고, 그 우물
의 이름을 '다툼'이라는 뜻의 '에섹'이라고 지었습니다(20절). 그리고
또 다른 우물을 팠습니다. 이번에도 역시 그랄의 목자들은 시비를
걸었습니다. 그래서 이삭은 그 우물의 이름을 '고발장'이라는 뜻의
'싯나'라고 지었습니다(21절). 이렇게 이름 지음은 하나님께 호소하
는 고발장을 제출해야겠다는 상한 마음을 나타낸 것입니다.

이것은 폭력에 희생된 피억압민이 하나님께 부르짖는 기도를 의미합니다. 블레셋 목자들의 횡포에 맞대응하지 않는 이삭은 그 대신에 기도로 하나님께 도움과 구원을 갈구합니다. 결국 이삭은 쫓겨 다시 우물을 찾았고 아무도 시비를 걸지 않았습니다(22절). 폭력에 폭력으로 대응하지 않자 평화가 온 것입니다. 그 우물의 이름은 '넓은 곳'이라는 뜻의 '르호봇'이었습니다. 어쩌면 '르호봇'은 평화를 위해 양보한 이삭의 마음일지 모릅니다. "이제 주님께서 우리가 살 곳을 넓히셨으니, 여기에서 우리가 번영하게 되었다." 이삭의 신앙 고백입니다. 그 마음이 이른 곳이 '브엘세바'(23절)입니다. '브엘'은 우물이고, '세바'는 안식을 뜻하는 숫자 7입니다. 소유권 분쟁으로 인한 폭력을 폭력으로 대응하지 않고 온유한 마음으로 이겨낸 이삭에게 내려진 하나님의 축복입니다.

이 땅은 단지 세속적인 땅을 의미하는 것이 아니라 어느 곳에서 든 평화의 온유한 마음으로 살라는 뜻은 아닐까요? '에섹'과 '싯나'를 이겨낸 '르호봇'의 마음이 평화를 이루어냅니다. 그 땅은 온유가 만든 하나님의 땅, 하늘 나라입니다. "온유한 사람은 복이 있다. 그들이 땅을 차지할 것이다"(마 5:5). 오늘 당신은 하늘 나라에 살고 있습니까?

이삭의 축복

야곱이 가까이 가서, 그에게 입을 맞추었다. 이삭이 야곱의 옷에서 나는 냄새를 맡고서, 그에게 복을 빌어 주었다. "나의 아들에게서 나는 냄새는 주님께 복 받은 밭의 냄새로구나. 하나님은 하늘에서 이슬을 내려 주시고, 땅을 기름지게 하시고 곡식과 새 포도주가 너에게 넉넉하실 것이다. 여러 민족이 너를 섬기고, 백성들이 너에게 무릎을 꿇을 것이다. 너는 너의 친척들을 다스리고, 너의 어머니의 자손들이 너에게 무릎을 꿇을 것이다. 너를 저주하는 사람마다 저주를 받고, 너를 축복하는 사람마다 복을 받을 것이다"(창 27:27-29).

장자의 축복을 받기 위해 차자인 야곱은 늙어 앞을 못 보는 아버지를 속였습니다. 야곱을 편애한 리브가도 이 일에 공모했습니다. 이것이 자식을 위한 일이라고 생각했던 것입니다. 그래서 털이 많은 형 에서처럼 염소 새끼 가죽을 야곱의 매끈한 손과 목덜미에 둘러주었고 에서가 사냥에서 잡아온 것처럼 짐승을 요리해 이삭에게로 가져가게 했습니다(10-15절). 에서를 편애하는 이삭은 주의 깊게 야곱을 살폈지만 앞을 못 보는 터라 속고 말았습니다. 장자의 축복에 대한 야곱의 집착 그리고 부모의 각기 다른 편애가 만든 사건이었습니다. 이삭이 준 축복은 지극히 세속적인 물질 축복(28절)과 권력 축복(29절)이었습니다.

창세기 12장 3절에서 하나님이 아브라함에게 내린 축복과 창세기 27장 29절에서 이삭이 야곱에게 내린 축복은 비슷하면서도 묘하게 다릅니다. 사실 아브라함이 아들 이삭을 축복하는 장면이 없습니다. 축복은 하나님만이 하십니다. 하나님은 아브라함에게 만민에게 돌아갈 복을 축복합니다. 하지만 이삭은 아들에게 "여러 민족이 너를 섬기고, 백성들이 너에게 무릎을 꿇을 것이다. 너는 너의 친척들을 다스리고, 너의 어머니의 자손들이 너에게 무릎을 꿇을 것이다"라고 축복합니다. 이삭의 축복은 인간 중심의 관점에서 아들이 세상의 권력자가 되라고 비는 세속적인 축복입니다. 이삭은 땅의 모든 민족에게 돌아갈 하나님의 축복을 왜곡하여 권력자 아들에게로 집중시킵니다. 두 부모의 편애가 한 아들에게 절대 권력을 부여했고, 결국 자기 민족 중심의 국수주의를 만든 것은 아닌가요?

하나님이 주신 축복은 온 인류에게 돌아갈 축복입니다. 그런데 한국교회 목사들은 광주 학살의 주범인 전두환을 위해 복을 빌었습니다. 당시 '나라를 위한 조찬기도회'라고 불린 자리에서 행한 축복(祝福, 복을 빎)은 하나님의 축복이 아니라 지극히 세속적인 이삭의 축복이었습니다. 사실상 이 나라에 저주를 안긴 더러운 축복이었습니다. 축복은 세상의 모든 자녀를 위해 하나님만이 하십니다. 우리는 거기에만 "아멘" 해야 합니다.

야곱 vs. 라반

말을 듣고 난 라반은 야곱에게 말하였다. "너는 나와 한 피붙이이다." 야곱이 한 달을 라반의 집에 머물러 있을 때에, 라반이 그에게 말하였다. "네가 나의 조카이긴 하다만, 나의 일을 거저 할 수는 없지 않느냐? 너에게 어떻게 보수를 주면 좋을지, 너의 말을 좀 들어 보자"(창 29:14-15).

야곱이 외삼촌 라반의 집으로 간 것은 형 에서의 분노를 피해서였지만, 아버지 이삭의 뜻은 조금 달랐습니다. 이삭은 가나안의 딸들이 아닌 고향, 친척이 있는 곳에서 며느리를 맞이할 생각이었습니다. 야곱을 라반에게 보내며 이후 20년이나 아들 야곱을 못 볼 것이라고는 이삭과 리브가 그 누구도 생각지 못했을 것입니다. 잠시 피해 있는 김에 그곳에서 가문의 전통을 따라 결혼하기를 바랐을 것입니다. 에서는 부모의 뜻에 반해 가나안의 딸들과 여러 차례 결혼한데다가 야곱에게 한 부모의 당부를 듣고는 또다시 가나안의 딸을 아내로 맞이하였으니 말입니다. 그것이 그 부모에게는 너무나 큰 고통이었습니다(28장).

맨손으로 도망쳐 나온 야곱은 길에서 자면서 걸어서 라반의 집에 이릅니다. 라반은 야곱을 기쁘게 맞이하고 이렇게 말합니다. "너는 나와 한 피붙이이다." 그리고 한 달이 지나서였습니다. 라반은 야곱에게 품삯을 정하자고 말합니다. 앞서 야곱은 라반에게 '지금까지 있었던 일들'을 다 말했습니다. 그 내용에는 분명 자신이 겪은 일도 있지만, 이삭과 리브가가 야곱을 굳이 외삼촌 집으로 보내며 한 간곡한 당부가 포함되었을 것입니다. 그것은 고향, 친척의 집안에서 아내를 맞이하라는 것입니다. 그러나 지금 라반은 그 말은 모른체하고 마치 품꾼 다루듯 조카 야곱을 대하고 있는 것입니다.

형을 속이고 시작된 새로운 생활이 그리 녹록지 않음을 예고합니다. 라반의 계획에 맞서 야곱은 자신이 원하는 것과 외삼촌이 원하는 것 사이를 절충하는 안을 내놓습니다. 그것은 자신이 7년간 일할 터이니 그 품삯으로 라헬과 결혼하게 해달라는 것입니다. 당시 결혼에는 지참금을 대신하는 예물이 필요했습니다(24:53). 그러나 지금 야곱의 손에는 아무것도 없습니다. 그리하여 라반은 7년간 품삯 없이 일할 일꾼을 구했고, 야곱은 결혼예물 없이 아내를 맞이하게 되었습니다. 야곱과 라반, 두 속이는 자가 맞붙은 첫 번째 거래였던 것입니다. 쌍둥이 형의 발뒤꿈치를 잡고 세상에 나온 야곱, 이제 그의 발뒤꿈치를 잡는 세상과 씨름하며 그 인생의 여정을 달려 나갑니다. 오늘, 야곱의 삶에 나를 비춰봅니다.

속임수와 지혜

"그러니 이레 동안 초례 기간을 채우게. 그런 다음에 작은 아이도 자네에게 주겠네. 그 대신에 자네는 또 칠 년 동안 내가 맡기는 일을 해야 하네." 야곱은 그렇게 하였다. 그가 레아와 이레 동안 지내고 나니, 라반은 자기 딸 라헬을 그에게 아내로 주었다(창 29:27-28).

7년의 세월을 마치 며칠 같이 보낸 야곱이 드디어 라헬을 아내로 맞이하게 됩니다. 그러나 야곱의 계획대로 되지는 않았습니다. 라반은 고장의 법을 내세워 라헬이 아닌 레아를 신방에 들여보냈던 것입니다. 야곱이 아내를 맞이한 시각은 캄캄한 밤이었습니다. 그 밤은 7년을 한결같이 사랑한 사람조차도 알아보지 못하게 했습니다. 이삭이 어두워진 눈으로 에서인지 야곱인지 분간 못한 그때처럼 말입니다. 이때 라반만 야곱을 속인 것이 아닙니다. 레아와 라헬까지도 아버지 라반과 공모해서 벌인 일이었습니다.

라반은 레아와 초례를 치른 후에 라헬도 아내로 맞이하게 합니다. 한 달을 함께 지내보고 품삯을 정하자고 했던 라반이었습니다 (29:14). 7년을 지내고 나서 그가 내린 결정은 자신의 두 딸 레아와 라헬을 모두 야곱에게 아내로 주는 것이었습니다. 그렇게 함으로써 야곱을 14년간이나 무임금으로 부릴 수 있었던 것입니다. 철저한 계산과 계획 아래 라반은 야곱의 발을 묶어놓았고, 야곱은 다시 7년을 라반의 일을 하며 보냅니다. 그러는 사이 라반의 집안은 더욱 번성합니다(30:30). 시간이 갈수록 라반은 야곱을 더욱 붙잡아 놓으려고 합니다.

　"뛰는 놈 위에 나는 놈 있다"고 하죠? 속이는 자 야곱은 외삼촌 라반으로부터 수도 없이 속임을 당합니다(31:7). 하나님께서 야곱에게 라반을 붙여주신 이유는 라반에게 비친 자신의 모습을 보게 하시려는 것이었을까요? 말없이 묵묵히 14년을 일한 야곱은 라반의 집에서 마지막 6년을 속임수가 아닌 지혜로써 보냅니다. 그 시간은 돌아보니 약속이 성취된 시간이었습니다. 야곱이 감당한 참회의 시간, 인내의 시간은 축복으로 돌아옵니다. 오늘, 우리가 지나고 있는 이 시간의 끝에 하나님의 은총이 기다리고 있음을 기억하시기 바랍니다.

오롯이 혼자일 때

요셉의 주인은 요셉을 잡아서 감옥에 가두었다. 그 곳은 왕의 죄수들을 가두는 곳이었다. 요셉이 감옥에 갇혔으나, 주님께서 그와 함께 계시면서 돌보아 주시고, 그를 한결같이 사랑하셔서, 간수장의 눈에 들게 하셨다(창 39:20-21).

요셉은 야곱의 열한 번째 아들이죠. 아시다시피 야곱에게는 네 명의 아내가 있었고, 그들로부터 열 두 아들과 딸 하나가 태어났습니다. 게다가 요셉은 야곱이 가장 사랑한 여자 라헬로부터 나온 아들이죠 야곱의 특별한 마음이 이 아들에게 표현될 수밖에 없었을 것입니다. 그 상징이 바로 그가 입었던 '채색옷'입니다. 우리 식으로 말하면 비단옷입니다. 다른 자식들은 모두 무명옷을 입는데, 귀한 이 아들에겐 비단옷을 입힌 것입니다. 어린 요셉은 철이 없었을까요? 형들이 싫어하는 줄 몰랐을까요? 이 아이는 아버지가 편애하는 것을 조심하지 않고 형들 앞에 드러냈습니다. 형들의 잘못을 아버지에게 일러바쳤고, 자기가 꾼 꿈을 함부로 떠벌이기도 했습니다. 결국 형들의 미움을 샀죠. 죽이고 싶을 만큼의 미움을 산 요셉이 던져진 곳은 짐승을 잡으려고 파놓은 구덩이였습니다.

물도 없는 구덩이에 던져진 요셉은 지나가던 미디안 상인들의 손에 넘겨져 이집트 왕의 경호대장 보디발에게로 팔려 갑니다. 그런데 거기서 요셉은 하는 일마다 형통하여 그 주인의 심복이 됩니다. 보디발이 자신의 모든 것을 요셉에게 맡겼다는 말입니다. 그리하여 그 주인까지도 복을 받고 하는 일마다 더 형통하게 됩니다. 그런데 이번에는 그 주인 여자의 유혹이 기다리고 있었습니다. 조금도 흔들리지 않는 요셉은 급기야 주인 여자를 범하려 했다는 누명을 쓰고 감옥에 갇히게 됩니다. 요셉의 구덩이가 더 깊어지고 만 것입니다. 그런데 그곳에서 요셉은 꿈을 꾸던 소년에서 꿈을 해석할 줄 아는 사람이 되었고, 그 일로 결국 그 감옥을 벗어나게 됩니다. 감옥의 위기를 벗어나자 그를 기다리고 있는 것은 더 큰 영예였습니다. 이집트의 국무총리가 된 것이었죠.

꿈 이야기를 눈치도 없이 쏟아내던 철없는 아이 요셉은 형들의 손에 의해 구덩이에 빠지던 그때부터 입이 다물어지고 맙니다. 구덩이(보하르, '감옥'과 같은 뜻, 4:14; 40:15)는 절망과 실패, 반대와 비판, 고립과 외로움으로 견뎌야 하는 시공간입니다. 그 일 이후 요셉은 하고 싶은 말을 함부로 떠드는 사람으로는 더 이상 보이지 않습니다. 이제 무조건 받아주고 안아주는 아버지도 없고, 미우나 고우나 꿈 이야기를 맘껏 떠들어델 수 있었던 형들마저도 없는, 오직 혼자의 세상에 던져졌기 때문입니다. 그러나 성서는 그때를 이렇게 말합니다. 창세기 39장 2절 상반절입니다. "주님께서 요셉과 함께 계셔서, 앞길이 잘 열리도록 그를 돌보셨다."

주님께서 함께하셨다는 것입니다. 이것은 거꾸로 말하면 요셉이 그때 오직 하나님께만 의지하고 그분과만 함께했다는 뜻이기도 합니다. 왕의 경호대장도 아니었고, 최고 권력자 바로도 아니었으며, 감옥에서 만난 힘 있는 사람들도 또 간수장도 아닌 오직 하나님! 나는 고난의 때에 누구와 함께 있었나, 그때 오롯이 혼자일 수 있어야 하나님이 함께 계심을 알 수 있을 것입니다. 구덩이이든 총리의 자리이든 중요한 것은 거기 하나님께 함께 있느냐입니다. 잊지 마십시오.

형통

✼

간수장은 그의 손에 맡긴 것을 무엇이든지 살펴보지 아니하였으니 이는 여호와께서 요셉과 함께 하심이라. 여호와께서 그를 범사에 형통하게 하셨더라(창 39:23, 개역개정).

분명 요셉이 지금 있는 장소는 또 한 번의 구덩이, 감옥입니다. 그러나 그곳에서 요셉은 그 누구보다 자유로워 보입니다. 그뿐 아니라 풍요로워 보이기까지 합니다. 세상 그 누구도 부러울 이 없어 보입니다. 이것을 성서는 '형통'이라는 단어로 표현합니다.

새번역에는 "무엇이나 잘 되게 해 주셨다"고 풀어서 번역하였는데, 이에 해당하는 우리에게 익숙한 단어는 '형통'입니다. 히브리어로는 '마첼리약흐'인데 창세기 39장에 2절, 3절, 23절 세 번 등장합니다. 그리고 특이한 점은 이 단어가 히필 분사라는 형태인데 히필은 사역형을 의미합니다. 그러니까 하나님께서 요셉으로 하여금 "형통하게 만드셨다"는 점이 강조된 것입니다. 하나님의 개입이 강하게 강조된 것입니다.

요셉은 후에 이집트의 총리가 됩니다. 노예로 잡혀 와 이방인으로서 한 나라의 총리 자리까지 오른 것입니다. 그야말로 '형통'이라는 단어의 주인이라고 해도 손색이 없습니다. 그러나 이 단어는 그가 이집트의 총리가 된 후에는 등장하지 않습니다. 요셉이 보디발의 집 노예로 있을 때, 누명을 쓰고 감옥에 갇혔을 때 등장합니다.

우리가 요셉과 형통을 함께 떠올리는 이유는 그가 세상에서 출세하였기 때문입니다. 그러나 성서는 다른 말을 하고 있습니다. 성서에서 형통은 하나님께서 함께하심에 있습니다. 어디에 있는가, 무엇을 하는가가 아니라 하나님께서 함께하시는가가 형통의 근거입니다. 오늘 나는 형통합니까?

히브리

밥상을 차리는 사람들은 요셉에게 상을 따로 차려서 올리고, 그의 형제들에게도 따로 차리고, 요셉의 집에서 먹고 사는 이집트 사람들에게도 따로 차렸다. 이집트 사람들은, 히브리 사람들과 같은 상에서 먹으면 부정을 탄다고 생각하기 때문에, 상을 같이 차리지 않은 것이다(창 43:32).

이스라엘의 흑역사*입니다. 이방 민족으로부터 '부정 탄다'는 소리를 듣는 시절이 있었다니 말입니다. 겸상조차 하지 않는 푸대접을 감수해야 했던 시절이 그들에게도 있었습니다. 훗날 자신들이 이방인과 함께 식사하는 일을 끔찍이도 꺼리게 될 거란 걸 과연 그 상에서 상상이나 했을까요? 이스라엘을 칭하는 또 다른 명칭은 '히브리'입니다. 히브리의 기원을 '하피루'**에서 찾기도 하고, 아예

---

* 흑역사: 없던 일로 치거나 잊고 싶을 만큼 부끄러운 과거.

** 먼지, 포도원 일꾼, 전쟁포로, 채석장 강제노동자, 노예, 용병, 강도, 탈법자, 질서를 어지럽히는 자, 반항적 농민 등.

다른 뜻으로 '에베르'에서 찾기도 하는데, 에베르의 어원은 '건너다'를 뜻하는 '아바르'입니다. 그래서 히브리(히브리어 표기는 '이브리')의 뜻은 '강을 건너온 사람', '강 저편의 사람', '주변, 가장자리, 외곽의 사람'으로 해석할 수 있습니다. 말 자체가 본토인이 아니라 외부인, 외지인, 이방인의 의미를 포함하고 있습니다. 즉, 하피루나 에베르나 또 히브리나 모두 별 볼 일 없는 한 무리의 사람들을 일컬은 것입니다.

'히브리 사람'이라 칭해진 사람은 창세기 14장 13절에서 아브람이 처음입니다. 그리고는 39장으로 뛰어넘어 요셉의 이야기에 반복하여 등장합니다. 그리고 출애굽기 3-10장까지는 '히브리 사람의 하나님'이라는 표현으로 6번 등장합니다(3:18; 5:3; 7:16; 9:1, 13; 10:3). 요셉에 관련하여 등장하는 '히브리'라는 표현에는 다른 표현이 하나씩 더 붙어 있습니다 ― 히브리 녀석(39:14), 히브리 종(39:17), 히브리 소년(41:12). 요셉과 관련한 또 한 구절인 오늘 본문 창세기 43장 32절은 요셉이 신분을 속이고 자기 형제들과 함께 식사할 때의 한 장면입니다. 이집트에도 정결법이 있어 이방인들, 특히 '히브리'들과 섞여 식사하지 않았기에 그들은 따로따로 식탁을 받았습니다. 따로 상을 받은 이유는 이집트인들에게 히브리들은 '부정 타는' 대상이었기 때문입니다. 부정 탄다는 말의 히브리어 '토에바'의 원뜻은 '혐오감을 일으킨다, 역겹다, 가증하다'입니다.

스스로를 정결케 하기 위해 만들어진 법이 타인을 가르고 혐오하고 배제하는 수단이 된 것입니다. 이스라엘도 마찬가지였습니다. 그리하여 마침내 예수께서는 그 담을 몸소 허무셨고(엡 2:14-16),

사도 바울 역시 그것을 사명으로 알았습니다. 하나님께서는 이방인들에게도 성령을 주셔서 그들을 인정하셨고, 그들의 믿음을 보셔서 그들의 마음을 깨끗하게 하시고 아무런 차별을 두지 않으셨습니다 (행 15장). 그런데 오늘날 교회는 다시금 세상의 약자들을 향해서, 주변인들을 향해서, 소수자들을 향해서 담을 쌓고 있습니다. 하나님이 인정하신 것을 부정하고 있으며, 하나님이 깨끗하게 하신 것을 부정하다 하고 있습니다. 하나님이 평등하게 하신 것을 차별하고 있습니다. 우리가 히브리였던 때를, 아니 지금도 이 세상의 히브리임을 잊지 말아야 합니다. 나라 이름도, 민족 이름도, 아무것도 아닌 히브리….

정을 억제하지 못하여

요셉은 북받치는 감정을 억누르지 못하고, 자기의 모든 시종들 앞에서 그만 모두들 물러가라고 소리쳤다. 주위 사람들을 물러나게 하고, 요셉은 드디어 자기가 누구인지를 형제들에게 밝히고 나서(창 45:1).

요셉은 야곱의 열한 번째 아들이자 라헬의 첫아들입니다. 애초에 야곱이 사랑했던 사람은 라헬이었기 때문에 야곱은 생전에도 이 아들을 특히 사랑했습니다(37:3). 이것이 아버지 야곱의 편애로 이어지고, 요셉은 형들의 허물을 일러바치곤 했습니다(37:2). 요셉은 부모와 배다른 형들이 자기를 섬기는 꿈까지 꾸게 됩니다(37:7, 9). 꿈은 무의식으로 그의 뼛속까지 깊은 오만을 말합니다. 당연히 형들의 시기는 쌓이고, 결국 형들은 요셉을 미디안 상인에게 은 스무 냥에 팔아넘기고(37:28) 아버지에게는 죽은 것으로 속입니다(37:33). 그 이후 요셉은 엄청난 고생을 하지만 이집트 총리에 오릅니다. 그리고 오랜 가뭄으로 식량을 얻으러 온 형들을 만납니다. 철천지원수들입니다. 그래서 처음에는 적대적으로 대하다가 마침내 자기를 밝히면서 형들을 받아들입니다.

형들을 보면서 그는 북받치는 감정을 억누르지 못했습니다. 개역개정과 개역한글은 이것을 "그 정을 억제하지 못하여"라고 번역하고 있습니다. 직역하면 "스스로 억누를 수가 없었다"입니다. 그렇지만 "그 정을 억제하지 못했다"는 번역이 마음에 다가옵니다. 모든 사람에게 다 있는 것이지만 외국인들이 가장 한국인다운 정서로 꼽는 것이 情(정)입니다. 정은 모든 인간관계를 용광로처럼 녹입니다. 단지 좋은 것뿐이 아닙니다. 나쁜 것도 녹입니다. 오히려 나쁜 일이 관계를 더 깊게 만들기도 합니다. 야곱의 편애와 요셉의 오만함, 형들의 시기와 팔아넘김 등은 어찌 보면 나쁜 일의 연속입니다. 그럼에도 요셉은 그 정을 억제하지 못합니다. 북받치는 감정을 억누르지 못합니다. 고운 정만 정이 아닙니다. 미운 정도 정입니다. 아니, 미운 정이 더 깊을지도 모릅니다. 형제자매나 가족이 그러합니다. 하나님을 아버지로 삼는 형제자매인 우리입니다.

요셉은 형들의 농간에 팔려 엄청난 고생을 하였지만 하나님이 함께하시는 은총으로 성숙한 사람이 되어 갔습니다. 그 고생은 그에게 지혜를 주었습니다. 자기의 오만한 꿈에 갇혀 살던 사람이 남의 꿈을 이루게 하는 사람이 되어 갔습니다. 이젠 더 이상 오만한 꿈쟁이가 아닙니다. 마가복음 11장 15절 이하를 보면 예수님은 성전을 정화합니다. 이때 예수님은 과격하게 상과 의자를 뒤엎으며 장사치들을 성전에서 쫓아내셨습니다. 매몰차고 인정머리 없게 보입니다. 그러나 이것은 거스를 逆(역)의 逆情(역정)입니다. 주님의 꾸짖음이 정으로 느껴진다면 우리는 제 길을 가고 있는 것입니다.

악이 선이 되다

요셉이 그들에게 말하였다. "두려워하지 마십시오. 내가 하나님을 대신하기라도 하겠습니까? 형님들은 나를 해치려고 하였지만, 하나님은 오히려 그것을 선하게 바꾸셔서, 오늘과 같이 수많은 사람의 생명을 구원하셨습니다. 그러니 형님들은 두려워하지 마십시오. 내가 형님들을 모시고, 형님들의 자식들을 돌보겠습니다." 이렇게 요셉은 그들을 간곡한 말로 위로하였다(창 50:19-21).

"가인과 아벨의 형제 살인으로 시작되어 에서와 야곱, 이스마엘과 이삭, 요셉과 형제들 등 형제간의 경쟁과 갈등으로 이어지는 창세기의 구조 속에서 형제간의 화해를 보여주는 요셉 이야기는 창세기의 절정입니다. 요셉은 그의 독특성으로 자신의 공동체에서 따돌림을 당하고, 심지어는 집단 폭력에 의해 죽음의 위기까지 처했다가 이집트 노예로 팔려갑니다"(제107회 총회 주제해설집, 33). 꿈꾸는 자의 철없는 꿈(37장)은 이 고난의 과정에서 성숙한 인격으로 익어갑니다. 가해자 형들은 마침내 징벌의 위험을 감수하는 피해자의 자리에 섭니다. "형들은 모든 감정적인 수단을 통해 요셉의 자비를 얻으려고 합니다(15-18절). 요셉은 자신이 노예로 팔려 온 낯선 땅에서 겪었던 것을 형들도 겪도록(18절) 역할 바꾸기를 통해 이 보복의 악순환의 고리를 끊고 있습니다. 가해자가 피해자의 고통을 뼈저리게 공감하는 용서의 공간이 만들어지면, 그곳에서 진정한 화해와 공존이 가능해집니다"(같은 글, 37).

"하나님은 오히려 그것을 선하게 바꾸사"라는 진술은 단지 요셉의 성숙한 모습일 뿐만 아니라 창세기 전체의 결론입니다. 창조를 통한 하나님의 축복에도 악을 자행하는 인간의 반역이 뒤따르지만 우리 인간이 어떤 악을 의도하더라도 하나님은 선으로 바꾸신다는 것입니다. 나아가 요셉은 "내가 형님들을 모시고, 형님들의 자식들을 돌보겠습니다"라고 말합니다. 화해와 공존은 현재에서 미래까지 나아갑니다. 그 기초는 자신의 의를 하나님의 의로 완고하게 고집하는 요셉의 성숙한 말, "두려워하지 마십시오. 내가 하나님을 대신하기라도 하겠습니까?"에 있습니다. 요셉의 성숙함은 여기서 "수많은 생명을 구원하는 데" 목적을 둔 숭고함에 있다는 것입니다.

이것은 단지 한 가정의 형제들 이야기만이 아닙니다. 오늘 우리 사회의 이념, 지역, 남북, 노사, 계층 등 전역에서 일어나는 갈등 해소의 단초입니다. 대화 한마디 없는 탄압의 법치가 판을 칩니다. 하나님을 대신한 자들의 통치가 모든 평화를 근원적으로 파괴합니다. 타인의 존엄성이 지켜지기를 기도합니다.

요셉의 시간

**형님들은 나를 해치려고 하였지만, 하나님은 오히려 그것을 선하게 바꾸셔서,
오늘과 같이 수많은 사람의 생명을 구원하셨습니다(창 50:20).**

너무나 멋진 요셉이지요! 자기 인생에 발생한 불행을 오히려
하나님의 계획으로 해석하고 있습니다. 그것이 허세가 아니라 진실
인 것은 그 안에 참으로 원망 대신 용서가 있기 때문입니다. 요셉이
형들의 미움을 사서 미디안의 상인들에게 팔려 갈 때 나이가 열일곱
살쯤으로 보입니다. 형들에 비하면 아직 어리지만 철없을 어린아이
는 아니었는데도 하는 말이나 행동이 영락없는 막내였습니다. 아버
지 야곱은 가장 사랑하는 아내 라헬에게서 난 유일한 아들이라
요셉을 차별 대우했습니다. 그에게만 채색옷을 입혔고, 형들은
벌써 들에 나가 양을 쳤지만 요셉은 고작 아버지 심부름 정도만
하면서 잠이나 자며 지냈습니다. 하여 형들은 미움이 분노로 변하고
분노는 걷잡을 수 없는 폭력으로 바뀌어 피붙이에게 해서는 안
되는 일을 하기에 이릅니다. 동생을 죽이려고 한 것입니다. 형들

중 그나마 정신 차린 형이 있어 목숨은 지켰지만 하루아침에 부잣집 막내 도련님에서 이방의 노예로 전락합니다.

팔려 간 요셉의 이야기가 본격적으로 시작되는 것은 창세기 38장의 유다와 다말의 이야기 이후 39장부터입니다. 왜 흐름상 무관한 유다의 이야기가 이 사이에 길게 끼어들었을까요? 시간으로야 37장에서 39장으로 바로 이어지는 내용이지만, 어쩌면 운명이 바뀌는 그 순간 그가 체감한 시간이 38장에서 흐른 시간만큼이 아니었을까요? 실제로 37장의 요셉과 39장의 요셉은 다른 인물 같이 느껴집니다. 그 사이 철딱서니 없던 요셉이 완전히 다른 사람이 된 것만 같습니다. 실제로는 며칠 되지 않았을 시간이 요셉에게는 너무나 큰 충격으로 닥쳐왔을 것입니다. 꿈쟁이 요셉의 말문이 막혀버렸으니까요.

그 후 이집트에서 온갖 우여곡절을 겪고 요셉은 이집트의 총리가 되고, 그의 꿈풀이처럼 이집트를 비롯한 고대 중동 지역에 길고 긴 기근이 듭니다. 형들과 아버지와 동생까지 다시 만나게 된 요셉, 요셉을 판 일로 괴로워 자책하는 형들에게 요셉은 그 일이 하나님이 하신 일이라고 말합니다(45:5). 그리고 아버지 사후 보복을 당할까 두려워하는 형들에게 '악을 선으로 바꾸신 하나님'을 고백합니다. 자신에게 일어난 불행한 일에 집착하지 않고 그 과거에 머무르지 않고 그는 자기 인생을 향해 앞으로 나아갔던 것입니다. 그리고 놀랍게도 그 첫걸음부터 주님께서 함께하셨습니다. 39장 2절입니다. "주님께서 요셉과 함께 계셔서, 앞길이 잘 열리도록 그를 돌보셨다." 그리고 매 순간 함께 하셨겠지요. 악을 선으로 바꾸신 주님

곁에서 요셉은 원망을 용서로, 불행을 기회로 바꾸었습니다. 명절을 지나며 흉한 뉴스들이 들립니다. 미움에서 분노로 폭력으로, 돌이킬 수 없는 비극으로 이어지고 말았다는…. 악을 선으로 바꾸시는 하나님과 함께하는 길만이 이기는 길이며, 살고 살리는 길입니다.

약속의 성취

세월이 지나서, 요셉과 그의 모든 형제와 그 시대 사람들은 다 죽었다. 그러나 이스라엘 자손은 자녀를 많이 낳고 번성하여, 그 수가 불어나고 세력도 커졌으며, 마침내 그 땅에 가득 퍼졌다. 요셉을 알지 못하는 새 왕이 일어나서 이집트를 다스리게 되었다(출 1:6-8).

이집트 제 12왕조(B.C. 1991~1786) 이후 이집트는 급격히 쇠퇴기에 접어들었고, 제 13, 14왕조 때에는 팔레스틴은 물론 이집트 본토 역시 작은 왕들의 각축전으로 혼란기였습니다. 이 틈에 서북 가나안에서 발흥한 힉소스족(Hyksos, 야곱의 일가와 같은 셈족계)이 이집트를 점령하여 B.C. 1720~1553년 사이 이집트를 지배했습니다. 같은 셈족 계열의 야곱 일가가 이집트로 이주한 것도 이 기간입니다. 같은 셈족 계열이기에 요셉의 총리 임명이 가능했던 것입니다.

이집트를 탈출하는 출애굽은 요셉이 죽고 4세기가 지난 다음에 이루어집니다. 출애굽기 12장 40절에는 이스라엘 백성들이 이집트에 산 기간이 '사백삼십 년'이라고 되어 있습니다. 같은 사건이 창세기 기록에서는 '사백 년'으로 개략적으로 진술되어 있습니다. "주님께서 아브람에게 말씀하셨다. '너는 똑똑히 알고 있거라. 너의 자손이 다른 나라에서 나그네살이를 하다가, 마침내 종이 되어서, 사백 년 동안 괴로움을 받을 것이다'"(창 15:13).

이스라엘 백성들이 산 기간은 430년, 그중 종으로 산 기간은 400년이라는 차이는 요셉이 총리로 있었던 시절 이후 그렇게 오랜 시간을 평탄하게 지낸 것으로 보이지 않는다는 것을 말해줍니다. 요셉 사후 변화가 있었다는 것입니다. 즉, 다른 왕조가 정권을 갖게 된 것입니다. B.C. 1553년 이집트의 아모시스(제 18왕조)가 이집트 제국을 회복하고 힉소스족을 제압했습니다. 바로 '요셉을 알지 못하는 새 왕은 아모시스인데 단순히 알지 못하는 왕이 아니라 셈계의 힉소스와 철저히 적대관계였던 왕이었습니다. 그렇기에 같은 셈계의 히브리인들을 박해하고 노예로 삼은 것입니다.

이 과정을 한마디로 "세월이 지나서, 요셉과 그의 모든 형제와 그 시대 사람들은 다 죽었다"(6절) 표현한 것입니다. 세월이 지나 요셉의 시대가 지나고 종으로 사는 괴로운 사백 년의 시대가 왔다는 것입니다. 그런데 이 말 다음에 7절 시작에서 '와우'라는 반대 접속사(그러나)를 사용합니다. 그럼에도 불구하고 오히려 이스라엘은 번성하고 세력도 커졌다는 것입니다. 이 '와우'는 12, 17절에서도 이어집니다. 고난이 깊을수록 그러나 이스라엘은 더 강력해졌다는 것입니다. 그리고 이것은 창세기 1장 22, 28절과 9장 7절에 나타난 하나님의 창조 약속의 성취를 말합니다. 하나님의 약속의 성취는 고난에도 불구하고(와우) 번성하고 강력해지는 성취입니다. 아니 오히려 고난 속에서 성취되는 약속이라는 말입니다. 신앙은 약속에 대한 믿음입니다.

바로의 지혜

그 왕이 자기 백성에게 말하였다. "이 백성 곧 이스라엘 자손이 우리보다 수도 많고, 힘도 강하다. 그러니 이제 우리는 그들에게 신중히 대처하여야 한다. 그렇게 하지 않으면 그들의 수가 더욱 불어날 것이고, 또 전쟁이라도 일어나는 날에는, 그들이 우리의 원수들과 합세하여 우리를 치고, 이 땅에서 떠나갈 것이다" (출 1:9-10).

이집트 왕 바로는 자기 백성을 선동합니다. 히브리 노예들의 증가를 말하면서 닥쳐올 위험을 경고합니다. 노예들의 세력이 커지면 나라 밖 다른 세력들과 연합하여 자신들을 침략할 것이라고 합니다. 거의 협박 수준입니다. 그리되면 또다시 셈계의 왕조가 일어설 것이라는 그럴싸한 선동입니다. 독재자들의 통치 방법입니다. 정권이 위급할 때 안보의 위협을 가지고 백성을 강력하게 통치하여 정권을 안정시키거나 강화시키는 방법입니다. 심지어는 적국에 대해 전쟁을 일으키기도 합니다.

아르헨티나의 레오폴도 갈티에리 군사독재 정부는 국정의 혼란을 해결하지 못하는 어려움을 계속 안고 있었습니다. 인플레이션과 실업, 정치적 혼란을 감추고 강제수용소에 반독재 투쟁 인사들을 투옥·고문한 군사독재 정권의 인권 침해를 비판하는 목소리 등을 잠재우려는 의도가 정부를 전쟁으로 내몰았습니다. 바로 이로 인해 1982년 봄 영국에 선전포고하여 급기야 포클랜드전쟁을 일으켰습니다. 독재자들, 절대군주들의 수법입니다. 예루살렘을 회복하자는 십자군전쟁도 알고 보면 바티칸의 불안한 권력 통치에서 나온 것입니다. 이런 일들은 비일비재합니다. 남북 분단에 이른 우리 역사도 예외는 아니라는 것을 잘 압니다.

노예가 힘이 있으면 얼마나 있겠습니까? 그러나 "우리보다 수도 많고, 힘도 강하다"고 거짓으로 선동합니다. 안보 불안을 증폭시킵니다. '요셉을 알지 못하는 새 왕'은 아직 안정되지 못했습니다. 백성을 자신의 획일적인 통치 밑에 장악하기 위해 이런 수법을 쓰는 것입니다. 그래서 그들 이스라엘 노예들을 신중히 대해야 한다고 합니다. 선동을 알리는 감탄사 '하바'의 번역이 생략되었습니다. "자!" 하며 시작하는 9절, 왕의 말입니다. 그리고 "신중히 대처해야 한다"는 히브리 말 '니특하크마'는 직역하면 "지혜롭게 하자"는 말입니다. 그 지혜란 폭압입니다. 이스라엘 사람들에 강제 중노동을 시킵니다(11절). 정권의 안정과 강화를 위해 이스라엘 자손을 희생양으로 삼는 것입니다. 4.3이 제주도민들을 희생양으로 삼고, 5.18이 광주 시민을 희생양으로 삼았듯이 말입니다. 히틀러의 유대인 학살 홀로코스트도, 그 역으로 유대인의 팔레스틴 학살도 그러합니다. 이것이 바로 독재자들의 끔찍한 지혜입니다.

하나님의 지혜

그래서 이집트 사람들은, 이스라엘 자손을 부리는 공사 감독관을 두어서, 강제
노동으로 그들을 억압하였다. 이스라엘 자손은, 바로가 곡식을 저장하는 성읍
곧 비돔과 라암셋을 건설하는 일에 끌려 나갔다. 그러나 그들은 억압을 받을수
록 그 수가 더욱 불어나고, 자손이 번성하였다(출 1:11-12a).

최고의 권력자 바로의 지혜는 '탄압'이었습니다. 강제 노동으로
억압하는 것이었습니다. 이스라엘 자손은 바로의 곡식을 저장하는
비돔과 라암셋 건설에 끌려 나갔습니다. '그래서' 이스라엘을 노예
로 만드는 데 확실히 성공한 줄 알았습니다. 그리고 강제 중노동으로
이스라엘의 인구 증가를 막을 수 있으리라고 여겼습니다. 그런데
'그러나'입니다. '그래서'와 '그러나'가 대조됩니다. '그래서'가 바로
의 지혜라면, '그러나'는 하나님의 지혜입니다.

강제노동으로 이스라엘을 억압하면 할수록 반전이 일어납니다.
'그래서'가 아니라 '그러나'입니다. 힘, 폭력의 인간 지혜가 오히려

하나님의 지혜로 무색해집니다. 억압을 받을수록 이스라엘은 그 수가 더욱 늘어나고 자손이 번성하였습니다. 인간의 억압의 지혜에도 불구하고 더욱더 약한 자를 일어서게 하는 하나님의 지혜입니다. 하나님의 지혜의 기준은 생명 존중입니다.

마침내 바로는 히브리 산파 둘을 시켜 이스라엘 백성이 아들을 낳으면 죽이고 딸이거든 살리라고 합니다(15-16절). 바로의 지혜입니다. 그래서 남자아이들을 죽일 줄 알았습니다. 그런데 '그러나'(17절)입니다. 히브리 산파 둘은 바로보다는 하나님을 두려워했습니다. 그들은 바로의 명령을 어기고 남자아이들을 살려두었습니다. 그래서 이집트의 왕 바로가 그 둘을 문책했습니다. "어찌하여 일을 이렇게 하였느냐? 어찌하여 남자 아이들을 살려 두었느냐?"(18절) 하나님께서 그들에게 지혜를 주셨습니다. 그들은 대답합니다. "히브리 여인들은 이집트 여인들과 같지 않습니다. 그들은 기운이 좋아서, 산파가 그들에게 이르기도 전에 아기를 낳아 버립니다"(19절).

히브리 산파 둘의 이름은 '십브라'와 '부아'입니다. 그 이름 뜻은 각각 '아름다움'과 '찬란함'입니다. 그렇습니다! 하나님은 사람이 말하는 지혜, 바로가 말하는 폭압, 살인, 학대라는 지혜를 '아름다움'과 '찬란함'의 지혜로 이겨 나가신다는 것입니다. 하나님은 산파들이 하나님을 두려워하는 것을 보시고 그들의 집안을 번성하게 하셨습니다(20절). 하나님은 힘없는 비천한 히브리 노예 산파를 세워 강력한 바로의 폭력을 비켜나갑니다. 하나님의 지혜입니다. 누구를 두려워할 것입니까? 바로입니까, 하나님입니까?

모세가 먹고 자란 두 젖 줄기

바로의 딸이 그에게 말하였다. "이 아이를 데리고 가서, 나를 대신하여 젖을 먹여 다오. 그렇게 하면, 내가 너에게 삯을 주겠다." 그래서 그 여인은 그 아이를 데리고 가서 젖을 먹였다. 그 아이가 다 자란 다음에, 그 여인이 그 아이를 바로의 딸에게 데려다 주니, 공주는 이 아이를 양자로 삼았다. 공주는 "내가 그를 물에서 건졌다" 하면서, 그의 이름을 모세라고 지었다(출 2:9-10).

한 아기가 레위 가문의 아들로 태어납니다(1-2절). 그러나 당시 이집트의 왕 바로는 히브리인의 번성을 막기 위해 히브리인의 막 태어난 모든 아들은 강물에 던지라고 합니다(1:22). 처음 석 달은 숨겨 길렀지만 더 이상은 숨길 수가 없었습니다. 그래서 아기 엄마와 누이는 갈대 상자를 구하여 아기를 담아 강가의 갈대 사이에 놓아두었습니다(3절). 마침 강가로 목욕하러 온 바로의 딸이 상자를 발견합니다. 공주는 이 아기가 히브리인의 아들임을 분명하게 알았습니다(6절). 그리고 이어 누이가 나서서 공주에게 아기를 젖을 먹일 히브리 유모에게 맡기도록 제안했고 공주는 그렇게 하도록 합니다. 공주는 몰랐겠지만 그 유모는 아기의 어머니였습니다(7-8절). 그리고 어머니는 아기가 다 자란 다음에 아이를 공주에게 데려다 주었고 공주는 아이를 양자로 삼아 '건졌다'는 뜻의 이집트식 이름으로 '모세'라고 짓습니다(10절). 모세는 히브리인이었지만 이집트인, 그것도 이집트 왕족이 된 것입니다.

마흔이 다 되도록 모세는 이집트 왕궁에서 이집트의 문화, 관습, 신앙, 정치, 사회, 경제를 배우고 익히며 자랍니다. 이만하면 이집트인이 되었습니다. 그런데 그토록 많은 세월이 지난 어느 날 모세는 어른이 되어 왕궁 바깥으로 나갔다가 자기 동족인 히브리인이 이집트인에게 매를 맞는 것을 보게 됩니다. 하여 히브리인을 때리는 이집트인을 몰래 죽이게 됩니다. 우리는 여기서 의문을 갖습니다. 어떻게 모세는 무려 40년 이집트 왕궁에서 이집트 사람으로 지냈으면서도 자신의 히브리 정체성을 간직했을까? 물론 이집트 공주 역시 갈대 상자에 담긴 아기를 처음 보았을 때 히브리 아기임을 알아보았습니다(6절). 외모로 쉽게 구별했다는 뜻일까요? 아니면 당시 바로의 유아 대학살의 때라 버려진 것을 보고 그렇게 봤을까요?

모세가 자기 정체성을 인식하는 두 개의 줄기가 있습니다. 하나는 그를 양자로 맞으면서 가졌던 공주의 '불쌍히 여기는 마음'입니다. 바로의 살기등등한 유아 학살을 생각하면 가질 수 없는 마음인데, 오히려 공주는 버려진 히브리 아기를 죽이기는커녕 유모까지 두어 살려낸 것입니다. 불쌍히 여기는 마음 때문입니다. 다른 하나는 '어머니의 젖'입니다. 아기가 젖을 먹고 자라는 것은 지극히 당연한 이야기임에도 불구하고 젖 먹이는 이야기를 쓴 것은 예사롭지 않습니다. 더욱이 그 아기의 어머니인 히브리인의 젖을 먹고 자랍니다. 이 젖은 오랫동안 내려온 믿음의 조상 아브라함과 이삭과 야곱에게 내려진 약속의 젖줄은 아닐까요? 약자인 나그네, 노예로 살아온 지난 500년 속에서도 하나님의 약속만을 믿고 살아온 믿음의 젖줄은 아닐까요? 이 두 가지는 혈연을 넘어섭니다. 오늘 우리는 우리 아이들에게 어떤 젖줄을 물려주고 있나요? 우리 신앙의 정체성은 무엇인가요?

모세의 정체성

자기 동족인 히브리인을 때리고 있는 이집트인을 몰래 죽인 다음 날, 모세는 두 히브리 사람이 싸우는 것을 보고 말리려 했으나 그들은 "네가 뭔데 나서냐"며 어제 이집트 사람을 죽인 것처럼 우리를 죽이려느냐고 따집니다. 모세는 어제의 살인이 들통났음을 알았고 또한 이 사건으로 자신의 동족조차 자신을 알아주지 않는 것에 실망합니다. 그리고 이 사건을 바로가 알고 모세를 찾아 죽이려고 하였기에 그는 도망을 칩니다. 내가 누구냐를 아는 자기 정체성에 대한 의식, 오히려 이것은 기쁨보다는 고통과 진통을 안겨 줍니다. 바로의 칼날을 피해 도망해야 합니다. 호화로운 왕궁 생활도 이제 끝났습니다. 왕족으로서 잘 나가던 좋은 시절은 끝났습니다. 더욱이 같은 동족인 히브리인들조차 자신을 알아주지 않습니다. 모세는 이제 이집트인도 히브리인도 아닙니다. 그는 자기 정체성을 잃은 모호한 경계인으로 도망칩니다.

모세는 멀리 미디안 땅으로 도망을 칩니다. 그런데 여기에 또 하나의 사건이 기다리고 있었습니다. 미디안 제사장의 일곱 딸이 우물에서 물을 긷고 있는데, 다른 남자 목자들이 와서 이 딸들을 내어 쫓으려고 합니다. 이때도 모세는 "약자를 도와야 한다"는 자기 정체성을 버리지 않습니다. 강한 자들에게 괴롭힘을 당하는 약한 여자를 도와야 하는 것은 당연히 사람이 할 바라고 여긴 것입니다. 그는 미디안 제사장의 딸들을 구합니다. 이 사실을 안 미디안의 제사장 르우엘은 모세를 환대하며 그 딸 십보라와 결혼까지 시켜 줍니다. 바로의 공주의 '불쌍히 여기는 마음'(6절), 히브리 노예이지만 동족인 어머니에게서 받은 믿음의 젖줄(9절), 학대 받는 약자 히브리인을 도와 강자 이집트인을 죽인 것 그리고 멀리 미디안 으로 도망쳐서 미디안 제사장의 딸들을 구해준 것 등은 약자를 보호해주어야 한다는 그의 사람다움의 정체성이 형성되어가는 과정을 말해주는 것은 아닐까요?

미디안 제사장의 딸들이 '어떤 이집트 사람'(19절)이라고 하였지 만 그가 혈연적으로 어느 민족, 어느 나라 사람인가는 중요한 문제가 아닙니다. 히브리라는 말이 당시에 혈연적인 의미가 아니라 부랑자, 나그네의 의미를 갖고 있다는 것이 예사롭지 않았습니다. 이렇게 히브리라는 약자는 하나님의 백성이 되어가고 있었습니다. 그것은 구체적으로 '불쌍히 여겨' '건짐을 받은' 한 히브리 아기 '모세'로부터 시작되었습니다. 누구나 건짐을 받은 모세일지 모릅니다. 약자로서 건짐을 받고 약자를 건지는 모세는 바로 나와 우리의 정체성입니다.

게르솜

> 르우엘은, 모세가 기꺼이 자기와 함께 살겠다고 하므로, 자기 딸 십보라를 모세
> 와 결혼하게 하였다. 십보라가 아들을 낳으니, 모세는 "내가 낯선 땅에서 나그네
> 가 되었구나!" 하면서, 아들의 이름을 게르솜이라고 지었다(출 2:21-22).

모세가 미디안 제사장의 딸들을 구해준 일(16-20절)이 인연이
되어 제사장 르우엘은 자기 딸 십보라를 모세와 결혼하게 하였습니
다. 그리고 세월이 흘렀습니다(23절). 처가살이이기는 하지만 40년
입니다. 처가살이도 오래 하면 할 만합니다. 더욱이 미디안 족은
모계사회이기에 처가살이가 부끄러운 일도 아닙니다. 그러던 어느
날 호렙산에서 하나님의 부름을 받습니다(3:4). 그리고 하나님은
모세에게 이집트의 노예로 있던 이스라엘 자손을 해방시킬 것을
명령합니다. 그리고 모세는 우여곡절이 있었지만 하나님의 명령에
따라 이스라엘 백성들이 있는 이집트로 떠나게 됩니다. 40년의
결혼 생활, 목자 생활이니 이제는 거기에 익숙해질 만도 합니다.
그런데 모세는 40년의 안정된 생활을 뒤로하고 하나님의 명령에

따라 이집트로, 자신의 동족인 히브리인들이 노예로 고통받고 있는 이집트로 가고자 합니다. 어떤 고난과 죽음이 기다릴지도 모르는 도망쳐 나왔던 땅입니다.

어떻게 모세는 40년의 안정된 목자 생활, 아내와 가족과 함께 안락하게 살 수 있는 미디안을 떠나 자기 백성을 해방시키기 위해 이집트로 떠날 수 있었을까요? 그 근거를 성서는 첫아들의 출생에서 말하고 있습니다. 그 이름이 '게르솜'입니다. 그 이름의 뜻으로 봐서 그다지 좋은 이름처럼 느껴지지는 않습니다. '게르솜'의 '게르'는 '나그네'라는 뜻이고, '솜'은 아직 확실히 밝혀지지 않고 있습니다만 관사로 '이곳'이라는 말을 뜻한다는 설이 있습니다. 그렇다면 이 이름은 본문대로 '낯선 땅에서의 나그네'(20절)라는 뜻일 것입니다. 어째서 아이 이름을 '낯선 땅 나그네'라고 했을까요? 먼저는 그의 히브리 정체성이겠지만, "내가 낯선 땅에서 나그네가 되었구나!" 이 푸념 같은 고백이 그로 하여금 하나님의 부름에 응하게 하는 이유가 됩니다. 그는 자기 정체성을 '낯선 땅, 나그네'에 두었습니다. 이것 때문에 결혼과 목동 생활 40년의 편안한 삶에 결코 익숙해질 수 없었습니다. 40년의 안일함을 낯선 것으로 여기는 나그네 의식이 그의 아들 이름에 투영된 것입니다.

변화나 개혁은 누구나 바라는 것이지만 누구나 두려워합니다. 성숙한 변화는 지금의 익숙한 습관을 낯선 것으로 여기는 자기 결단을 요구합니다. 자신에게 지금 익숙한 것과의 결별을 다짐하지 않는 한 변화란 그리 쉽지 않습니다. 새로운 도전에 대한 준비는 현재의 자신을 '낯선 땅의 나그네'로 여기는 데에 있습니다. 신앙은 지금의 나에 안주하지 않는 낯선 땅, 나그네의 의식을 갖는 것입니다. 여전히 "나는 나다"(3:14)인 나다움을 찾기 위해 오늘의 나에 젖어들지 않는 것, 이것이 해방입니다. 그러고 보니 인생이 잠시 왔다 가는 나그네 길이네요.

낯선 땅의 나그네

십보라가 아들을 낳으니, 모세는 "내가 낯선 땅에서 나그네가 되었구나!" 하면서, 아들의 이름을 게르솜이라고 지었다(출 2:22).

모세는 다음 세대의 아들에게 '게르솜', '낯선 땅에서의 나그네'라는 이름을 붙입니다. 그것은 혹 자신은 이 자리에 주저앉을지도 모르지만 아들 세대라도 좀 더 큰 꿈을 꾸고 현재로부터 떠나기를 바라는 마음을 담은 것일지도 모릅니다. 요셉은 이집트 땅에서 죽으면서 다음 약속의 땅 가나안에 갈 때는 자기 시신을 거두어 가기를 유언합니다. 죽어서도 후손들과 함께 약속의 땅으로 가고 싶다는 것이지요. 그는 죽으면서까지 이 이집트는 낯선 땅이었음을, 자신은 나그네였음을 말하고 있습니다. 그 나라의 총리까지 지낸 사람이었는데도 말입니다.

우리 산돌교회 20년이 눈앞입니다. 이제 점점 낯익은 교회, 편안한 교회가 되어가고 있습니까? 서로 잘 아는 익숙한 사람들끼리 모여, 서로 비슷한 사람끼리 모여 서로 위로받고 위로하며 재밌게 신앙생활하고 있습니까? 별로 아쉬울 것 없이 새 식구가 오면 오는 것이고 안 오면 그만인 그런 삶에 익숙해지고 있습니까? 우리만의 리그를 즐기고 있습니까? 그렇다면 더 이상 산 돌 교회가 아닙니다. 그것은 죽은 돌 교회입니다. 여러분은 18년 전 낯선 땅의 나그네로 교회다운 교회를 세우자고 다짐하였습니다. 혹 낯선 땅은 익숙한 땅으로, 그 나그네는 주인으로 바뀌지 않았습니까? 이대로가 좋다고 현재에 안주하고 있지는 않습니까? "형편을 먼저 생각해야지"라는 말은 오늘 우리를 익숙하게 하고 현실에 주저앉히는 악마적인 유혹의 말일지도 모릅니다.

이것은 교회만의 이야기가 아닙니다. 지금의 현실을 팔자로 여기며, 여기에 익숙하며 안주하려고 하십니까? 자기가 아닌 세상이 잘못되었다고 원망하며 푸념하는 현실에 안주하고 있지는 않습니까? 언제까지 주저앉아 세상을 원망하며 지금의 습관에 젖어 살려는 것입니까? 이런 사람들은 세상이 자신에게 빚을 지고 있다고 생각하며 세상을 원망합니다. 작가 마크 트웨인(Mark Twain)은 말합니다. "세상이 자신의 인생에 빚을 지고 있다고 떠들지 마라. 세상은 우리에게 아무런 의무도 없다. 이곳에 먼저 와 있던 것은 세상이지 당신이 아니다."

이제 익숙한 것으로부터 떠나는 낯선 땅의 나그네로 사십시오. 지금 당장 그 변화를 시작하십시오. 변화는 생존입니다. 그리고 미래에 대한 믿음입니다. 변화가 종국적으로 가져다 줄 수 있는 가치와 혜택에 대해 믿음을 가지십시오. 낯선 땅의 나그네로 살았던 모세가 없었다면 여전히 히브리인은 노예로 익숙해졌을 것입니다. 노예근성에서 벗어나지 못했을 것입니다. 낯선 땅의 나그네로 살았던 모세가 있었기에 젖과 꿀이 흐르는 약속의 땅에 이스라엘이 세워졌듯이 우리도 오늘의 현실에 익숙해지지 않는 낯선 땅의 나그네가 되어 약속의 미래를 향해 달려가기를 바랍니다.

부르짖음, 구원의 시작

세월이 많이 흘러서, 이집트의 왕이 죽었다. 이스라엘 자손이 고된 일 때문에 탄식하며 부르짖으니, 고된 일 때문에 부르짖는 소리가 하나님께 이르렀다(출 2:23).

어느 날 한 젊은이가 랍비를 찾아와 물었습니다. "선생님, 깊은 믿음의 세계는 어떻게 하여야 열리는 것입니까?" 그러자 랍비는 한참 대꾸도 없이 있다가 지팡이로 앞에 있던 어항을 내리쳤습니다. 어항은 박살이 나고 물은 쏟아져 금붕어는 팔딱거리며 땅바닥에 나뒹굴었습니다. 이때 젊은이는 눈이 휘둥그레진 채 금붕어를 바라보면서 "아니 선생님, 이게 무슨 짓입니까? 금붕어가 가엾지도 않습니까?"라고 소리쳤습니다. 그러자 랍비는 대답하였습니다. "그 금붕어가 자네인 줄 알아야지! 물속에 있는 금붕어가 세상은 다 물로 되어 있다고 생각하는 한 하늘이 있다는 것도 모르고 더욱이 믿음을 구하는 하늘은 열리지 않네. 저 팔딱거리는 금붕어의 절규와 몸부림에서야만이 새로운 세계를 배울 수 있다네."

랍비가 어항을 깨어 물 밖으로 물고기를 내던졌듯이, 하나님도 우리를 어머니의 작은 뱃속으로부터 넓은 세상에 나오게 하셨습니다. 이것은 아픈 일입니다. 더 넓은 세상을 향한 아픔입니다. 태어나면서부터 우리는 악을 쓰듯이 울며 태어납니다. 부르짖는 듯한 울음이 없는 아기는 죽은 아기입니다. 그 아기는 넓은 세상에 들어갈 수 없습니다. 부르짖음이 있었기에 한 생명이 엄마의 작은 배 속을 나와 넓은 새 세상을 향해 뛰어듭니다. 여기에 한 생명의 탄생의 위대함이 있는 것입니다. 그는 비로소 새로운 우주에 들어갑니다. 여기에 하나님의 놀라운 메시지가 있는 것입니다.

새로운 삶, 더 큰 삶을 향한 첫발은 부르짖음입니다. 성서에 나오는 모든 하나님의 손길은 바로 이 부르짖음을 전제합니다. 성서는 하나님의 구원 행위를 그린 것입니다. 그러나 이것은 하나님의 일방적인 행위가 아닙니다. 하나님의 구원의 손길 이전 그 어디에서나 먼저 나오는 고난받는 자의 '부르짖음'을 결코 간과해서는 안 됩니다. 하나님의 모든 구원의 시작은 고난받는 자의 '부르짖음'이었습니다. 하나님의 구원의 시작은 사람의 부르짖음에 있습니다.

"세월이 많이 흘러서"는 고난이 익어갔다는 말입니다. 부르짖을 정도로 익어간 세월입니다. 적당히 운명에 순응한 세월이 아닙니다. "이집트의 왕이 죽었습니다." 그냥 쓴 말이 아닙니다. 다음 왕의 탄압도 다르지 않습니다. 그렇지만 이제 그 왕에게 굽실거리지 않습니다. 하나님께 부르짖습니다. 더 이상 노예로 살지 않겠다는 것입니다. 찍소리도 못하고 세상의 가치에 노예가 된 우리가 아닙니까? 오늘 부르짖음으로 출애굽을 시작하십시오.

히브리 사람의 주 하나님

그러면 그들이 너의 말을 들을 것이다. 또 너는 이스라엘의 장로들을 데리고 이집트의 임금에게 가서 '히브리 사람의 주 하나님이 우리에게 나타나셨으니, 이제 우리가 광야로 사흘길을 걸어가서, 주 우리의 하나님께 제사를 드려야 하니, 허락하여 주십시오' 하고 요구하여라(출 3:18).

'히브리 사람의 주 하나님' 또는 '히브리 사람의 하나님'이라는 표현은 오직 출애굽기에만 나옵니다(출 3:18; 5:3; 7:16; 9:1, 13; 10:3). 출애굽기는 이스라엘 민족을 칭할 때 이스라엘과 히브리라는 두 용어를 같이 사용합니다. 이스라엘의 역사는 사실상 출애굽으로부터 시작됩니다. 출애굽 이전의 아브라함, 이삭, 야곱의 이야기는 '족장사'라고 부르며 후대에 편집된 이야기입니다. 출애굽은 기원전 1300년경의 사건입니다. 이집트 땅에서 430년가량의 기나긴 시간을 노예로 살았던 이스라엘/히브리들이 탈출하여 광야 40년의 시간을 보내고 가나안 땅에 정착하는 것까지 출애굽이라고 부릅니다.

출애굽기가 이스라엘을 이스라엘과 히브리로 혼용하여 사용한 것은 그들의 정체성이 아직 확립되기 이전이기 때문입니다. 그리고 훗날 역사를 기록할 때의 시점 역시 두 정체성의 혼재와 더불어 두 용어를 같이 사용할 역사적 필요성이 반영된 것이기도 합니다. 그것은 그렇게 함으로써 이스라엘이 기억해야 할 것이 있었기 때문입니다. 모세를 출애굽의 영도자로 불러서 그에게 신(하나님)의 정체를 알려주실 때 야훼는 자신을 "너의 조상의 하나님, 곧 아브라함의 하나님, 이삭의 하나님, 야곱의 하나님"(3:15)이라고 자세히 풀어서 알려 주십니다. 사실 그때 이스라엘 민족, 아니 히브리들은 그 이름을 다 잊어버린 상태였습니다. 즉, 그들이 이스라엘이 아니라 히브리에 더 가까운 때였다는 것입니다.

'히브리'는 민족이나 나라의 이름이 아니라 사회적 용어입니다. 낮은 신분의 한 무리를 일컬을 때 사용한 말입니다. 이 용어의 어원은 '아바르'라고 하기도 하고, '아파르'라고 하기도 하고, '하피루'라고 하기도 합니다. 아바르는 '건넌다'는 뜻으로서 강을 건넌 사람들을 의미하고(경계를 넘나드는 사람들로서 규율을 어기는 사람들로 판단되기도 함), 아파르는 창세기 13장 16절에 나오는 '먼지'를 의미합니다. 또 하피루는 고대 문서들에서 발견된 용어인데 포도원 일꾼, 전쟁포로, 채석장 강제노동자, 노예, 용병, 강도, 반란자, 도망자 등등의 하층민을 통칭하는 말이기도 합니다.

우리가 '히브리 사람의 주 하나님'이라는 표현을 읽을 때 의미 있게 보아야 하는 것은 출애굽기가 그 출애굽의 백성들을 히브리 백성이라고 부르고, 그들을 불러 해방의 역사를 쓰도록 하신 하나님의 이름을 야훼, 히브리 사람들의 하나님이라고 부른 것이 사실상 성서의 시작이라는 점입니다. 가장 비참한 사람들, 가난하고 억압당하는 노예, 강제노동에 시달려 신음하는 것으로 하나님을 불러낸 그런 사람들. 그리고 그들의 하나님이 되어주신 야훼 하나님이 성서의 시작이라는 것이고, 이 정신이 세리와 죄인들을 친구로 불러 더불어 먹고 어울리며 하나님 나라를 보여주셨던 예수에게로 이어졌습니다. 그리고 이방인들의 사도로 나서 유대인들과 유대인 그리스도인들로부터 공격받았던 바울의 사명으로 이어졌습니다. 하나님에게는 히브리 노예, 예수님에게는 세리와 죄인, 바울에게는 이방인으로 말입니다. 여러분에게는 누구입니까? 여러분은 누구와 함께 출애굽 해방, 하나님 나라, 그리스도의 몸 된 교회를 이루어가시겠습니까?

광야 사흘 길

> 그러면 그들이 너의 말을 들을 것이다. 또 너는 이스라엘의 장로들을 데리고 이집 트의 임금에게 가서 '히브리 사람의 주 하나님이 우리에게 나타나셨으니, 이제 우 리가 광야로 사흘 길을 걸어가서, 주 우리의 하나님께 제사를 드려야 하니, 허락 하여 주십시오' 하고 요구하여라 (출 3:18).

하나님이 명령한 해방을 요구한 주체는 모세 혼자가 아니었습니 다. 노예로 있는 이스라엘의 장로(자켄)들과 함께였습니다. 하나님 은 모세에게 하나님이 믿음의 조상들에게 약속한 젖과 꿀이 흐르는 땅에 대해 장로들에게 말하라고 합니다(16-17절). 그러면 장로들이 모세의 말을 들을 것이라고 합니다. "너의 말을 듣다"는 히브리어로 '웨샤메우 레콜레카'로, 단지 듣는 것이 아니라 '경청하다'는 뜻입니 다. 모세와 장로들과의 경청 관계의 시작은 '하나님과 조상들과 맺은 약속'이라는 역사의 공유에서 옵니다. 그래서 '우리의 하나님' 입니다. 친일 청산이 없었기에 우리의 하나님, 우리의 역사가 없는 것입니다. 친일의 역사를 지우려는 세력과 어떤 것도 공유할 수 없습니다. 신사참배에 대한 뼈아픈 반성이 없는 기독교가 우리의 하나님, 우리 역사의 하나님을 공유할 수 없습니다.

이런 관계에서 장로들과 함께 모세는 이집트 왕궁에 가서 젖과 꿀이 흐르는 땅을 향한 해방을 요구합니다. 그 구체적인 내용은 "히브리 사람의 주 하나님이 우리에게 나타나셨으니, 이제 우리가 광야로 사흘 길을 걸어가서, 주 우리의 하나님께 제사를 드려야 하니 허락해 달라"는 것입니다. 간곡한 허락 요청입니다. 출애굽 해방의 내용은 '광야 사흘 길을 걸어 드리는 제사'입니다. 그래서 하나님의 이름이 '주(야훼) 하나님'입니다. '야훼'는 '나'라는 뜻입니다. 노예가 주체적인 '나', 주인이 되는 것입니다. 이제는 인간 파라오의 지배를 벗어나 하나님께 예배(제사)하는 것입니다. 권력화된 귀신을 향한 향벽설위(向壁設位)가 아니라 그야말로 '나'를 향한 향아설위(向我設位)의 예배인 것입니다.

그런데 출애굽 해방은 왜 광야에서 이루어지는 것일까요? 광야는 야훼 종교의 고향입니다. 광야에는 닦여진 길이 없습니다. 광야는 규격화된 곳이 아닙니다. 광야는 제도권이 아닙니다. 모세와 이스라엘 백성은 물론 예언자들이 하나님을 만난 곳도 광야입니다(왕상 19장). 진정한 해방은 잘 닦여지고 규격화된 제도권으로 들어가는 것이 아닙니다. 제도권에는 여전히 파라오가 있습니다. 제도권에 기대지 않는 낯선 광야는 거친 곳, 목마름과 배고픔이 있고 맹수의 위험이 있고 적들이 도사리고 있는 곳입니다. 해방을 위한 치열한 우리의 삶의 현실입니다.

예수님은 그의 공생애를 시작하기 전 광야의 소리를 찾았습니다.

십자가는 광야의 정점입니다. 규격화된 길이 뻗은 로마제국과 대결합니다. 예수님의 스승이라고 할 수 있는 세례 요한은 광야에서 예수님을 맞습니다. 그는 제도권의 사람이 아닙니다. 광야에 있는 재야인사입니다. 예수님은 광야에서 시험 받았고(막 1:12-13), 광야(외딴곳)에서 줄곧 기도했고(35절), 심지어는 제도권에 눈먼 자의 치유를 위해 잘 닦여진 "마을 바깥으로"(막 8:23) 가셨습니다. 광야는 우리 삶의 성숙한 고향입니다. 광야에서야만이 제도권이 제대로 보입니다.

빈손은 안 된다

그러나 내가 이집트의 왕을 강한 손으로 치지 않는 동안에는, 그가 너희를 내보내지 않을 것이라는 것을 나는 안다. … 나는 이집트 사람이 나의 백성에게 은혜를 베풀게 하여, 너희가 떠날 때에 빈 손으로 떠나지 않게 하겠다. 여인들은 각각, 이웃에 살거나 자기 집에 함께 사는 이집트 여인들에게서 은붙이와 금붙이와 의복을 달라고 하여, 그것으로 너희 아들딸들을 치장하여라. 너희는 이렇게 이집트 사람의 물건을 빼앗아 가지고 떠나갈 것이다(출 3:19, 21-22).

너희는 무교절을 지켜야 한다. 내가 너희에게 명한 대로, 아빕월의 정해진 때에, 이레 동안 누룩을 넣지 않은 빵을 먹어야 한다. 너희가 그때에 이집트에서 나왔기 때문이다. 너희는 빈손으로 내 앞에 나와서는 안 된다(출 23:15).

출애굽 해방의 시작은 하나님께서 노예로 오랜 고통을 받고 있는 이스라엘의 신음 소리를 들으시고 믿음의 조상들에게 하신 약속을 기억하심(출 2:23-24)입니다. 그리고 하나님은 그의 '강한 손'으로 이집트의 왕을 치심으로 출애굽 해방을 실행합니다. '강한 손'(야드 하자카)은 19절에서 처음 언급되었습니다. 이 말은 출애굽에서 네 차례(출 3:19; 6:1; 13:9; 32:11) 나오고 신명기에서도 자주 나옵니다(4:34; 5:15; 6:21; 7:8; 9:26; 26:8).

하나님의 '강한 손'은 히브리 노예로 하여금 주인인 "이집트 사람의 물건을 빼앗아"(22절) 노예의 '빈손'(21절)을 채웁니다. '빼앗는다'는 말은 히브리어로 '웨니찰템'인데 이 말의 원형인 '나찰'은 전리품을 뜻하기도 합니다. 하나님은 '강한 손'으로 바로를 쳐서 히브리 노예의 빈손에 전리품을 주시며 해방시킵니다. 이스라엘이라는 이름에 '하나님이 싸우신다'는 뜻이 있다는 것은 의미심장합니다. 불의한 강자와 싸워 착취당하는 약자의 빈손에 전리품을 주시는 하나님이십니다.

이스라엘이라는 이름에 '하나님이 다스린다'는 뜻이 있습니다. 하나님의 다스림을 받는 하나님의 아들딸인 우리가 얻는 소득은 하나님의 다스림으로 성실하게 일하는 우리의 노동의 대가입니다. 하나님이 주신 소득입니다. 그것으로 우리는 자유를 누립니다. 그러므로 우리가 하나님께 나아올 때 빈손으로 나와서는 안 된다는 것입니다(34:20; 신 16:16). 봉헌은 받은 은혜를 전제합니다. 그리고 노예를 해방시킬 때에는 반드시 빈손으로 보내서는 안 된다는 것입니다. 종에 관한 법령인 신명기 15장 13절에는 "자유를 주어서 내보낼 때에, 빈손으로 내보내서는 안 됩니다"라고 기록되어 있습니다. 그 누구의 노동이든 하나님께 빈손으로 제사를 드릴 수 없듯 노동의 손이 비어서는 안 됩니다. 노동은 제사처럼 신성한 것입니다.

야훼보다 바알

나는 이집트 사람이 나의 백성에게 은혜를 베풀게 하여, 너희가 떠날 때에 빈 손으로 떠나지 않게 하겠다(출 3:21).

그는 바알을 섬기고, 그것에 절을 하여서, 그의 아버지가 한 것과 마찬가지로, 주 이스라엘의 하나님께서 진노하시게 하였다(왕상 22:53).

돈 없는 자유는 없습니다. 빈손의 자유는 거짓입니다. 돈이 없으면 선택의 여지가 없습니다. 먹고 입는 것만 해결하는 데에도 힘이 듭니다. 그러나 돈이 생기고 풍요로워지면 자유가 생긴 만큼 선택의 범위도 늘어납니다. 많이 벌면 번 만큼 쓸 곳도 늘어납니다. 그래서 이것도 저것도 하고 싶어 더욱 돈이 필요하다고 생각합니다. 돈의 위력을 알면 알수록 더욱 많은 돈을 벌고 싶어 합니다. 결국 뭐든지 돈으로 해결할 수 있다는 생각에까지 이르면 그만 돈의 노예가 되어버립니다. 돈이 필요를 넘어 탐욕으로 가는 데에는 그다지

많은 시간이 걸리지 않습니다. 재물의 노예가 되었을 때 이제 자유는 없어집니다. 돈을 벌기 위해 일의 노예가 되기도 합니다. 일확천금을 위해 범죄의 노예가 되기도 합니다. 돈은 벌었지만 양심을 잃어버립니다. 돈은 벌었지만 법과 도덕을 잃어버린 사람들이 적지 않습니다.

무엇보다도 사람을 잃었습니다. 인간관계도 이상해집니다. 돈이 없을 땐 친구도 친척도 허물없이 흉금을 터놓고 만났는데, 돈이 많아지면 찾아오는 사람도 이상한 눈으로 보게 됩니다. 내 돈 뜯으러 왔나 싶기도 합니다. 불신의 노예가 됩니다. 돈 자체가 나쁜 것이 아닙니다. 어떻게 쓸 것이냐에 대한 분명하고 바른 생각을 갖지 않으면 돈을 얻는 대신 모든 것을 잃어버리게 됩니다. 돈은 벌었지만 신의를 잃어버린 사람이 많습니다. 결국 물질적 풍요는 얻었지만 어느새 자유를 잃어버린 것입니다. 최종적으로 돈 외의 너무나 소중한 가치들을 잃습니다.

경제적 자유는 자유의 가치를 잃고 재물의 노예가 되어 야훼에서 바알로 넘어갑니다. 이스라엘 역사가 그러합니다. 열왕기상 22장 53절은 아하시야의 이야기인데 열왕기상의 마지막 절로서 바알에게로 확실하게 넘어간 이스라엘의 모습으로 마무리합니다. 그리고 이어지는 열왕기하에서 아하시야가 병에 걸리고 나을 수 있을지 바알에게 묻습니다(왕하 1:2). 나의 나 됨을 묻는 야훼를 찾지 않고 재물, 풍요의 바알을 찾습니다. 쉽게 말하면 돈에게 물어본 것입니다. 돈이 해결할 수 있을 것이라는 바알 신앙입니다. 주님의 천사는 엘리야에게 아하시야에게 전할 말을 줍니다. 하나님이 계신데 왜 바알을 찾는지를…(3절). 아하시야의 병은 우리의 병입니다. "네가 올라가 누운 그 병상에서 일어나 내려오지 못하고 죽고 말 것이 다"(4절). 재물이 하나님을 제치고 근본이 된 심각한 병입니다.

사흘 길

"우리는, 하나님이 우리에게 말씀하신 대로, 광야로 사흘 길을 나가서, 주 우리의 하나님께 제사를 드려야 합니다." 바로가 대답하였다. "그렇다면 나는 너희를 내보내서, 너희가 광야에서 주 너희의 하나님께 제사를 드리게 하겠다. 그러나 너희는 너무 멀리는 나가지 말아라"(출 8:27-28).

출애굽 해방은 이집트의 노예로부터 적당히 벗어나는 것이 아니라 '멀리' 확실하게 벗어나는 해방입니다. '사흘 길'이라는 것은 확실히 구별된 삶을 상징합니다. 죽음과 부활 사이에도 '사흘'이 있었습니다. 그만큼 확실한 차이의 죽음과 부활입니다. 죄를 죽이고 의로 부활할 만큼의 차이입니다. 모세가 바로에게 요구한 것은 "광야로 사흘 길을 나가서 주 우리의 하나님께 제사를 드리는 것"이었고, 바로의 요구는 "너무 멀리 나가지 말라는 것"이었습니다. 노예로부터 멀리, 죄로부터 멀리 가지 말라는 것입니다. 의와 죄가 뒤섞인 것은 죄일 뿐입니다. 하다 보면 노예도 할 만합니다. 돈의 노예, 도박의 노예, 환락의 노예, 죄의 노예, 할 만합니다. 중독되면 결코 멀리 갈 수도 없습니다. 광야에서 이스라엘 백성들도 문제만 생기면 이집트로 돌아가겠다고 난리들을 쳤습니다. 아직 노예로부터 마음으로는 멀리 가지 않았습니다. 고기 가마가 그립습니다.

성과 속, 죄와 의는 너무 가까울 정도로 뒤섞여 있습니다. 그런데 우리는 이것을 지혜로운 양 넘깁니다. 우리에게는 '적당히'라는 말이 있습니다. 신앙도 적당히 갖고 세상의 쾌락도 적당히 누릴 수 있다는 말입니다. 어려운 이웃을 적당히 돕기도 하고 내 자신을 위해 세속적인 즐거움도 가질 줄 압니다. 주일날 교회도 가고 세상의 유흥 판에도 갑니다. 죄와 너무 멀지 않은 의는 죄일 뿐입니다. "너무 멀리는 가지 말아라." 가장 경계해야 할 무서운 유혹입니다. 우리의 예배는 죄의 세상으로부터 멀리, 사흘 길을 가서 하나님 앞에서 나를 보는 것입니다. 사람에게 지배당하는 노예의 삶에서 하나님께 예배하는 주인의 삶으로 전환하는 것이 출애굽 해방입니다.

미리암들
삼일절 102주년

그때에, 아론의 누이요 예언자인 미리암이 손에 소구를 드니, 여인들이 모두 그를 따라 나와, 소구를 들고 춤을 추었다. 미리암이 노래를 메겼다. "주님을 찬송하여라. 그지없이 높으신 분, 말과 기병을 바다에 던져 넣으셨다"(출 15:20-21).

모세와 함께 출애굽의 거사를 이룬 여성 지도자 미리암, 성서는 마뜩잖은 이유로 미리암이 벌을 받았다고 고발하고 있지만(민 12:10), 출애굽의 영광의 선두에 미리암과 여인들이 있었다는 것을 차마 다 숨겨두지 못합니다. 아무리 여성의 이름을 지우려 해도 드보라가 바락보다 '앞서서'(삿 4-5장), 미리암이 모세와 '함께' 그 이름을 기록하고 있는 것처럼 말입니다. 성서에는 이방인 여인들의 이름도 종종 등장합니다. 결정적으로 메시아 족보에 등장하는 이름들 가운데 라합과 룻은 이방인 여인들이고, 밧세바와 다말은 부적절한 관계의 여성들입니다. 심지어 라합은 가나안 땅의 매춘부였습니다. 그러나 그들의 이름이 메시아 족보에 오른 것은 그들을 통하여서 하나님의 구원 역사가 이어졌다는 의미입니다. 하나님의 구원의 도구가 되는 것은 그가 어떤 출신이든 신분이 어떠하든 어떤 도덕적 문제를 안고 있든 상관없다는 것입니다.

삼일절 102주년입니다. 우리가 기억하는 3.1절의 가장 대표적인 인물은 열사 유관순입니다. 유관순과 여섯 명의 전중이(죄수)가 "대한이 살았다"고 외쳤던 서대문 형무소 8호실의 노래가 3.1절 아침 이 땅을 울렸습니다. 종일 비가 내리는 어두운 하늘을 뚫고 한 여가수의 목소리로 터져 나와 온 세상에 퍼졌습니다. 그때는 갇힌 감옥에서 외쳤으나 오늘은 아무도 억압하지 않는 자유의 하늘 아래서 외쳤습니다. "오직 한없이 가지고 싶은 것은 높은 문화의 힘"(김구)이라고 소원하였던 그들의 그날을 오늘 우리는 살고 있는 것입니다. 바로 그 8번 방의 한 사람이 기생 김향화입니다. 그는 동료 기생 33명과 함께 만세운동에 참여했다가 투옥됩니다. 가장 천대 받는 그 시대의 신분, 성, 계층을 다 표현하는 이름, 기생들이 바로 그들입니다. 우리 역사에 그 이름들이 새겨져 있습니다. 수원에 김향화, 진주에 한금화, 해주 문응순, 김해중월, 이벽도, 통영에 이소선과 정막래가 그 이름입니다.

일제강점기 당시 인구의 2%가 독립운동을 했습니다. 그 숫자가 30만 명에 이릅니다. 그 가운데 15,000여 명만이 훈장이나 포상을 받았습니다. 그리고 그중 2%인 357명만이 여성입니다(2019년 기준). 여자들의 이름은 기록되지 않고 기억되지 않았습니다. 이름 없이 기록된 성서 속의 여인들처럼, 독립운동에 나섰던 이 땅의 여자들 역시 누구누구의 어머니, 누구누구의 아내, 때로는 그 이름조차 없이 아무개로 겨우 기록되었습니다. 그리고 대다수는 기록되지 않았습니다. 그러나 하나님의 역사는 그들을 통해 이루어져 왔습니다. 이름 없는 이들의 기도와 헌신과 생명으로 이어져 온 것입니다. 그날에 절망하지 않고 세상에 외쳤던 만세 소리가 오늘 우리를 여기 있게 한 것입니다.

새로운 시대의 새로운 가치관

주님께서 모세에게 말씀하셨다. "너희가 먹을 것을 하늘에서 비처럼 내려 줄 터이니, 백성이 날마다 나가서, 그날 그날 먹을 만큼 거두어들이게 하여라. 이렇게 하여, 그들이 나의 지시를 따르는지, 따르지 않는지 시험하여 보겠다"(출 16:4).

400년의 노예 생활을 끝내고 자유인이 된 지 한 달, 이스라엘 백성들은 불평불만을 터뜨리기 시작합니다. 이해 못할 상황은 아닙니다. 누구라도 그랬을 것입니다. 사실상 야반도주나 마찬가지였던 출애굽이었기 때문에 이들이 가지고 나온 식량도 얼마 되지 않았을 것입니다. 광야에서는 사실상 아무 쓸모 없는 금붙이들은 어느 정도 챙겨 나왔는데, 지금 그들에게 더 급한 건 식량입니다. 그런데 그들의 불만의 내용을 들으면 이게 그냥 이해할 수준을 넘어섰다는 것을 알 수 있습니다. 이렇게 말하거든요. 3절입니다. "차라리 우리가 이집트 땅 거기 고기 가마 곁에 앉아 배불리 음식을 먹던 그때에, 누가 우리를 주님의 손에 넘겨 주어서 죽게 했더라면 더 좋을 뻔하였습니다. 그런데 당신들은 지금 우리를 이 광야로 끌고 나와서,

이 모든 회중을 다 굶어 죽게 하고 있습니다.”

그들이 지금 부인하고 있는 것은 자유와 해방입니다. 노예 신세였던 그들이 고기 가마 곁에서 먹었으면 얼마나 배불리 먹었겠습니까? 과거의 그날은 다 좋게 기억되는 법입니다. 우리를 보십시오. 간혹 아직까지도 “박정희 때가 좋았어”, “전두환 때가 좋았어”, 심지어 “일정 때가 좋았어” 이런 말들 한 번씩 들어보셨을 것입니다. 이 말들의 공통점은 모두 ‘경제’가 좋았다는 말입니다. 어느 날 갑자기 이웃이 끌려가 죽어 돌아오던 시대인데, 한 지역을 고립시키고 학살하고도 권세를 부리던 시대인데, 심지어 남의 나라의 총칼의 지배 아래 있던 시대인데도 그때가 좋았다고 말하는 것입니다. 이스라엘과 우리가 다르지 않습니다. 이집트 노예 시절은 자유가 없는 대신 배고픔은 면했습니다. 때로는 배부를 때도 있었을 것입니다. 지금 광야는 자유와 해방, 전에 경험해보지 못한 완전히 새로운 세상이지만 배가 고픕니다. 당장 굶어 죽을 것 같은 공포가 닥칩니다. ‘이집트 고기 가마 곁’이냐, ‘광야의 배고픈 자유’냐? 여러분, 어떤 쪽에 서겠습니까?

선택하기 어려울지도 모릅니다. 그런 그들에게 하나님께서 주신 해법이 바로 ‘만나’입니다. 이스라엘은 이제 새로운 세상에서 새로운 시대를 만들어 나가야 합니다. 만나는 단지 양식이 아니라 새로운 법(토라), 새로운 가치관이었던 것입니다. 만나는 하늘에서 내려오는 양식입니다. 그리고 그것은 그날그날 먹을 만큼만 수확이 가능한 양식입니다. 그날의 정한 양 이상을 거두었을 때 그 만나가 어떻게 되었는지는 잘 알고 계시죠? 그것은 썩었습니다. 그리고 거기에서 벌레가 생기고 악취가 풍겼습니다(20절). 만나의 신비를 이렇게 기록하고 있습니다. 18절입니다. "많이 거둔 사람도 남지 않고, 적게 거둔 사람도 모자라지 않았다!" 먹을 것으로 대변되는 이것은 물질 또는 재물을 상징합니다.

물질은 더 많이 모으고 싶어 합니다. 쌓아 두려고 합니다. 늘 부족함을 느낍니다. 그러나 만나는 반대입니다. 욕심이 소용이 없습니다. 남겨둘 수 없습니다. 그런데 부족하지도 않습니다. 그날 그날 필요한 만큼씩 먹고 끝나므로 그 물질에 대해 집착하지도 않습니다. 그 재물 자체가 삶의 목적이 되지 않는 것입니다. 쌓아 두거나 더 가지지 못하므로 차별이 생기지 않습니다. 이것이 새로운 시대의 새로운 가치관, 하나님께서 이스라엘에게 주신 '만나'의 의미입니다. 이 법(지시, 토라)을 따를 것인지 따르지 않을 것인지 이제 그 백성들의 몫이 되었습니다.

엑스 호도스

이스라엘 자손이 이집트 땅에서 나온 뒤 셋째 달 초하룻날, 바로 그날 그들은 시내 광야에 이르렀다(출 19:1).

출애굽기라는 이름의 기원이 여기서 처음 나옵니다. '나온'은 '나가다'라는 뜻의 히브리어 '야차'의 동명사 '체트'를 번역한 말입니다. 즉, '나가다'의 동명사 '나옴'입니다. 이집트에서 '나옴' 후 셋째 달, 3월 초하루에 시내(시나이) 광야에 도착한 것입니다. 시내 광야에 시내산이 있고, 바로 여기서 이스라엘은 하나님으로부터 율법을 받고 하나님과 계약을 맺습니다. 계약은 노예가 맺을 수 없습니다. 주인이 맺는 것입니다. 이제 하나님과 계약을 맺는 주인의 자리를 시작하는 것입니다. 시내 광야에서 이스라엘은 약속의 공동체가 되는 것입니다. 신앙생활은 하나님과 약속을 맺는 것입니다. 하나님과 약속(계약)의 관계가 되는 것이 신앙생활입니다. 비로소 하나님의 백성으로 사는 것입니다.

그 약속을 맺기 전 무엇보다도 옛 삶으로부터 나와야 합니다. '나옴'(체트)은 출애굽기 23장 16절에서 '한 해의 끝'으로도 쓰입니다. 노예 삶의 끝입니다. 이스라엘의 옛 삶은 노예였습니다. 이 노예의 삶을 끝내야 합니다. 그 이집트의 옛 노예의 삶에서 나오는 이야기가 출애굽기입니다. 출애굽기는 한자로 쓰면 出埃及記(출애급기)인데 이집트를 중국어로 애급(埃及)이라고 하기에 생긴 용어입니다. 우리 말 성경은 출애굽기라고 칭하였는데, 처음에는 한자 음역 그대로 '출애급기'라고 했습니다. 가톨릭은 '탈출기'라고 했는데 그것은 영어명 EXODUS(엑소더스)를 번역한 것으로, 그리스어 '엑소도스'에 서 온 말입니다.

그리스어 '엑소도스'는 본문 '나오는'을 칠십인역(헬라어 번역)에 서 번역한 것입니다. 이 말은 '~로부터'라는 뜻의 '엑스'와 '길'이라는 뜻의 '호도스'가 결합한 말입니다. 길에서 벗어났다는 말입니다. 노예의 길에서 벗어났다는 말입니다. 그리고 주인의 길로 간다는 말입니다. 이집트를 나와 삼 개월이 지나 하나님과 주인으로 주체적 인 약속을 맺기 위해 율법을 받은 시내 산이 있는 시내 광야에 들어선 것입니다. 혹 아직 뭔가의 노예로 살고 있지는 않습니까? 하나님은 우리를 광야로 부르십니다. 그래서 지나온 우리를 보게 하십니다. 모세가 바로에게 요구한 것이 바로 광야 사흘 길을 걸어 예배하는 것(출 5:3)이었습니다. 예배는 광야에서 지난 삶을 돌아다 보는 것입니다. 내가 무엇의 노예가 되었는가를 보게 하십니다. 광야에서 받은 말씀은 우리로 노예의 길에서 벗어나 주인의 길로 가게 합니다. 이제 주인의 길을 가십시오.

경계

※

모세가 주님께 대답하였다. "주님께서 우리들에게, 산에 경계선을 정하여 그것을 거룩하게 구별하라고 경고하시는 명을 내리셨으므로, 이 백성은 시내 산으로 올라올 수 없습니다." 주님께서 그에게 말씀하셨다. "너는 어서 내려가서, 아론을 데리고 올라오너라. 그러나 제사장들과 백성은 나에게 올라오려고 경계선을 넘어서는 안 된다. 그들이 경계선을 넘으면, 나 주가 그들을 쳐서 죽일 것이다" (출 19:23-24).

모든 관계에는 경계가 있습니다. "나 하나님과 친해"라고 말씀하신 어느 목사님은 거기까지만 해야 했습니다. 그런데 경계를 넘어갔습니다. "하나님, 까불면 나한테 죽어"라는 말을 하는 순간 그는 경계를 넘었습니다. "그들이 경계선을 넘으면, 나 주가 그들을 쳐서 죽일 것이다"(24절). 경계를 넘어 죄를 낳고, 죄는 관계를 파괴하며 사망에 이르게 합니다. 사망은 심판을 말합니다.

예수님은 자신이 하나님과 하나되었듯이 우리도 하나님과 하나

되기를 바라셨습니다. 예수님은 우리를 친구라고 불렀습니다(요 15:15). 정말 우리와 친하게 지내셨습니다. 심지어는 세리와 죄인의 친구라는 말도 들었습니다(마 11:19). 그러나 친구 사이에도 경계가 있습니다. 공자는 논어 공야장편 17장에서 "晏平仲 善與人交 久而敬 之"(안평중 선여인교 구이경지)라고 했습니다. 제나라 제상 안평중은 사람과 잘 사귀는데 오래 사귀어도 敬意(경의)를 잃지 않았다는 말입니다. 敬(경)은 '삼가다'는 말입니다. 몸가짐이나 언행을 조심한 다는 말입니다. 경계를 의미합니다. 관계 속의 경계입니다.

사람만이 아니라 하나님과의 관계에서도 마찬가지입니다. 이 경계의 상징이 '산'입니다. 하나님은 산에 경계선을 정하여 그것을 거룩하게 구별하라고 하십니다. 이스라엘 백성들은 하나님의 말씀 을 받습니다. 물론 모세가 그 말씀을 받았습니다. 모세는 말씀을 받아 전하는 스승이고 지도자입니다. 우리도 앞선 누군가에 의해 가르침을 받습니다. 그래서 '先生'(선생)입니다. 그리고 그를 구별합 니다. 말씀을 받기 위해 경계를 그어 삼가는 마음이 거룩입니다. 말씀을 받는 자리, 그 산은 거룩합니다. 말씀을 받으며 예배하는 거룩한 장소가 교회입니다. 말씀을 전하고 듣는 사람의 구별이 있지만 하나님 앞에서는 같은 인간입니다. 하나님은 "너희의 나라는 나를 섬기는 제사장 나라가 되고 거룩한 민족이 될 것이다"(6절)라고 하십니다. 신약에서는 더 나아가 "여러분은 택하심을 받은 족속이 요, 왕과 같은 제사장들이요, 거룩한 민족이요, 하나님의 소유가 된 백성"(벧전 2:9)이라고 말합니다. 만인사제설입니다. 모두가 사제 입니다. 전하는 사제가 있고 듣는 사제가 있을 뿐입니다. 때론 둘이 바뀌기도 합니다. 오늘 여러분은 말하는 사제로 세상에 보냄 받았습니다. 우리는 말씀으로 하늘 가까운 거룩한 그 높은 산에 있어 비로소 멀리 볼 수 있습니다. 우리 갈 길이 보입니다.

우리의 하나님

주님께서 대답하셨다. "내가 친히 너와 함께 가겠다. 그리하여 네가 안전하게
하겠다." 모세가 주님께 아뢰었다. "주님께서 친히 우리와 함께 가지 않으시려
면, 우리를 이 곳에서 떠나 올려 보내지 마십시오"(출 33:14-15).

모세가 시내산으로 하나님의 말씀을 받으러 간 사이 일어난
금송아지 사건은 충격이었습니다. 무엇보다도 하나님에게 충격이
었습니다. 하나님은 노하여 이 백성을 완전히 없애버리겠다(32:8)고
하십니다. 그러면서도 하나님은 모세에게 "그러나 너는, 내가 큰
민족으로 만들어 주겠다"(10절)고 말씀하십니다. 약속의 땅에 하나
님이 다스리는 나라를 세우는 것은 모세 하나로부터 시작하시겠다
는 것입니다. 그러나 모세는 오래전 조상들에게 하셨던 하나님의
약속을 상기시켜 재앙을 면하게 해달라고 간청합니다(13절). 하나님
은 모세의 간청에 내리시겠다는 재앙을 거두십니다(14절). 그럼에도
백성은 제멋대로 날뛰었습니다. 금송아지는 그들이 바라는 신의
모습입니다. 그들에 의해 만들어진 신입니다. 하나님의 백성이

되기에는 멀고도 먼 광야 길입니다. 애초에 출애굽은 광야 사흘 길을 걸어 제사(예배)를 드리는 것이었습니다(5:3). 제사란 희생 제물을 동반합니다. 금송아지 사건으로 삼천 명이 희생되었습니다 (32:28). 정녕 희생 제물을 바친 길이 되고 말았습니다.

광야를 다시 떠나려니 하나님은 이런 고집 세고, 못된 백성과는 못 가겠다고 하십니다(33:3). 백성은 울부짖고 모세는 하나님과 맞대면하고자 회막으로 들어갑니다. 모세의 간청에 하나님은 "내가 친히 너와 함께 가겠다. 그리하여 네가 안전하게 하겠다"(14절)고 마음을 바꾸십니다. "내가 친히 가겠다"는 말은 직역하면 "나의 얼굴이 가겠다"(파나이 엘레쿠)입니다. 하나님의 임재, 현존을 뜻합니다. 그러나 여기서 하나님께서 함께하시겠다는 것은 모세 '너'입니다. '너와 함께'입니다. 그래서 평안을 약속받은 것도 모세 자신입니다. 이제 하나님은 모세에게 '나의 하나님'입니다. 그러나 모세는 '너'를 '우리'로 바꿉니다(15절). 주께서 친히 '우리와 함께' 가지 않으시려면 "우리를 이곳에서 떠나 올려보내지 마십시오"라고 말합니다. 모세가 원하는 하나님은 제각기 하고 싶은 대로 날뛰는 각자의 '나의 하나님'이 아니라 함께 더불어 '우리의 하나님'이었던 것입니다.

모세를 처음 부르시던 날 하나님은 그를 이집트로 보내면서 "너는 이스라엘 자손에게 이르기를 여호와, 너희 조상의 하나님, 곧 아브라함의 하나님, 이삭의 하나님, 야곱의 하나님이 나를 너희에게 보내셨다 하라"(3:15)고 하셨습니다. 하나님이 말씀하신 '너희 조상의 하나님'은 바로 모세에게 '우리 조상의 하나님', '우리의 하나님'이었던 것입니다. 우리 조상의 하나님은 더불어 함께 한 역사의 하나님입니다. 역사의식이 없이는 읽히지 않는 부분입니다. '우리와 함께하시는 하나님'은 역사의 하나님, 나 아닌 우리로 광야의 역사를 건너가는 과거와 현재와 미래의 하나님입니다. 우리에게는 이 역사의식이 있을까요?

신앙의 본질
광복절 76주년

너희가 나 주에게 바치는 곡식제물은, 어떤 것이든지, 누룩을 넣지 않은 것이어야 한다. 나 주에게 살라 바치는 제사에서, 어떤 누룩이나 꿀을 불살라서는 안 되기 때문이다(레 2:11).

이 구절의 첫 문장을 직역하면 "너희가 야훼께 바치는 모든 예물은 발효된 것이어서는 안 된다"입니다. 둘째 문장은 직역하면 "너희가 누룩이나 꿀을 야훼께 번제물로 바쳐서는 안 된다"입니다. 누룩이나 꿀은 발효제로 쓰입니다. 사실 누룩이 없는 빵은 정말 맛이 없습니다. 누룩이 있어야 맛도 있고 목 넘김도 괜찮습니다. 더욱이 거기에 꿀이 들어가면 더할 나위가 없겠지요. 누룩과 꿀을 넣어 발효시키지 말라 한 것은 본질을 손상시킬까 염려되었기 때문입니다. 아무리 누룩이나 꿀이 맛을 내게 하는 발효제라도 본질은 밀가루입니다. 어릴 때 병원에서 처방해준 가루약을 먹는 일이 쉽지 않았습니다. 그래서 쓴 가루약을 먹을 때 어머니는 사탕 하나를 들고 계셨습니다. 어린 저는 사탕을 먹기 위해 그 약을 먹었습니다. 쓴 혀에 사탕이 들어갈 때의 느낌이란 말로 표현할 수가 없었습니다. 그러나 본질은 쓴 약입니다.

신앙도 마찬가지입니다. 신앙은 쓰디쓴 삶과 직결되어 있습니다. 이것을 잊고 싶어 현실과는 괴리된 열광주의와 신비주의에 사로잡힙니다. 일종의 마약을 먹은 것이지요. 신앙의 본질은 하나님 의 말씀입니다. 말씀은 우리에게 오히려 통증을 느끼게 해줍니다. 죄의 통증 말입니다. 게으른 것, 욕심부린 것, 무지한 것, 소홀히 한 것, 거짓으로 산 것, 핑계 댄 것에 대한 통증입니다. 물론 죄에 대한 통증만 있는 것만 아닙니다. 아프지만 신선한 통증도 있습니다. 이른바 성장통 같은 것이지요. 희망을 보는 통증입니다. 본질은 통증을 수반합니다. 누룩 없는 빵은 이스라엘 백성들이 이집트에서 탈출할 때 비롯되었습니다. 이들이 해방될 때가 바로 누룩 없는 빵 무교병의 기원입니다. 히브리 백성들이 이집트를 탈출하던 마지 막 날 밤 하나님은 히브리 노예들의 지도자 모세와 아론에게 누룩을 넣지 않은 떡, 즉 무교병을 먹으라고 명합니다. 그리고 이 히브리 노예들이 광야 40년을 거쳐 가나안 땅에 도착하면 칠일 간의 무교절 을 지키라고 합니다. 즉, 칠일 간은 누룩이 없는 빵만을 먹어야 한다는 것입니다. 발효할 시간도 없을 뿐 아니라 먹고 떠나야 하는 해방의 절박함, 절실함이 본질입니다.

다시 우리의 해방 광복절이 다가옵니다. 우리의 광복은 분단의 시작이었습니다. 한 형제라는 가장 중요한 본질을 잃어버린 것입니다. 우리는 신문에서 형제나 부모를 죽이는 사람을 보면 패륜아라고 합니다. 바로 우리가 그 패륜아가 아닌지 모르겠습니다. 서로 총부리를 겨누는 형제, 냉전 시대가 아닌 지금 지구상에 유일하게 형제에게 서로 총부리를 겨누고 있는 것이 우리입니다. 세상에 형제만 한, 가족만 한 본질이 어디 있겠습니까? 평화 통일은 민족의 동질성이라는 본질, 이 누룩 없는 빵을 어떻게 지키느냐에 달려 있습니다. 아직도 통일 운동을 하느냐고 묻는 이들이 있습니다. 본질을 잃어버린 것이 아닌가요? 분단 76년이 아니라 통일 염원 76년입니다.

가증한 일

너는 여자와 교합하듯 남자와 교합하면 안된다. 그것은 망측한 짓이다(레 18:22).

남자가 같은 남자와 동침하여, 여자에게 하듯 그 남자에게 하면, 그 두 사람은 망측한 짓을 한 것이므로 반드시 사형에 처해야 한다. 그들은 자기 죄값으로 죽는 것이다(레 20:13).

레위기가 이스라엘의 율법 안으로 들어온 것은 바빌론 포로기 때입니다. 바빌론으로 포로로 끌려온 유대인들에게는 파괴된 성전을 대신할 정신적 지주가 필요했습니다. 토라(모세오경, 율법서, 창세기부터 신명기까지)가 바로 그 자리를 대신합니다. 토라의 중심인 레위기, 그 레위기의 중심에 '성결 법전'이 있습니다. 그 성별(聖別)의 구체적인 내용 첫 번째는 안식일법입니다. 안식일을 거룩히 지킴으로써 유대인의 성별을 선포한 것입니다. 둘째는 정결음식법입니다.

정결 음식을 함께 나누는 것을 통해 차별성을 강화하고 구성원 간의 결속을 다졌습니다. 셋째로 유대인들을 이방인들과 결정적으로 구별할 수 있도록 할례를 채택했습니다. 몸에 새겨진 징표만큼 차별성의 증거가 없을 것입니다.

오늘 레위기의 두 본문도 그 맥락에 있습니다. 정복자 바빌론 속에서 비록 포로민 신세로 살아야 했지만, 유대인의 도덕적 우월감을 충족시키는 주요 내용이 필요했던 것입니다. 본문에 집중해 보겠습니다. 두 본문 모두가 금하는 것은 "여자가 눕는 모양으로 눕는 남자와 함께 눕는 것"(직역)입니다. 이 본문이 의미하는 바는 남자가 여자 취급을 받는 것에 대한 거부입니다. 고대 사회에서 여자는 지금의 여성과 그 지위가 달랐습니다. 여성은 소유물, 재산으로 취급되었습니다. 그런데 지금 이 상황은 남자가 소유물 취급을 당하고 힘의 논리에 의해 억압당하는 처지에 놓이게 된 것입니다.

레위기 18장에 나열된 성관계에 관한 규례들 앞에 이런 전제가 있습니다. "너희는 너희가 살던 이집트 땅의 풍속도 따르지 말고, 이제 내가 이끌고 갈 땅, 가나안의 풍속도 따르지 말아라"(3절). 구절에는 없지만, 사실상 '바빌론의 풍속'도 따르지 말 것을 권고하고 있는 것입니다. 즉, 18장과 20장 전체에서 금하는 당시 이방의 풍속 중에서 딱 이 구절만 떼어내어 '동성애 혐오'의 성경적 근거로 삼아서는 안 된다는 말입니다. 폭력과 편견에 의해 억압당하고 착취당하는 약자들에 대한 변호의 의도로 쓰여진 성경이 오히려 오늘날 약자에 대한 폭력과 편견을 정당화하는 데 계속 인용된다는 것이야말로 하나님 보시기에 '가증한 일'(망측한 짓, 토에바)일 것입니다.

우리의 죄, 우리의 고통

아론이 이에 모세에게 이르되 슬프도다 내 주여 우리가 어리석은 일을 하여 죄를 지었으나 청하건대 그 벌을 우리에게 돌리지 마소서. 그가 살이 반이나 썩어 모래로부터 죽어서 나온 자 같이 되지 않게 하소서. 모세가 여호와께 부르짖어 가로되 하나님이여 원컨대 그를 고쳐 주옵소서(민 12:11-13).

민수기 12장은 미리암과 아론이 모세의 권위에 도전하여 결국 미리암이 하나님의 벌을 받았다는 내용이 전체 내용인 장입니다. 모세는 지상에서 가장 겸손한 사람이고, 하나님의 종이며, 하나님과 얼굴을 맞대고 직접 말하는 사람이기 때문에 감히 그 누구도, 그것이 누이와 형이라 할지라도 용인될 수 없! 이런 메시지를 주는 이야기입니다. 그런데 이 난감한 사건과 이야기 속에 권력 싸움으로 보이는 대립만 존재하는 것이 아니라는 발견이 있었습니다. 오늘 묵상하는 민수기 12장 11-13절은 악성피부병(과거에는 '문둥병'이라고 표현)에 걸린 미리암을 두고 아론과 모세가 고통스러워하는 내용입니다.

아론은 그의 아우 모세를 '나의 주님'이라고 부릅니다. 동생 앞에 무릎을 꿇고 간구하는 것입니다. "우리 누이를 불쌍히 여겨달라", "그를 어머니 뱃속에서 반은 죽어 태어나는 그런 비참한 모습을 보이게 하지 말아 달라", "그것을 부디 하나님께 간청해달라"고 빌고 있습니다. 그리고 그 말을 들은 모세도 다르지 않습니다. 모세는 주님께 부르짖습니다. 이때 '부르짖다'는 동사는 '차아크'인데 이 단어는 야훼께서 이스라엘을 이집트의 노예로부터 구원하시겠다고 결정하셨을 때 그가 들으셨던 이스라엘의 소리와 같은 단어입니다(출 3:7). 모세가 만났던 하나님은 인간의 고통을 자신의 고통으로 느끼는 신이었습니다. 그것을 알고 있기에 모세는 지금 하나님께 부르짖습니다. 그의 고통을 하나님이 들으실 줄로 믿고 있기 때문입니다. 그러나 그가 고통스러운 것은 미리암이 겪는 고통이, 아론이 간구하는 슬픔이 모세에게도 고스란히 전해졌기 때문에 이 탄원이 가능했던 것입니다.

우리는 누군가의 고통에 공감하는 능력이 있습니다. 아니 이것을 굳이 '능력'이라고 말해야 하는 시대에 살고 있습니다. 공감은 원래 당연한 기능입니다. 같은 공간에 있는 서로 떨어진 공명체가 '공명'을 일으키는 현상과 원리에서 같습니다. 누군가 눈물을 흘리면 그 눈물에 자극되어 같이 눈물을 흘리기도 하죠. 웃음 치료 같은 프로그램에 참여해보신 적 있으신가요? 괜히 웃는 누군가의 웃음소리에 같이 웃게 되는 경험을 하셨을 것입니다. 최근 우리 사회는 함께 울고 함께 아파하는 공동의 경험을 거듭하고 있습니다. 이유를 모르고서도 눈물이 나고 웃음이 나는 것이 우리 인간의 본질입니다. 그런데 아파하는 형제와 이웃의 아픔과 고통에 둔감할 수 있을까요?

미리암은 다른 누군가가 아니라 바로 나 자신입니다. 그러므로 아론처럼 기도하는 것입니다. "우리가 어리석은 일을 하여 죄를 지었으나, 그 벌을 우리에게 돌리지 마소서."

Only One(온리 원)

고라와 다단과 아비람이 모세와 아론에게 반기를 들었습니다. 무려 250명이 이에 합세하였는데, 그들이 내세우는 명분은 그럴듯합니다. 아니, 옳습니다. "온 회중 각자가 다 거룩하고, 그들 가운데 주님께서 계시는데"까지는 말입니다. 그러나 그에 따라오는 그들의 주장은 틀렸습니다. 모세와 아론이 회중 위에 군림하려 했다는 주장 말입니다. 그들은 어째서 모세와 아론에게서 '군림하는 왕'(13절)의 모습을 본 것일까요? 그들은 어째서 자신들에게 맡겨진 거룩한 사명을 그들의 말처럼 거룩하게 여기지 않았던 것일까요? 우연히 짧은 영상 하나를 보게 되었습니다. 얼마 전에 작고한 고 이어령 선생의 인터뷰 영상이었습니다. 선생의 말을 들어 보세요.

"천재 아닌 사람이 어딨어. 모든 사람은 천재로 태어났고 그 사람만이
할 수 있는 일이 있는 거예요. 그런데 그 천재성을 이 세상을 살다 보면
남들이 덮어 버려요. 그래서 내가 늘 하는 얘기가 360명이 뛰는 방향을
향해서 경주를 하면 아무리 잘 뛰어도 1등부터 360등까지 있을 거야.
그런데 남들 뛴다고 뛰는 것이 아니라 내가 뛰고 싶은 방향으로 각자가
뛰면 360명이 다 1등을 할 수가 있어요. Best One 될 생각을 하지 마라.
Only One 하나밖에 없는 사람이 돼라. 자기는 하나밖에 없는데 왜 남
과 똑같이 살아? 왜 남의 인생 남의 생각을 좇아가냐구. 사람들이 와 몰
리는 길이 내가 가고 싶은 길이 아냐, 그랬을 때 대담하게 내가 정말 가
고 싶은 길을, 쓰러져 죽더라도, 내가 요구하는 삶을 위해서 그곳으로
가라는 거예요."

"남의 떡이 커 보인다"는 속담과 비슷한 속담이 외국에도 있습니
다. "남의 잔디가 더 푸르러 보인다." 자기 것에 만족하지 못하고
남의 것을 부러워하고 탐낸다는 뜻이죠. 그런데 고라와 반역의
무리들은 그러한 마음에서 멈추지 않고 모세와 아론 앞에 나섰던
것입니다. 그러나 고라와 그의 무리들의 이 행위를 '반역'이라고
하는 이유는 모세와 아론에게 맞섰기 때문이 아닙니다. 모세와
아론을 택하여 백성 앞에 세운 하나님에 대한 공격이기 때문입니
다. 동시에 자기 지파에게 주신 역할과 소명을 가볍고 하찮게 여긴
까닭입니다. 자기의 떡이 작아 보이고 자기의 잔디가 덜 푸르러
보였던 겁니다.

하나님이 레위 지파에게 맡기신 일은 하나님을 위해 백성을
섬기는 거룩한 일이었습니다. 그러나 그들은 그저 말로만 '거룩'은

입에 올릴 뿐, 그들에게 맡겨진 거룩한 일을 거룩하게 여기지 않았습니다. 왜냐하면 몸은 비록 출애굽하였으나 그들은 여전히 이집트의 질서와 가치관에 따라 살고 있었기 때문입니다. 그랬기에 백성을 위해 엎드려 기도하는 모세의 모습은 보이지 않고 백성 앞에 호령하는 모세만이 보였던 것입니다. 그들이 이 말을 참으로 믿었다면 얼마나 좋았을까요? "온 회중 각자가 다 거룩하고, 그들 가운데 주님께서 계신다!"(3절) "모든 사람은 천재로 태어났고, 그 사람만이 할 수 있는 일이 있습니다"(이어령). Only One인 자신에게 집중하는 오늘 되십시오.

중재자 모세

그러나 모세와 아론이 땅에 엎드려 부르짖었다. "하나님, 모든 육체에 숨을 불어 넣어 주시는 하나님, 죄는 한 사람이 지었는데, 어찌 온 회중에게 진노하십니까?"(민 16:22)

고라의 반역은 하나님을 진노하게 했습니다. 이집트로 돌아가기를 갈망하는 것만으로도 모자라 그들은 감히 하나님께서 약속하신 '젖과 꿀이 흐르는 땅'이라는 희망의 이름을 자신들이 도망쳐 나온 이집트에 부여하였던 것입니다(13절). 벌써 몇 번이나 하나님을 노엽게 했던 그들, 급기야 "우리가 한 지휘관을 세우고 애굽으로 돌아가자"(14:4)고 선동하더니 마침내 고라와 고라의 무리를 우두머리 삼아 반역에 이릅니다. 그들이 내세운 명분은 제사장의 직분에 대한 평등성 요구였지만, 그들의 속셈은 이집트에서 보고 경험한 대로 하나님의 백성 위에서 절대 권력을 누리고자 한 것입니다. 그들이 돌아가고자 한 이집트는 반드시 지리적인 이집트만이 아닙니다. 이집트의 질서와 가치관으로 통치하는 세상이면 족했던 것입니다.

하나님은 모세와 아론만을 남겨 두고 온 백성을 멸하려 하십니다. 그러나 그때 모세와 아론이 엎드립니다. 이것이 모세의 중재자로서의 진면목입니다. 모세와 아론은 한 사람의 범죄로 온 회중에게 진노하심은 옳지 않다고 하나님을 설득합니다. 그 모든 육체의 생명의 주인이 바로 하나님이심을 기억하게 하면서 말입니다. 모세와 아론은 하나님의 걷잡을 수 없는 분노를 멈추게 할 수 있었습니다. 그렇게 하여 하나님의 진노는 방향을 잡고 힘을 조절하게 됩니다. 모세는 백성을 향해서는 하나님의 뜻을, 하나님을 향해서는 백성의 처지를 호소하는 중재자로서 자기 정체성을 잘 알았던 것입니다.

마침내 고라와 다단과 아비람의 집안 가솔들과 그의 소유들은 남김없이 땅에 삼켜져 스올에 빠집니다. 또한 그들을 추종했던 250명도 그들이 들고 있던 향로만을 남기고 여호와의 불에 삼켜집니다. 진멸입니다. 모세는 이 일을 '새 일'이라고 하였습니다. 악인들을 완전히 멸하는 것은 새 일의 기본이 됩니다. 그리고 그렇게 했기에 죄 없는 백성들은 멸망에서 제외됩니다. 모세는 땅 위에 사는 모든 사람 가운데서 가장 온유한 사람이었습니다(12:3). 그러나 악에 대하여는 누구보다 단호하고 냉정한 사람이었습니다. 이것이 모세가 지닌 중재자의 면모였습니다. 우리의 세상을 향한 중보기도가 모세의 기도를 닮아야 할 것입니다.

한국기독교장로회
기장 70주년 총회

모세와 아론이 백성을 떠나 회막 입구로 갔습니다. 그들은 땅에 엎드렸습니다.
그러자 여호와의 영광이 그들에게 나타나셨습니다(민 20:6).

1953년 6월 10일, 제38회 총회 호헌선언서가 발표되었고, 그것이 우리 한국기독교장로회의 출발의 선언이 되었습니다. 그로부터 70년을 맞으며 107회 총회의 주제가 "새 역사 70년, 주의 사랑으로 우리를 구원하소서"로 정해져 오늘부터 경주에서 총회가 진행됩니다. 우연이겠지만 '호헌선언서'가 발표된 시점은 쇄국의 문이 열리고 이 땅에 복음의 씨앗이 심겨진 지 70년을 맞는 해였습니다. 그리고 비록 나라의 문은 열렸지만 쇄국만큼이나 더 폐쇄적인 장로교의 현실을 개탄해야 했던 때였습니다. 불의와 불법으로 스스로를 가둬버린 당시의 교단(예수교장로회 합동)을 향해 외친 호헌과 개혁의 외침은 다음과 같았습니다.

1. 우리는 온갖 형태의 바리새주의를 배격하고 오직 살아계신 그리스도를 믿음으로 구원 얻는 복음의 자유를 확보한다.
2. 우리는 전 세계 장로교회의 테두리 안에서 건전한 교리를 수립함과 동시에 신앙 양심의 자유를 확보한다.
3. 우리는 노예적인 의존 사상을 배격하고 자립 자조의 정신을 함양한다.
4. 그러나 우리는 편협한 고립주의를 경계하고 전 세계 성도들과 협력 병진하려는 세계 교회 정신에 철저하려 한다.

이 외침으로부터 출발한 우리 교단의 역사가 다시금 70년에 이른 것입니다. 우리는 위의 4가지 소신과 이념에 얼마나 충실하게 걸어왔을까요? 이번 총회로부터 1년 동안, 우리는 다시금 그날과 그 시간의 의미를 되새겨볼 것입니다. 그 출발인 총회가 오늘부터 시작됩니다. 모든 기장교인을 대표하여 총대가 참석할 뿐, 우리 모두의 총회입니다.

모세와 아론이 이스라엘 백성의 회중(총회) 앞을 떠나 회막에 나아갔을 때 야훼의 영광이 그들에게 나타났습니다. 그 영광이 그들에게 임하였고, 그들은 그것을 보았다는 뜻입니다. 이번 총회 역시 하나님의 영광이 임하는 그리고 우리를 대표한 모든 모세와 아론들의 눈에 그 영광이 나타나기를 기도합니다. 그리하여 70년 전, 불법과 불의와 편협에 대하여 아니라고 외쳤던 그날의 기개가 '주의 사랑으로' 다시 교회와 세상을 새롭게 하는 역사의 날을 만들기를 기도합니다.

신명기

더하지도 빼지도 않는

내가 당신들에게 명령한 말에 한마디도 더하거나 빼서는 안 됩니다. 당신들은 내가 당신들에게 알려 준 주 당신들의 하나님의 명령을 지켜야 합니다(신 4:2).

"당신들은 내가 당신들에게 명한 이 모든 것을 지키고, 거기에 한마디도 더하거나 빼서는 안 됩니다"(신 12:32). 말씀의 엄중함입니다. 더하거나 빼는 것은 말씀을 왜곡하는 것입니다. "그 말씀에 아무것도 더하지 말아라. 그렇지 않으면 그분이 너를 책망하시고, 너는 거짓말을 하는 사람이 될 것이다"(잠 30:6). 그렇게 말씀하신 이유가 있습니다. "이제 나는 알았다. 하나님이 하시는 모든 일은 언제나 한결같다. 거기에다가는 보탤 수도 없고 뺄 수도 없다. 하나님이 이렇게 하시니 사람은 그를 두려워할 수밖에 없다"(전 3:14). 더해서도 빼서도 안 되는 그분의 말씀에는 그분의 한결같은 뜻이 있습니다. 그리고 거기에는 사람에게 느끼는 공포스런 두려움이 아닌 황홀한 경외심이 있습니다. 그러니 제멋대로 더하고 빼

자기가 바라는 대로 왜곡하지 말라는 것입니다. 더도 덜도 꼭 그렇게 말씀하신 뜻이 있다는 것입니다.

"내가 진정으로 너희에게 말한다. 천지가 없어지기 전에는 율법은 일점 일획도 없어지지 않고, 다 이루어질 것이다"(마 5:18). '일점일획'도 빼서는 안 됩니다. 구약 히브리어 글자에서 하찮게 찍혀있는 작은 점 하나도, 글자 모서리에 뿔처럼 붙어 있는 획 하나도 천지가 없어지기 전까지는 없어지지 않는다는 것입니다. 말씀 하나하나 온전히 이루어질 주님의 뜻입니다. 하나님은 에덴동산을 만들고서 사람에게 동산 가운데 선과 악을 알게 하는 나무의 열매만은 먹지 말라고 명령하십니다(창 2:17). 그러나 뱀의 유혹을 받은 여자는 "먹지도 말고 만지지도 말라"(창 3:3)고 "만지지도 말라"는 말을 덧붙입니다. 이렇게 더함으로 사람은 하나님의 명령을 자신의 명령으로 만듭니다. 자기를 선으로 여기고 남을 악으로 여기고 싶은 지배의 욕망, 탐스러운 탐욕의 선악과를 먹은 현실입니다.

우리는 하나님께 기도하는 것은 무엇이든 이루어진다고 믿습니다. 쉽게 이루고 싶은 욕심이니까요. "너희가 무엇을 구하든지 다 그대로 이루어질 것이다"(요 15:7b)라는 말씀은 분명 주님의 말씀입니다. 그러나 바로 직전 "너희가 내 안에 머물고, 내 말이 너희 안에 머물면"(요 15:7a)을 슬쩍 뺐습니다. 이렇게 가장 결정적인 것을 뺌으로 신앙을 값싼 것으로 전락시켰습니다. 뺀 이것이 선악과를 먹은 부분입니다. 자칫 더하고 뺀 이야기가 교리가 되어 사람을 지배합니다. 권력, 그중에서도 종교 권력은 무섭습니다. 순종과 아멘만 넘치는 한국교회입니다. 그 싸구려 신앙에 쉽게 길들어져

갑니다. 생각도 없고 질문도 없습니다. 하나님의 말씀을 더하고 빼는 왜곡을 경계하지 않는다면 내 삶도 당연히 왜곡됩니다. 더하지도 빼지도 않는 그대로의 말씀을 보십시오. 그것이 값진 삶입니다.

우리 자녀는 무엇을 묻고 있나?

나중에 당신들의 자녀가, 주 당신들의 하나님이 당신들에게 명하신 훈령과 규례와 법도가 무엇이냐고 당신들에게 묻거든, 당신들은 자녀에게 이렇게 일러주십시오. "옛적에 우리는 이집트에서 바로의 노예로 있었으나, 주님께서 강한 손으로 우리를 이집트에서 이끌어 내셨다"(신 6:20-21).

신명기의 훈령, 규례, 법도는 율법에 속합니다만 우리 번역이 일정치가 않아 혼란스럽습니다. 사실 무 자르듯 구별 짓기도 쉽지 않습니다. 다만 히브리 원문을 따라가자면 훈령(에다)은 경험에 입각한 증언 혹은 증거라고 할 수 있고, 규례(호크)는 관례 또는 관습으로 규정된 계명이라고 할 수 있고, 법도(미쉬파트)는 '재판하다', '행정하다'는 뜻의 '샤파트'에서 유래한 말로 사법적·행정적 조치를 취할 수 있는 것으로, 율례라고 번역되기도 합니다. 갈수록 엄격한 것입니다. 중요한 것은 이 세 가지 모두 야훼(주) '당신들의 하나님'인 우리의 하나님이 내린 명령이라는 것입니다.

나중에(훗날) 자녀들이 이렇게 내려온 훈령과 규례와 법도가 무엇이냐고 묻거든 이렇게 대답해주어야 한다는 내용이 21절 이하입니다. 21절 이하는 하나님이 이스라엘을 어떻게 약속의 땅까지 이끌어 냈는가를 말합니다. 그것은 하나님이 여기까지 이끌어 주신 것은 조상들이 훈령과 규례와 법도를 잘 지켰기 때문이라는 것입니다. 그런데 문제는 그런 질문을 우리 자녀들이 지금 우리에게 던지고 있느냐는 것입니다. 부모가 살아온 삶의 철학, 신앙이 무엇이냐고 묻고 있느냐는 것입니다.

우리의 철학과 종교, 우리의 가치, 우리의 교회, 우리의 신앙과 성서에 대해, 사람다움에 대해 우리 자녀들이 묻고 있나요? 저마다 먹고 살기 힘든 세상에 살고 있다고 합니다. 경제가 좋다는 이야기는 어느 시대나 들어본 적이 없습니다. 그러나 지난 세대와 비교하면 엄청난 발전이 있었습니다. 옛날에는 우리는 원조 받는 빈국이었습니다. 이제는 남을 원조하는 국가가 되었습니다. 받는 국가에서 주는 국가로 간 나라가 우리 말고 또 있나요? 복지라는 말은 일상이 되었습니다. 그럼에도 갈수록 경제적 안정을 더 희구합니다. 모든 행복에는 경제적 안정이 최우선입니다. 자본주의와 가족주의라는 두 말로 오늘 우리의 삶을 정의해도 될까요? 다른 것은 물을 필요가 있을까요?

이 질문이 없게 만든 사람은 누구일까요? 우리 자신이 아닐까요? 하긴 교회도 덩달아 물질 축복을 가장 최고의 복이라고 말했으니까요. 삶의 철학은 단 하나의 답, '자본'에 귀착되었습니다. '자본주의'의 노예가 되었다고 하면 배부른 소리가 되어버렸습니다. 이스라엘 백성들이 광야 내내 이집트의 고기 가마가 그립다고 했습니다.
바로의 노예에 너무 익숙했습니다. 지금 우리는 사람다움의 훈령,
규례, 법도를 묻지 않고 답하지도 않는 시대에 살고 있는지도
모릅니다.

하나님의 기억으로부터

그러나 그들을 두려워하지 말고, 주 당신들의 하나님이 바로와 모든 이집트 사람에게 하신 일을 잘 기억하십시오(신 7:18).

아프리카에 사는 '뱀잡이수리'라는 새가 있습니다. 독수리의 일종으로, 주로 공중을 높이 날아다니다가 두더지나 뱀 같은 것을 발견하면 쏜살같이 내려가 낚아챕니다. 그런데 한 가지 이상한 점은 하늘을 날 때는 그토록 민첩한 이 새가 땅에 내려와 먹이를 먹고 있다가 맹수의 기습 공격을 받게 되면 날지 않고 혼신의 힘을 다해 뛴다는 것입니다. 너무 당황한 나머지 자기가 날 수 있다는 사실을 순간적으로 깜박 잊어버리기 때문입니다. 날짐승이 뛰어봐야 얼마나 빨리 뛰겠습니까? 결국 얼마 못 가서 맹수에게 잡아먹히고 맙니다.

혹시 우리 믿음이 이런 것이 아닐까요? 오랫동안 교회를 다니고 말씀을 읽고 듣고 기도하고 찬양하며 믿음 생활을 해왔지만 결정적인 위기의 순간에 이 뱀잡이수리처럼 믿음의 날개를 가진 것을 순간 기억하지 못하고 있는 것은 아닐까요? 하나님의 구원은 하나님의 기억으로부터 시작합니다. "하나님이 그들의 탄식하는 소리를 들으시고, 아브라함과 이삭과 야곱에게 세우신 언약을 기억하시고"(출 2:24) 출애굽을 시작하십니다. 그러나 하나님의 구원에 대한 믿음은 우리의 기억입니다. 하나님의 지난 구원의 손길에 대한 기억이 희미하다면 그 믿음도 희미합니다. '기억하다'의 히브리어는 '자카르'로 '막대기로 새기다', '마음에 품다'라는 뜻입니다. '자카르'는 구약에 187번, 신약 39번 쓰였습니다. 그만큼 이 단어는 중요합니다.

모세는 가나안 전쟁을 앞두고 두려워하는 이스라엘 백성들에게 주(야훼) 너희들의 하나님이 이집트를 탈출할 때 하나님이 바로와 모든 이집트 사람들에게 행하신 일들을 기억하라고 합니다. 그 기억에 대한 믿음이 이 전쟁에서 승리하게 할 것이라고 말합니다. "주 당신들의 하나님은, 당신들이 당신들의 눈으로 본 대로, 큰 재앙과 표징과 기적을 일으키시며, 강한 손과 편 팔로 당신들을 이끌어 내셨습니다. 주 당신들의 하나님은, 지금 당신들이 두려워하는 모든 민족에게도 그와 같이 하실 것입니다"(19절). 이집트에서 하나님이 행하신 일을 기억하고 있다면 지금 맞서고 있는 가나안도 두렵지 않을 것이라는 말입니다.

이스라엘이 바빌론 포로에서 어떻게 해방되었을까요? 그들은 끝이 아니라고 생각하며 지난날의 시온을 기억했습니다. "우리가 바빌론의 강변 곳곳에 앉아서, 시온을 생각하면서 울었다"(시 137:1).

여기 '생각하다'는 '자카르'로 '기억하다'로 번역해야 합니다. 그들은 시온에서의 하나님과의 삶을 기억합니다. 기억은 두 가지입니다. 나쁜 기억과 좋은 기억입니다. 둘 다 중요합니다. 전자는 재앙을 막고, 후자는 미래의 승리를 확신합니다. 지난 20년 산돌의 역사, 우리 각 가정, 개인의 삶에서 우리는 무슨 기억을 하고 있습니까?

은혜를 기억하기

당신들이 마음속으로 '이 재물은 내 능력과 내 손의 힘으로 모은 것이라'고 생각할 것 같아서 걱정이 됩니다. 그러나 주 당신들의 하나님이, 당신들의 조상에게 맹세하신 그 언약을 이루시려고 오늘 이렇게 재산을 모으도록 당신들에게 힘을 주셨음을, 당신들은 기억해야 합니다(신 8:17-18).

어느 날 토끼가 길을 가다가 늑대 한 마리가 깊은 웅덩이에 빠져 있는 것을 보게 되었습니다. 늑대는 며칠째 웅덩이에 빠져 있어 아무것도 먹지 못했습니다. 매우 마르고 초췌한 모습이었습니다. 배가 고파 죽어가고 있는 늑대는 토끼에게 사정을 하였습니다. "제발, 날 이 웅덩이에서 건져다오." 이에 토끼는 "건져주면 당신이 나를 잡아먹을 것이 아니오?"라고 말했습니다. 그러자 늑대는 그게 말이 되느냐고 절대로 그런 일은 없을 것이라고, 세상에 생명의 은인을 어떻게 잡아먹겠냐고 말하면서 토끼에게 사정하였습니다. 토끼는 나뭇가지를 내밀어 이 늑대를 웅덩이에서 나오게 해주었습니다.

무슨 일이 벌어졌을까요? 늑대는 웅덩이에서 나오자 다른 소리를 합니다. 마음이 달라진 것입니다. 그때는 그때고 지금은 배가 고파 못 견디겠으니 토끼를 잡아먹어야겠다는 것입니다. 토끼가 통사정을 해보았지만 소용없었습니다. 그때 마침 여우가 그 옆을 지나가고 있었습니다. 토끼는 여우에게 그간의 사정을 이야기하면서 재판해 달라고 하였습니다. 그러자 여우는 늑대에게 "일이 이렇게 되기 전에는 어떤 형편에 있었느냐?" 물으면서 그때의 모습을 있는 그대로 재연해 보라고 합니다. 늑대는 웅덩이에 다시 빠지면서 "요렇게 있었지"라고 말합니다. 이때 여우가 늑대를 보고 판결을 내립니다. "너는 그대로 있는 것이 좋겠다." 그리고 토끼와 여우는 그 자리를 떠납니다.

재미있는 우화이지만 우리에게 깊은 깨달음을 줍니다. 화장실 들어갈 때와 나올 때가 다른 것이 사람이라지만 은혜는 쉬 잊습니다. 그래서 원망은 바위에 새기고 은혜는 물 위에 새긴다는 옛말이 있을 정도입니다. 우리도 그렇지만 이스라엘도 그랬습니다. 이스라엘의 하나님은 "넓고 황량한 광야 곧 불뱀과 전갈이 우글거리는 광야와 물이 없는 사막에서 당신들을 인도하여 주셨습니다"(15a절). 그리고 주님은 "차돌 바위에서 샘물은 나게 하신 분이십니다. 광야에서는 당신들의 조상도 알지 못하던 만나를 당신들에게 먹이셨습니다"(15b-16a절). 하나님은 힘들었을 때 손 놓고 그냥 있지 않으셨습니다. 시련을 이길만한 길을 열어 주셨습니다. 우리는 힘들었을 때만 생각하며 원망합니다. 그러나 모세는 "이것이 다 당신들을 단련시키고 시험하셔서, 나중에 당신들이 잘되게 하시려는 것이었습니다"(16b절)라고 말합니다. 좋을 때건 힘들 때건 하나님의 은혜입니다. 이것을 깨닫는다면 그것만큼 큰 감사가 어디 있겠습니까?

부르짖음의 응답

> 그래서 우리가 주 우리의 조상 하나님께 살려 달라고 부르짖었더니, 주님께서 우리의 울부짖음을 들으시고, 우리가 비참하게 사는 것과 고역에 시달리는 것과 억압에 짓눌려 있는 것을 보시고 강한 손과 편 팔과 큰 위엄과 이적과 기사로, 우리를 이집트에서 인도하여 내셨습니다. 주님께서 우리를 이곳으로 인도하셔서, 이 땅 곧 젖과 꿀이 흐르는 땅을 우리에게 주셨습니다(신 26:7-9).

신명기 26장 5절 이하는 가나안 정착 후 고대 이스라엘 예배 때에 고백했던 역사 신조입니다. 이 신조에서도 이 부르짖음의 신앙이 출애굽 구원의 첫 시작임을 밝히고 있습니다. '부르짖음'은 단지 출애굽(3:7, 9; 11:6; 12:30; 22:23)만의 이야기가 아니라 신구약 성서 전체의 주제입니다. 하나님은 소돔과 고모라에 대한 부르짖음(창 18:20)에 응답하여 롯 일가를 구원하여 주셨습니다. 하나님의 이 부르짖음에 대한 응답은 이스라엘 백성들이 광야 길을 걷고 있을 때도 어김없이 나타났습니다. 민수기 11장 4절 이하를 보면 매일 만나라는 음식에 질려있는 이스라엘 백성들의 고기를 달라는 부르짖음에조차 메추라기를 내리시며 응답하시는 것을 볼 수 있습니다.

뿐만 아니라 하나님께서는 이스라엘 백성이 아닌 이방인의 부르짖음에도 응답하여 주십니다. 아브라함의 종이자 첩인 하갈이 여주인 사라에게 학대를 당하여 도망칠 때도 아들 이스마엘을 주시면서 천사를 통해 "네가 고통 가운데서 부르짖는 소리를 주님께서 들으셨기 때문이다"(창 16:11)라는 음성을 듣게 하십니다. 후에 하갈이 어린 자식 이스마엘과 함께 광야로 내쫓김을 당하여 울부짖을 때도 하나님은 그 울부짖음(창 21:16-17)에 응답하여 "큰 민족이 나오게 하겠다"(창 21:18)는 약속을 내리십니다.

시대를 달리하여 사무엘상 12장 10절을 보면 사사 시대 때 하나님은 블레셋 군대에 침공 당하여 고난 받고 있던 이스라엘 백성들의 부르짖음에 구원의 손길을 펼쳐 주셨습니다. 뿐만 아니라 구약성서의 모든 예언자의 구원 예언에는 반드시 그 첫머리가 예언자들의 저항적인 '부르짖음'이 있었음을 성서는 증언하고 있는 것입니다. LA 올림픽 레슬링 금메달리스트인 김원기 선수는 시상대에서 기자들에게 이렇게 소감을 피력하였습니다. "금메달의 꿈을 이루기 위해 나는 하나님께 얼마나 많은 시간을 부르짖었는지 모릅니다."

단지 부르짖었다는 것입니까? 아닙니다. 절실함입니다. 예배가 그러합니다. 禮拜(예배)의 拜(배)란 절을 뜻합니다. 예배란 절하여 예를 갖추는 것입니다. 절실한 마음입니다. 예배 속의 찬송과 기도는 절실한 부르짖음입니다. 드려도 좋고 안 드려도 그뿐인 것이 아닙니다. 거룩한 절실함의 부르짖음입니다. 이 마음으로 예배를 드립시다.

예물의 쓰임

레위 사람과, 당신들 가운데서 사는 외국 사람과 함께, 주 당신들의 하나님이
당신들과 당신들의 집안에 주신 온갖 좋은 것들을 누리십시오(신 26:11).

신명기는 새로운 시대를 위해 준비된 새로운 법과 규칙에 대한
책입니다. 모세의 마지막 유언 또는 설교의 형식으로 남겨졌고,
이제 더 이상 노예도 아니고 방랑자도 아닌 땅의 주인으로 살아가야
하는 이스라엘에게 주어진 법에 대한 말씀입니다. 그 가운데 오늘
본문이 속한 26장은 그 땅에서 바치게 될 예물, 즉 봉헌에 대한
말씀입니다. 5-10절은 이스라엘 백성이 농사하여 가지고 올 농산물
광주리를 하나님의 제단 앞에 바치고 나서 그들이 하나님께 올리는
고백, 감사의 기도입니다. 그들은 이 기도 안에 자신들의 역사에
대한 기억을 고백하고 하나님이 새로이 주신 땅에서 길러낸 첫
열매에 대한 감사를 고백합니다.

그리고 이 예물이 어떻게 쓰임 받게 될지에 대한 가르침을

이어가고 있습니다. 이것은 오늘날 우리의 헌금 생활에도 필요한 대원칙입니다. 첫째, 그것은 주님께서 주신 땅의 첫 열매입니다. 첫 열매란 시기적으로 첫 번째 거두게 되는 결실을 의미하기도 하지만 가장 좋은 것을 의미하기도 하고, 선택된 것을 의미하기도 하며, 중요한 것을 의미하기도 합니다. 예물은 삶에 필요한 것을 다 쓰고 남은 것을 바치는 것이 아니라는 뜻입니다. 가장 먼저 우선 선택하여 바치는 것이어야 합니다. 둘째 원칙은 더불어 살아가고 있는 레위 사람과 외국 사람, 고아와 과부들과 함께 나누는 것입니다. '레위'란 당시의 가장 가난한 사람을 칭합니다. 고아와 과부는 보호자가 없는 사회적 약자를 가리키고, 외국인이란 예나 지금이나 보호해 줄 나라가 없는 사람들입니다. 오늘날 '난민'에 해당할 것입니다. 하나님께 바치는 예물은 이들과 함께 살아가는 데 사용되어야 합니다. 특히나 이들을 위해서는 3년에 한 번씩 따로 드리는 십일조의 구체적이고 직접적인 용처이기도 합니다.

그러나 오늘날 교회를 보면 오로지 교회를 위해서 재물을 곳간에 쌓고, 그 곳간이 부족해 더 큰 곳간을 짓는 어리석은 부자의 모습이 아닐 수 없습니다. 이스라엘의 조상은 '떠돌아다니면서 사는 아람 사람'이었고, '이집트에 몸 붙여 살아가다 학대 당한' 노예 신세였으며, '정착하지 못한 채 사십 년을 유랑해야 했던' 나그네였습니다. 그런 그들을 선택하시고 구원하셔서 새로운 시대를 계획하셨습니다. 그런데 그들 중에는 이방인이 섞여 있었고 돌봄이 필요한 약자들이 동행하였습니다. 하나님께서 계획하신 새로운 역사에 그들은 제외되지 않았고, 결코 주변인이 아니었던 것입니다. 하나님의 약속의 땅, 젖과 꿀이 흐르는 땅의 역사는 움켜쥔 손이 아니라

펼친 손에 맡겨졌습니다. 단지 돕는 것이 아닙니다. 함께 사는 것입니다. "그들이 당신들이 사는 성 안에서 마음껏 먹게 하십시오"(12절). 우리는 하나님의 계획대로 행하고 있습니까?

티핑포인트

나의 분노에서 나오는 불꽃이 저 아래 스올까지 타들어 가며, 땅 위에 있는 모든 것들을 삼켜버리고, 멧부리까지 살라 버릴 것이다. … 자기들이 왜 패배를 당하였는지를 깨달을 지혜라도 있었으면 좋으련만! 그들의 종말이 어떻게 될지, 깨닫기만이라도 했으면 좋으련만!(신 32:22, 29)

기후위기의 경고음이 곳곳에서 들려옵니다. 플라스틱 오염으로 물속 생물들이 육지에 올라와 피를 토하듯 뱃속에 쌓인 플라스틱 쓰레기를 쏟아놓는 사진을 여러 번 보셨을 것입니다. 노아의 홍수 때도 살아남았던 바닷속 생물들인데 말입니다. 우리나라 1인당 플라스틱 소비량은 세계 1위, 1인당 탄소 배출량도 중국을 넘어 세계 2위입니다. 그만큼 플라스틱으로 만들어진 제품의 소비와 생산이 많다는 반증이겠지요. 경제성장이 생태와 자연의 희생을 정당화할 수 없고, 선진공업국이라는 허울이 기후악당이라는 오명을 덮어줄 수는 없을 것입니다.

기후위기가 기후재앙으로 넘어가는 임계점, 분기점을 '티핑포인트'(tipping point)라고 합니다. 영어로 '팁'은 별것 아닌 아주 작은 것을 의미합니다. 한 방울의 물 같은 것이죠. 어떤 상황이 미미하게 진행되다가 한순간, 갑자기 모든 것이 급격하게 변하는 극적인 순간을 티핑포인트라고 합니다. 기후재앙은 그렇게 닥칠 것입니다. 이 티핑포인트에 이르게 되면 인류는 절대 회복 불가의 '찜통 골짜기'에 빠지게 됩니다. 그리고 그 순간부터는 지구 스스로 기온을 높이기 시작하기 때문에 인간이 모든 것을 완전히 멈춘다고 해도 재앙을 멈출 수 없게 됩니다. 그곳이 바로 '스올 골짜기'입니다.

성서는 이러한 때를 '야훼의 분노의 때'로 예언하였습니다. "야훼의 분노에서 나오는 불꽃이 저 아래 스올까지 타들어 가며, 땅 위에 있는 모든 것들을 삼켜버리고, 멧부리까지 살라 버릴 것"이라는 멸망의 예언. 그러나 야훼께서는 이 분노를 유보하시고 백성들이 깨닫기를 기다리십니다. 지금 우리에게 바라시는 하나님의 뜻입니다. 매일 생각나는 대로 탄소중립을 위해 실천할 목록들을 찾아보십시오. 장바구니 사용하기, 택배 대신 지역에서 구입하기, 플라스틱 용기 없는 제품으로 구입하기, 손수건 사용하기, 천 마스크 사용하기, 핸드폰과 컴퓨터 화면 끄기, 옷 안 사기, 먹방 안 보기, 친환경제품으로 구입하기 등등. 우리의 작은 실천이야말로 이 세상을 살리는 지혜입니다.

야훼의 종

주님의 종 모세는, 주님의 말씀대로 모압 땅에서 죽어서(신 34:5).

새번역 성경은 '야훼'를 '주님'으로 번역합니다. 그러므로 '주님의 종'은 원문대로라면 '야훼의 종'입니다. 히브리어로는 '에베드-야훼'라고 표기돼 있습니다. 그런데 이 '에베드'(종)와 '야훼'를 묶어서(-으로) 하나의 단어처럼 표기한 구절은 오늘 신명기 34장 5절과 여호수아서에서 6구절(1:13; 8:31, 33; 12:6; 14:7; 22:5)과 역대기하에서 2구절(1:3; 24:6)뿐입니다. 그런데 모두 다 모세를 가리킬 때 사용하였습니다. 물론 아브라함이나 여호수아, 다윗, 그 외의 많은 인물에게도 주님의 종이라는 표현이 사용되었지만, 모세에 대해서 특별하게 달리 표현한 것도 사실입니다.

그런데 이 표현이 모세의 이야기가 시작된 출애굽기에서부터 시작해서 단 한 번도 나오지 않다가 그가 죽음을 맞이하는 장면에 이르러서 처음 사용되었다는 것은 생각해 볼 만한 대목입니다.

그것은 마치 그의 '묘비명'과도 같습니다. 사실 모세가 어디에 묻혔는지는 아무도 알지 못한다고 기록돼 있습니다. 그의 장례도 백성들이 아닌 야훼께서 직접 치르신 것으로 기록돼 있기도 하고, 그의 무덤에 대한 기록이 없기 때문에 교회는 모세를 '승천'했다고 믿습니다. 묘비명이란 묘비에 새기는 하나의 문장인데, 그의 죽음을 통해 그의 삶을 관통할 수 있는 촌철살인의 한 문장인 경우가 많습니다.

'종'이라는 단어를 오늘날도 사용합니다. 사회적으로 '종'이라는 신분이 폐기된 지 100년 이상이 흘렀지만 말입니다. 물론 종교적으로이긴 하지만 말입니다. 그러나 3천 년 전에 살았던 모세에게 그리고 모세와 함께했던 이스라엘 백성들에게 '종'은 특별한 단어입니다. 왜냐하면 그들은 400년 이상 '종'이라는 신분으로 살았기 때문입니다. 그리고 모세라는 지도자를 만나, 종에서 자유인으로 건너갔기 때문입니다. 그래서 어쩌면 '종'의 'ㅈ' 자도, 히브리어로 말하면 '에베드'의 '에'자도 보기 싫었을 것입니다. 그런데 그들의 위대한 지도자 모세를 기억하는 마지막 한마디를 그들은 '야훼의 종'이라고 불렀던 것입니다.

종(從)이란 따른다는 뜻입니다. 쫓는 것, 즉 추구하는 것을 의미합니다. 누구나 한 삶을 마칠 때가 옵니다. 그 생을 마감할 때 남겨진 사람들이 나를 기억하는 것, 그것은 나에게 남겨진 흔적들일 것입니다. 그리고 그 흔적은 분명 내가 쫓았을 그것이겠죠. 그러나 그것을 생의 마지막까지 가야만 알 수 있는 것은 아닙니다. 지금도 알 수 있죠. "나는 무엇의 종인가? 누구의 종인가? 내 주인은 무엇인가? 누구인가?"를 말입니다. '야훼의 종'이라는 두 단어의 조합은 참

묘합니다. 주인을 의미하는 야훼와 종이라는 단어의 조합이기 때문입니다. '주인의 종, 자유의 종'은 결국 주인과 자유에 다다를 것입니다. 그것을 일평생 쫓았기 때문입니다. 오늘 무엇을 쫓고 있습니까? 나는 그것의 '종'입니다.

역사서·예언서 묵상

여호수아기

사사기

사무엘기

열왕기

역대지

느헤미야기

에스더기

이사야서

예레미야서

에스겔서

다니엘서

미가서

산돌의 훗날
창립 20주년을 앞두고

여호수아는 요단 강에서 가져 온 돌 열두 개를 길갈에 세우고 이스라엘 자손에게 이렇게 말하였다. "당신들 자손이 훗날 그 아버지들에게 이 돌들의 뜻이 무엇인지를 묻거든"(수 4:20-21).

여호수아는 요단강을 건넌 후 요단강 밑바닥의 돌을 각 이스라엘 지파 수에 맞춰 12개를 가져오게 하고 거기에다 12개 돌을 쌓아 '요단강 도하 기념비'를 세웁니다. 이 기념비는 무엇을 말하려는 것일까요? 가나안 정복의 자축입니까? 이 기념비는 지나온 과거의 과정과 오늘의 영광을 축하하기 위한 기념비가 아닙니다. 이 기념비를 세운 목적은 현재가 아닌 미래에 있습니다. 훗날 자손의 질문이 이 기념비를 세운 이유입니다. 후에 자손들이 그 아버지에게 이 돌들의 뜻이 무엇인지를 물을 것이라는 말입니다. 미래가 과거를 향해 던지는 질문입니다.

분명 이 12개의 돌로 된 기념비 건립의 취지는 '미래'에 대답을 갖고 있습니다. "당신들 자손이 훗날 그 아버지들에게 이 돌들의 뜻이 무엇인지를 묻거든"이라는 말이 나타내 주듯이, 분명 이 기념비는 '훗날'을 위한 것이고 미래의 '자손'에게 알리기 위한 것입니다. 구약성서에서 믿음의 조상들에게 하나님이 내려 주신 축복의 약속은 결코 조상들 자신들을 위한 현재의 축복이 아니었습니다. 그 약속은 오늘이 아니라 내일을 위한 약속이었습니다. 그 축복의 약속은 자신이 아니라 자손을 위한 것이었습니다. '길갈'이라는 말은 히브리 동사 '갈갈'에서 온 말인데 '굴려버렸다', '벗기다'라는 뜻을 가지고 있습니다. 이 뜻에 대해서는 여호수아 5장 9절에서 말하듯이 이집트의 종살이의 수치스러운 과거, 노예근성을 벗어던졌다는 것을 말합니다. 이스라엘은 40년 광야 생활을 통해 노예근성을 벗겼고, 파라오라는 인간을 숭배한 죄를 벗겼고 "나는 나다"라고 말씀하신 야훼 하나님을 섬기며 주체성을 회복한 것입니다. 이 벗기는 과정의 광야 생활의 고생은 이루 말할 수가 없었습니다.

여호수아가 이스라엘 백성들과 함께 이 기념비를 세운 날을 성서는 분명하게 본문 19절에서 첫째 달 열흘, 즉 정월 십일이라고 말하고 있습니다. 이것은 단지 날을 알리는 것이 아닙니다. 정월 십일은 이스라엘의 절기에서 출애굽 사건을 기념하는 유월절의 어린 양 희생 제물을 준비하는 날입니다. 그러므로 이 기념비는 희생과 관련되어 있습니다. 우리 산돌 창립 20년이 가까이 오고 있습니다. 후에 우리 후손들이 우리 교회를 보며 "이 돌들이 무슨 뜻이야?"고 묻는다면 우리는 어떻게 대답하겠습니까? 훗날 자손들의 질문의 대답을 우리는 지금 삶으로 준비해야 합니다.

하나와 전부

이스라엘 자손이, 전멸시켜서 주님께 바쳐야 할 물건을 잘못 다루었다. 유다 지파에서, 세라의 증손이요 삽디의 손자요 갈미의 아들인 아간이, 전멸시켜서 주님께 바쳐야 할 물건을 가져 갔기 때문에, 주님께서 이스라엘 자손들에게 진노하셨다(수 7:1).

이스라엘 백성들이 이집트를 탈출하여 하나님이 약속한 젖과 꿀이 흐르는 땅에 도달하며 가나안 사람들과의 전쟁에서 승승장구했습니다. 난공불락으로 여겨진 여리고성을 함락시켰습니다. 이어서 여리고와는 상대도 안 되는 작은 아이성을 함락시키려 했습니다. '아이'라는 말은 '황폐한 작은 산'이라는 뜻입니다. 뜻 그대로 보잘것없는 성이었습니다. 여호수아는 삼천 명의 군사를 보내어 아이성을 칩니다. 그런데 뜻밖의 사건이 일어났습니다. 이 전투에서 이스라엘 군대는 36명의 전사자를 내고 도망치고 만 것입니다. 이 때문에 이스라엘 모든 백성의 간담이 서늘해졌습니다(5절). 망연자실입니다(6절).

아이성 전투에서 참패를 당한 것은 이스라엘이 범죄했기 때문이라고 합니다. 이스라엘이 전리품을 몰래 취했기 때문이라는 것입니다. 이스라엘 법에 의하면 전리품은 모두 하나님 앞에서 예배의 제물로 전부를 태워버려야 합니다. 전리품이지만 아까운 물건을 왜 다 태우나 생각할지 모르겠습니다. 여기에는 아주 중요한 상징적인 이유가 있습니다. 그 목적은 물론 야훼 신앙을 지키고 이방의 황금만능주의, 도덕적 부패를 막기 위한 것이었습니다. 이것을 '헤렘'이라고 말합니다. 하나님은 이스라엘이 범죄했기 때문이라고 이스라엘 전체를 들어 말하면서 범인을 색출하라고 합니다. 범인은 본문 1절에서 말하듯이 단 한 사람 '유다 지파 세라의 증손 삽디의 손자 갈미의 아들 아간'이었습니다.

그런데 한 사람, 아간의 범죄를 논하면서 그의 족보를 다 말합니다. 그냥 범인이 '아간' 한 사람이라고 하지 않고 증조할아버지, 할아버지, 아버지까지 들먹입니다. 나아가 그 집안이 속해 있는 유다 지파 전체를 말합니다. 나아가 하나님은 아간 한 사람의 범죄를 이스라엘 전체의 범죄라고 보면서 온 백성의 성결을 요구합니다(13절). 아간 한 사람의 범죄로 이스라엘을 범죄 공동체로 몰아세우고 있는 것입니다. 하나가 전부를 결정합니다. 나 하나쯤이야로 시작된 것입니다. 항상 하나가 말썽입니다. 아담 하나로 온 가족이 에덴에서 쫓겨나고 타락하고, 가인 하나로 온 가족이 떠돌이가 됩니다. 물론 노아 하나로 새 세상을 세우고, 아브라함 하나로 새 민족을 이룹니다. 하나가 전부입니다.

전멸시켜야 할 것은

일어나서 백성을 성결하게 하여라. 너는 그들에게 말하여라. "너희는 스스로 성결하게 하여, 내일을 맞이할 준비를 하여라. 주 이스라엘의 하나님께서 이렇게 말씀하신다. 이스라엘아, 너희 가운데 전멸시켜서 주님께 바쳐야 할 물건이 있다. 그것을 너희 가운데서 제거하기 전에는, 너희의 원수를 너희가 대적할 수 없다"(수 7:13).

"전멸시켜서 주님께 바쳐야 할 물건"을 전멸시키지 않은 아간을 색출합니다. 그리고 멸절시키지 않은 전리품 등 그의 소유와 그의 아들들과 딸들과 함께 그를 골짜기로 데려갑니다(24절). 그리고 온 이스라엘 백성도 함께 갑니다. 그리고 이 처형은 이스라엘 백성들 자신이 주도했습니다. 그를 돌로 쳐서 죽이고, 남은 가족과 재산도 모두 돌로 치고 불살랐습니다(25절). 그 골짜기의 이름이 지금까지 '아골 골짜기'라고 부릅니다. '아골'은 '괴롭히다'라는 뜻입니다. 그의 죄로 하나님이 그를 괴롭혔기에 붙여진 이름입니다.

생각해 보면 너무하다 싶은 처형입니다만, 이방적인 불결함에 대해 그 어떤 물건도 전리품으로 갖지 않고 철저히 모두 다 태워버려 성결함을 유지하여 야훼 신앙을 세우려는 것입니다. 목적은 "일어나서 백성을 성결하게 하여라"라는 주님의 말씀에 있듯이 거룩한 하나님의 백성을 거룩하게 하기 위해서입니다. "내일을 맞이할 준비를 하여라"라고 말합니다. 바로 이스라엘 백성 하나하나의 성결함을 통해 내일을 기약할 수 있기 때문입니다. 그 성결함에 내일의 승리를 이룰 수 있기 때문입니다.

단지 "너희 가운데 전멸시켜서 주님께 바쳐야 할 물건"의 불결함을 말하려는 것이 아닙니다. 그것을 탐하는 마음의 불결함입니다. 아이성을 함락하기 전, 마음의 불결함을 함락시켜야 된다는 것입니다. 사실 아이성은 약한 성입니다. 아무것도 아닙니다. 그러나 이스라엘은 참패했습니다. 이유는 이스라엘이 거룩함을 잃었기 때문입니다. 우리는 흔히 힘이 약해, 재력이 없어, 학력이 없어, 권력이 없어 삶에 실패한 줄 압니다. 결코 아닙니다. 하나님은 우리에게 힘의 강약으로 승부가 난다고 말씀하시지 않습니다. 힘의 강약이 아니라 힘의 선악이 승부를 가립니다. 힘의 거룩함과 더러움이 승패를 가릅니다.

마흔의 갈렙, 여든다섯의 갈렙

내가 마흔 살이 되었을 때에, 주님의 종 모세가 가데스바네아에서 나를 보내어, 그 땅을 정탐하게 하였습니다. 나는 돌아와서, 내가 확신하는 바를 그에게 보고하였습니다. 나와 함께 올라갔던 나의 형제들은 백성을 낙심시켰지만, 나는 주 나의 하나님을 충성스럽게 따랐습니다(수 14:7-8).

가나안에 대한 약속이 거의 이루어질 무렵입니다. 유다 지파의 갈렙이라는 사람이 나이 85세에 그의 나이에 어울리지 않게 '아낙'이라는 거인족이 살고 있고, 크고 견고한 성이 있는 헤브론 산지를 정복하겠다고 합니다(12절). 이 산지가 바로 훗날 다윗이 그의 왕국의 첫 도읍지로 삼았던 헤브론입니다. 하나님이 약속했다고 그냥 거저 가질 수 있는 땅이 아닙니다. 그만한 대가를 지불해야 합니다, 이들과 싸워 이겨야 차지할 수 있는 땅입니다. 갈렙은 85세의 노익장을 과시합니다. 대단한 배짱입니다. 과연 갈렙의 저 배포와 용기는 어디서 나왔을까요? 그러면서 그는 지난날들을 돌아봅니다. 그의 회상은 "내가 마흔 살이 되었을 때에"(7절)라는 말로 시작됩니다.

그가 여든다섯의 나이에 헤브론 산지를 정복하겠다는 그 시작은 그의 나이 마흔이었습니다. 그는 마흔에 가나안 정탐의 임무를 맡았습니다. 정탐대는 각 지파를 대표한 12명이었습니다. 이 중 10명은 가나안이 강하니 이집트로 돌아가자고까지 했지만 다른 두 명인 여호수아와 갈렙은 "그들은 우리의 밥입니다"라고 말하며 함께 하시는 약속의 주님을 믿었습니다(민 14:9).

갈렙이라고 왜 두려움이 없었겠습니까? 그도 숱한 실패를 광야에서 경험했을 것입니다. 실패는 성공의 어머니라고 하지요? 모든 성공은 실패에서 옵니다. 그리고 시도에서 옵니다. 갈렙은 일단 발로 밟습니다. 못 오를 나무는 쳐다도 보지 말라고 하였지만 못 오를 나무를 쳐다라도 보며 시도합니다. 일단 밟았습니다. 열 명의 형제들은 백성을 낙심시켰지만 갈렙은 하나님을 충성스럽게 따랐습니다. 그 충성은 바로 약속에 대한 믿음에 기반을 둔 것입니다. 그것은 나이 마흔에서 시작한 신앙이었고, 이것으로 이스라엘을 이끌었습니다. 공자는 이렇게까지 말합니다. "年四十而見惡焉 其終也已"(연사십이견오언 기종야이), "나이 사십이 되어 남에게 미움을 받는다면 그것으로 끝장이다"라는 뜻입니다. 갈렙은 평생 이스라엘을 약속으로 이끌었습니다. 그의 책임이었고, 그의 리더십이었습니다. 갈렙이 나이 85세가 되어서도 노익장을 과시하며 존경을 받는 것은 나이 마흔의 약속에 대한 책임 때문입니다.

우리는 이 신앙을 유산으로 물려주어야 합니다(9절). 나이 40이면 자기 얼굴에 책임을 져야 한다지요? 산돌의 미래들에게 주는 갈렙의 충언입니다. 10절입니다. "이제 보십시오, 주님께서 모세에게 이 일을 말씀하신 때로부터 이스라엘 백성이 광야에서 생활하며 마흔다섯 해를 지내는 동안, 주님께서는 약속하신 대로 나를 살아남게 하셨습니다. 보십시오, 이제 나는 여든다섯 살이 되었습니다."

성실과 진실의 신

이렇게 말씀하셨으니, 당신들은 이제 주님을 경외하면서, 그를 성실하고 진실하
게 섬기십시오. 그리고 여러분은 여러분의 조상이 강 저쪽의 메소포타미아와 이
집트에서 섬기던 신들을 버리고, 오직 주님만 섬기십시오(수 24:14).

"이렇게 말씀하셨으니"는 이스라엘로 나로 나 되게 하신 주님의
사역에 대한 과정을 설명한 말씀입니다. 그 과정은 사실상 그 싸움을
주도한 주님의 마음이 '성실', '진실'임을 보여줍니다. '성실'은 히브
리어로 '타밈'인데 그 뜻은 '온전', '흠 없음'입니다. 제사의 정결한
제물을 말합니다. 이런 마음으로 하나님이 싸웠다는 것입니다. 그리
고 '진실'은 히브리어로 '에메트'인데 '견고함', '확실함'입니다. 이것
이 하나님이 이스라엘을 위해 싸운 마음입니다. 그러니 너희들도
그 마음으로 하나님을 경외하고 섬기라는 것입니다. 하나님이 조상
때부터 보여주신 그 마음으로 너희도 그 마음으로 섬기라는 것입니다.

주님은 정결한 제물로 십자가의 제단에 자신을 바쳤습니다.

주님의 십자가는 주님의 '성실'입니다. 우리의 자기 십자가는 주님을 따르는 우리의 성실입니다. 정결한 것은 거룩한 마음과 삶을 말합니다. 이것은 이미 레위기 19장 2절에서 하나님이 "너희의 하나님인 나 주가 거룩하니, 너희도 거룩해야 한다"고 명령하신 것이었습니다. 거룩은 제물의 거룩함입니다. 그러므로 우리에게 거룩해야 한다고 한 것은 하나님의 뜻을 위해 바쳐질 제물이 되라는 것입니다. 거룩(정결)하지 않은 제물은 하나님께 바쳐질 수 없기 때문입니다. 그러기 위해서 먼저 해야 할 일은 강 저쪽의 메소포타미아와 이집트에서 섬기던 신들을 버리는 것입니다. 그것은 지배자, 권력자를 위한 신이기 때문입니다. 우리의 하나님은 '야훼'입니다. 나로 나 되게 하는 하나님이십니다. 우리 각자로 주인이 되게 하는 하나님이십니다. 이것이 야훼 하나님이 진실입니다. 그러나 강 저쪽의 신들은 우리를 노예로 부리는 거짓의 신입니다. '나'를 상실시키는 자아 상실의 신입니다. 노예로 길들이는 신입니다.

오늘 교회의 모습도 그렇지 않은가요? 주체적인 질문도 없습니다. 설명도 없습니다. 무조건 노예처럼 "믿으시기 바랍니다"라고 합니다. 묻지도 않고 따지지도 않은 "아멘!" 신앙입니다. 그것에 길들여진 '나' 없는 노예 신앙입니다. 강단에서 온갖 차별과 혐오의 발언을 해도 "아멘!"입니다. 이것을 순종으로 미화합니다. 반말이 난무합니다. 그것이 카리스마라고 여깁니다. 그루밍의 신앙입니다. 의존의 신앙입니다. 강 저쪽의 신앙입니다. 나 되게 하시는 야훼만을 섬기라고 하십니다.

그러나 주의하십시오. 이름으로만 결정되는 것이 아닙니다.

이스라엘은 광야에서 금송아지 우상을 만들고 우리를 이집트에서 인도한 신이라고 말합니다. 황금만능주의 신입니다. 우리를 물질의 노예로 만드는 이름만 야훼이고 예수이지 여전히 강 저쪽의 신입니다. 그것은 이름만 번지르르한 거짓의 신입니다. 그래서 '성실'과 '진실'로 나로 나 되게 하시는 야훼(주님)만 섬기라고 하십니다.

출애굽은 내가 나 되는 과정

이렇게 말씀하셨으니, 당신들은 이제 주님을 경외하면서, 그를 성실하고 진실하게 섬기십시오. 그리고 여러분은 여러분의 조상이 강 저쪽의 메소포타미아와 이집트에서 섬기던 신들을 버리고, 오직 주님만 섬기십시오(수 24:14).

마침내 이스라엘의 가나안 정착이 완성되었습니다. 지도자 여호수아는 이스라엘의 모든 지파를 세겜에 모이게 하여 하나님 앞에 서게 했습니다(1절). 그리고 하나님의 말씀을 전합니다(2-13절). 하나님의 직접 화법으로 전합니다. 오랜 조상 때부터 약속의 땅 가나안 정착까지의 긴 역사를 하나님은 말씀하시면서 그 주체가 자신임을 밝힙니다. "이렇게 말씀하셨으니"는 하나님이 이루신 지난 역사임을 말씀하신 것입니다. 그러므로 오직 주님만을 경외하며 섬기라고 합니다. '이스라엘'은 '하나님이 대신 싸운다'는 뜻입니다.

그렇다면 주님은 무엇을 위해 싸운 것일까요? 이스라엘에게 단지 약속한 땅을 주기 위해 싸운 것일까요? 처절하게 싸운 이스라엘의 전투를 하나님은 왜 오직 자신만 한 것처럼 말하고 있는 것일까요? "나는 너희를 요단 강 동쪽에 살고 있는 아모리 사람들의 땅으로 들어가게 하였다. 그때에 그들이 너희에게 대항하여 싸웠으나, 내가 그들을 너희 손에 넘겨 주었으므로, 너희가 그 땅을 차지하였다. 나는 그들을 너희가 보는 앞에서 멸망시켰다"(8절). 주어는 하나님, 주님이십니다. 그래서 그 주님을 경외하고 섬기라고 합니다. 그렇게 주님이 전적으로 애썼으니 당연히 경외하고 섬겨야 할 것입니다. '섬기다'가 히브리어로 '아바드'인데 이 말은 14-24절 사이에 무려 14번이 나옵니다. 사실 14절 이하는 누구를 섬기느냐가 주제입니다.

그런데 그 '주님'이 히브리어 이름으로 '야훼'입니다. '야훼'에는 두 가지 중요한 뜻이 있습니다. 하나는 '나'라는 뜻입니다. 그리고 그 안에는 사역동사 '하야'가 있습니다. '나 되게 하다'는 뜻입니다. 하나님이신 주님, 야훼는 이스라엘로 나 되게, 나답게 하신 분이라는 것을 알 수 있습니다. 이집트의 노예는 감히 '나'라고 할 수 없습니다. 노예에게 '나'란 없습니다. 주인인 파라오가 '나'입니다. 그런 히브리 노예를 하나님은 '나'로, 주인으로 만들어 주셨습니다. 이것이 출애굽의 가장 중심적인 내용입니다. 히브리 노예를 '나' 되게 하기 위해 하나님은 이스라엘을 위해 처절하게 싸우신 것입니다. 사실상 나다운 나를 이루기 위한 영적 싸움입니다.

이미 하나님은 모세에게 자신의 이름을 "나는 곧 나다"(출 3:14)라고 알렸습니다. 히브리어로 "에흐에 아쉐르 에흐에"인데 '에흐에'에서 바로 '야훼'가 나온 것입니다. 출애굽은 내가 되는 과정입니다.

단지 땅을 차지한 이야기가 아닙니다. 나다워지는 것입니다. 그래서 전적으로 야훼, 나의 이야기, 나로 나 되게 하는 이야기입니다. 잊지 마십시오. 오늘 내가 나 맞는지를 말입니다. 인간만이 나를 문제 삼는 존재입니다.

오직 야훼

그리고 여러분은 여러분의 조상이 강 저쪽의 메소포타미아와 이집트에서 섬기던
신들을 버리고, 오직 주님만 섬기십시오. 주님을 섬기고 싶지 않거든, 조상들이
강 저쪽의 메소포타미아에서 섬기던 신들이든지, 아니면 당신들이 살고 있는 땅
아모리 사람들의 신들이든지, 당신들이 어떤 신들을 섬길 것인지를 오늘 선택하
십시오. 나와 나의 집안은 주님을 섬길 것입니다(수 24:14b-15).

여호수아는 이스라엘 백성들에게 주님을 섬기고 싶지 않거든
강 저쪽의 메소포타미아에서 섬기던 신들을 섬기든지 아니면 지금
정착한 가나안 땅 원주민인 아모리 사람들의 신을 섬기든지 선택하
라고 합니다. 언뜻 보기에는 종교의 자유를 주고 선택하라는 말처럼
들립니다. 사실 이것은 선택의 문제가 아닙니다. 야훼를 섬기든
다른 신을 섬기든 이스라엘은 야훼를 섬겨도 다른 신을 섬기듯이
섬겼습니다. 이름뿐인 야훼였습니다. 그들은 실제로 물질을 섬겼고
권력을 섬겼습니다. 야훼를 섬긴다고 해도 그 내용은 여전히 힘과
재물이었습니다. 이스라엘의 예언자들이 이스라엘과 끊임없이 싸

윘던 것이 바로 재력과 무력의 바알 신앙이었습니다. 그들은 이 바알을 야훼라고 부르며 예배하였습니다.

이스라엘은 처음부터 야훼를 섬기던 사람이 아닙니다. 이미 조상 때부터 강 저쪽의 메소포타미아와 이집트에서 다른 신들을 섬겼습니다. 그리고 가나안에 와서는 아모리 사람들의 신에 유혹당했습니다. 하나님께 예배를 드린다면서 힘과 재물의 기복신앙을 찾는 우리와 다를 바 없습니다. 야훼는 소유와 지배의 신이 아닙니다. 야훼는 나다운 나를 이루는 분이십니다. 그래서 모세에게 "나는 곧 나다"라고 말했고, 출애굽은 노예가 아닌 주인인 주체적인 '나'를 이루는 과정이었습니다. 그래서 여호수아는 강 저쪽의 메소포타미아와 이집트에서 섬기던 신들을 버리라고 합니다. 그들 신들은 소유와 지배의 신들입니다. 내가 소유한 것과 지배하는 것은 나 자신이 아닙니다. 그러나 많은 사람들이 나를 소유와 지배로 나타냅니다. 그게 난 줄 압니다. 그것은 나의 탐욕일 뿐입니다. 나의 나 됨은 재물이나 권력으로 이루어지는 것이 아닙니다.

강 저쪽의 신들을 버리라고 했는데, '버리다'의 히브리어 '수르'는 본뜻이 '제거하다'입니다. 단지 버린다고 해서 버려지는 것이 아닙니다. 마음으로부터 제거되지 않으면 이스라엘 역사처럼 내내 우상의 산당을 벗어날 길이 없기 때문입니다. 소유와 힘의 탐욕을 제거하지 않으면 나를 나답게 하시는 야훼를 섬길 수 없습니다. 오늘 우상의 산당으로 전락한 한국교회의 모습, 바알을 야훼라고 섬기는 한국 교인의 모습이 아닌지 모르겠습니다. 제발 오직 나를 나답게 하시는 주님(야훼)만을 섬기십시오.

힘센 장사여

주님의 천사가 그에게 나타나서 "힘센 장사야, 주님께서 너와 함께 계신다" 하고 말하였다. 그러자 주님께서 그를 바라보시며 말씀하셨다. "너에게 있는 그 힘을 가지고 가서, 이스라엘을 미디안의 손에서 구하여라. 내가 친히 너를 보낸다." 그러자 기드온이 그에게 되물었다. "감히 여쭙습니다만, 주님께서 우리와 함께 계신다면, 어째서 우리가 이 모든 어려움을 겪습니까? 우리 조상이 우리에게, 주님께서 놀라운 기적을 일으키시어 우리 백성을 이집트에서 인도해 내셨다고 말하였는데, 그 모든 기적들이 다 어디에 있단 말입니까? 지금은 주님께서 우리를 버리시기까지 하셔서, 우리가 미디안 사람의 손아귀에 넘어가고 말았습니다." 그러자 주님께서 그를 바라보시며 말씀하셨다. "너에게 있는 그 힘을 가지고 가서, 이스라엘을 미디안의 손에서 구하여라. 내가 친히 너를 보낸다"(삿 6:12-14).

사사 시대 이야기입니다. 이스라엘 백성들이 악한 일을 저질렀습니다(1절). 늘 천막에 살면서 유목민처럼 떠돌아다니던 이스라엘 백성들이 가나안에 정착하자 거대하고 화려하고 감각적인 가나안의 바알 신앙, 물질 숭배에 빠지게 됩니다. 마침내 하나님께서는 이방의 민족을 들어 이스라엘을 탄압하게 하십니다. 하나님께서 7년이나 이스라엘을 미디안 족의 탄압 아래 두십니다. 이에 이스라엘은 회개하고 하나님께 부르짖습니다(6절). 그리고 하나님은 사사 기드온을 세웁니다.

그러나 하나님이 부르실 때 기드온은 다른 이스라엘 백성들과 마찬가지로 미디안을 피해 몰래 포도주 추수를 하고 있었습니다(11절). 당당하지 않습니다. 미디안 사람들에게 들키지 않으려고 전전긍긍합니다. 그때 주님의 천사가 그에게 나타나서 말합니다. "힘센 장사야, 주님께서 너와 함께 계신다"(12절). 미디안 사람에게 들키지 않으려고 눈치 보며 겁에 질려있는 기드온에게 주의 천사는 "힘센 장사여!"라고 부릅니다. 기드온의 초췌한 모습과는 어울리지 않는 호칭입니다. 기드온은 어이없어하며 절망적인 현실을 개탄합니다(13절).

그러나 하나님은 기드온에게서 '힘센 장사'를 보았습니다. 예수님은 일개 가난한 어부 시몬에게서 '교회의 반석'을 보았습니다. 그래서 그의 이름을 '바위'라는 뜻의 '페트로스', 베드로라고 바꿔 주셨습니다. 그들이 하나님의 용사였음은 하나님이 주신 새로운 힘 때문이 아닙니다. 그 힘은 이미 그들에게 있었던 것입니다. "너에게 있는 그 힘을 가지고"(14절)입니다. 이미 있는 힘입니다. 기드온 자신에게 이미 있는 힘임을 말하고 있습니다. 바위를 쳐 물을 나게 하고 홍해를 쳐 바다를 갈라지게 한 모세의 지팡이도 하나님이 주신 새 지팡이가 아닙니다. 모세가 양을 칠 때 쓰던 원래 모세의 지팡이였습니다. 하나님이 함께하심을 믿은 모세는 자기에게 이미 주어진 힘의 실체를 알았습니다. 이제 힘의 방향만 바꾸면 됩니다.

누구나 밤이 있습니다. 밤새 도박하는 사람이 있는가 하면 밤새 공부하며 미래를 준비하는 사람이 있습니다. 같은 밤이지만 힘은 다릅니다. 더욱이 하나님이 함께하심을 아는 자의 그 힘은 다릅니다.

거룩함을 멸시하는 죄

엘리의 아들들은, 주님께서 보시는 앞에서 이렇게 심하게 큰 죄를 저질렀다. 그들은 주님께 바치는 제물을 이처럼 함부로 대하였다(삼상 2:17).

사무엘상 2장 12절 이하를 읽다 보면 우리는 두 가문의 흥망을 목격하게 됩니다. 하나는 제사장인 엘리의 가문이요, 다른 하나는 이스라엘 사사 시대의 마지막 사사인 사무엘 가문에 관한 것입니다. 엘리의 가문은 처참하게 망했고, 사무엘은 이스라엘의 지도자인 사사의 자리에 이르며 대대로 존경받는 사람이 됩니다. 그 기준은 단 하나, 거룩함에 있습니다. 거룩한 것을 거룩한 것으로 구별하느냐 못하느냐에 따라 두 가문의 흥망의 희비가 갈렸다는 것입니다. "제물을 이처럼 함부로 대하였다"는 말은 제사를 함부로 했다는 것입니다(2:13-16). 제물을 사유화한 것입니다. 제사란 거룩한 것을 거룩한 것으로 여기며 결단하는 의식입니다. 이것이 예배입니다. 거룩한 것을 구별할 줄 아는 자만이 거룩한 자가 됩니다.

우리가 믿는 사람들을 성도라고 부르는 것이 바로 여기에 있습니다. 성도는 거룩한 것을 거룩한 것으로 구별함으로 거룩함을 인정받은 사람들입니다. 사유화는 자본주의적 예배입니다. 거룩은 공유를 회복하는 것입니다. 엘리 제사장에게는 두 아들이 있었습니다. 홉니과 비느하스가 바로 그들입니다. 그들은 엘리 제사장의 뒤를 이어 제사장이 될 사람들이었습니다. 그러나 그들은 행실이 나빴습니다(2:12). 공동번역에 의하면 '망나니들'(버네 벨리야알)이었던 것입니다. 그들은 주님을 무시했습니다. 즉, 하나님을 거룩하게 여기지 않았다는 것이요 경홀히 여겼다는 말입니다. 하나님을 거룩하게 여기며 그 거룩함을 받는 예가 제사, 즉 예배입니다. 홉니와 비느하스는 거룩한 것을 소홀히 여겼습니다.

그들은 하나님의 제물을 가로챘고, 뇌물을 받았으며, 성전에서 수종 드는 여인을 범하였습니다. 마침내 그들의 망나니짓을 아버지인 제사장 엘리가 듣게 되었습니다. 그래서 엘리는 두 아들을 책망하며 "어쩌자고 그런 짓을 하느냐? 나는 너희가 못된 짓을 하고 있다는 소문을 듣고 있다. 이놈들아, 못쓴다! 그런 추문이 야훼의 백성 사이에 두루 퍼져서 내 귀에까지 들려오게 하다니, 사람이 사람에게 죄를 지으면 하나님께서 그 사이에 서 주시겠지만, 사람이 야훼께 죄를 얻는다면 누가 그 사이에서 빌어 주겠느냐"(삼상 2:25, 공동번역)고 말합니다. 야훼께 죄를 짓는 것, 거룩함을 멸시하는 죄가 무섭습니다.

그것을 다 벗었다

> 사울은 자기의 군장비로 다윗을 무장시켜 주었다. 머리에는 놋투구를 씌워 주고, 몸에는 갑옷을 입혀 주었다. 다윗은, 허리에 사울의 칼까지 차고, 시험삼아 몇 걸음 걸어 본 다음에, 사울에게 "이런 무장에는 제가 익숙하지 못합니다. 이렇게 무장을 한 채로는 걸어갈 수도 없습니다" 하고는 그것을 다 벗었다. 그렇게 무장을 해 본 일이 없었기 때문이다(삼상 17:38-39).

다윗이 적장인 거인 골리앗과 싸우고자 할 때 사울왕은 다윗을 가상히 여겨 자기의 군장비로 다윗을 무장시켰습니다. 놋 투구를 머리에 씌우고 또 갑옷을 입혔습니다. 그리고 왕의 칼을 군복에 채워 주었습니다. 왕의 군복과 놋 투구 그리고 갑옷, 칼이니 얼마나 화려하고 멋이 있었겠습니까? 입은 것만으로도 영광이 될 것입니다. 그러나 다윗이 입고 몇 발자국을 걷고 보니 그게 아니었습니다. 움직이는 데 여간 불편한 것이 아니었습니다. 화려하고 멋이 있기는 하였지만 익숙한 복장이 아니었습니다.

다윗은 이 겉치레의 화려함, 멋, 명예에 매이지 않았습니다. 그래서 사울왕에게 말합니다. "이런 무장에는 제가 익숙하지 못합니다. 이렇게 무장을 한 채로는 걸어갈 수도 없습니다." 다윗은 놋 투구와 갑옷을 벗어 버렸습니다. 다윗의 다윗다움이 바로 여기에 있습니다. 아무리 화려하고 호화롭고 웅장하게 보이는 왕의 옷이라도 제 몸에 맞지 않으면 벗어 던질 수 있는 바로 그 점이 다윗의 다윗다운 점입니다.

다윗은 나다운 것이 아니라면 버릴 수 있는 사람이었습니다. 그의 승리가 바로 여기에 있었던 것입니다. 권력이라는 옷, 재물과 소유라는 무기, 그 옷과 무기가 내 것이 아니라면, 나다운 옷과 무기가 아니라면 벗어 버리고 버릴 수 있어야 합니다. 구원은 다른 것이 아닙니다. 그저 남들이 좋아하고 남들이 부러워하는 것을 갖는 것이 축복이 아닙니다. 내 것이 아니라면, 나다운 것이 아니라면 버릴 수 있는 데서 구원은 주어집니다.

몇 해 전 어느 중학생 자녀를 둔 엄마와 잠시 얘기를 한 적이 있습니다. 아이가 학교에 적응을 못 한다고 걱정을 하는 것이었습니다. 제가 보기에 아이는 지극히 정상입니다. 교회에 오면 친구들과 너무 잘 지내고 남을 배려하고 예의도 바른 지극히 정상적인 아이입니다. 다만 학교 공부를 따라가는 것이 좀 힘들었습니다. 치열한 경쟁 구조의 교육에 적응하기가 힘이 들었던 것입니다. 이 아이가 비정상인가요? 아니면 학교가 비정상인가요? 이 아이가 학교에 적응해야 하나요? 반대로 학교가 이 아이에 적응하는 것이 정상 아닌가요? 우리 아이들에게 씌워진 놋 투구와 갑옷을 벗겨주십시오.

벗지 못하는 사람들

다윗은, 허리에 사울의 칼까지 차고, 시험삼아 몇 걸음 걸어 본 다음에, 사울에게 "이런 무장에는 제가 익숙하지 못합니다. 이렇게 무장을 한 채로는 걸어갈 수도 없습니다" 하고는 그것을 다 벗었다. 그렇게 무장을 해 본 일이 없었기 때문이다(삼상 17:39).

프로크루스테스는 그리스 신화에 나오는 괴물인데 그는 손님을 유인해 침대에 눕힌 후 침대보다 키가 크면 다리나 머리를 자르고 작으면 사지를 늘여서 죽였습니다. 다윗에게 사울이 준 놋 투구와 갑옷과 칼은 프로크루스테스의 침대였습니다. 아무리 화려하고 멋있어 보여도 그것으로는 패배와 죽음만이 기다릴 뿐입니다.

우리의 교육이 그렇지 않은가요? 대학 입시라는 프로크루스테스의 침대에 따라 맞춤형 인간으로 제작되고 있지 않나요? 같은 답을 외우고 정답이 정해진 똑같은 시험을 통과해야 하고 그 경쟁의 결과 우리에겐 등급이 주어졌습니다. 또 어떤 사람은 대학 4년에 대학원까지 거치면서 프로크루스테스의 침대에 몸을 맞추기 위해 필요한 스펙을 쌓고 외모를 다듬고 생각을 맞추는 준비를 합니다. 취업을 하고 나면 직장이 요구하는 침대에 누워서 스스로 손을 자르고 발을 자릅니다. 심지어는 머리도 잘라냅니다. 나의 개성과 재능, 성격과는 관계없이 남이 만든 가치 기준에 따라 살려고 할 때 어느새 '나'는 사라집니다. 자아 상실입니다. 불행은 여기에 있습니다.

내 삶이 아닌 다른 사람이 보아주는 삶을 살려고 하는 데서 불행은 깊어집니다. 어떤 사람이 길가의 들꽃을 보고 빈정대며 말했습니다. "들꽃이여, 너와 너의 모든 친구들은 피어나기가 바쁘게 곧 시들어 버린다. 네가 아무리 아름답게 꽃을 피워내도 사람들의 관심을 끌지 못하며 때로는 너는 사람들의 눈에조차 띄지도 않는다." 그러자 들꽃이 대답했습니다. "당신이야말로 바보다. 당신은 내가 사람들의 눈에 띄기 위해 꽃을 피우고 있다고 생각하는가? 나는 나 자신을 위해 꽃을 피울 뿐 사람들을 위해 피우지는 않는다. 꽃을 피우는 일은 나를 즐겁게 해주기 때문에 나는 꽃을 피우는 것이다. 나의 환희와 기쁨은 나의 존재와 나의 개화에 있기 때문이다."

다윗은 프로크루스테스의 침대에 자신을 맞추지 않았습니다. 자신에게 맞지 않는 것은 기꺼이 벗었습니다. 다윗답습니다. 사람다움은 맞지 않는 것을 벗어 나다움을 찾는 데 있습니다. 그래서 우리 하나님의 이름인 '야훼'의 뜻이 '나'입니다. 아직 나 아닌 것들을 벗지 못해 힘들어하고 있나요?

사무엘이 죽은 후에

다윗은 단단히 벼르고 있었다. "내가 저 광야에서 그에게 속한 것은 무엇이든지 지켜 주어, 그의 모든 재산 가운데서 아무것도 잃어버리지 않도록 하였으나, 그 것이 모두 헛일이었다. 그는 나에게 선을 악으로 갚았다. 내가 내일 아침까지, 그에게 속한 모든 사람들 가운데서, 남자들을 하나라도 남겨 둔다면, 나 다윗은 하나님께 무슨 벌이라도 받겠다"(삼상 25:21-22).

사무엘상 25장은 사무엘의 죽음을 알리면서 시작합니다. 이 한 구절은 많은 상징을 담고 있습니다. 이 책의 제목이 '사무엘서'인 것이 힌트겠죠. 사무엘의 죽음 전과 후 어떤 일이 일어난 걸까요? 우선 다윗의 변화입니다. 24장의 다윗과 25장에 등장하는 다윗은 같은 사람이라고 보기 어렵습니다. 24장에서 다윗은 다시 한번 자신을 죽이려는 사울을 살려줍니다. 즉, 그에 대한 분노를 참아냅니다. 다윗을 미워하는 것이 극에 달한 사울왕 때문에 다윗은 거의 10년에 가까운 세월을 사막을 돌며 집으로 돌아오지 못하는 생활을 합니다. 그래서 그의 부하들마저도 사울을 죽일 기회가 왔을 때를

"주님께서 대장님에게 약속하는 바로 그 날"(24:4)이라고 충동하며 자극합니다. 그러나 다윗을 보십시오. 부하들의 충동에 못 이겨 겨우 사울의 겉옷 자락을 몰래 자른 것을 두고 그는 양심의 가책을 느낍니다(5절).

그랬던 그가 마온에 사는 거부 나발에게 당한 모욕은 조금도 참지 못합니다. 다윗은 나발이 양털을 깎는 날, 그 잔치 자리에 올라오는 먹거리를 조금 요구하였지만 나발은 "다윗이 누구냐? 이새의 아들이 누구냐?"(25:10) 하면서 도망자 다윗을 조롱합니다. 나발은 원래 그런 사람입니다. 그의 이름 뜻이 바로 '어리석은 자'인 것처럼 말입니다. 생각해 보면 다윗이 나발의 양 떼를 지켜준 일도 나발이 요구한 것이 아니니 사실 그 대가를 요구하는 것도 정당한 것은 아닙니다. 그러나 다윗은 그 대가를 정당한 요구로 생각했고, 그것이 거절되자 분노합니다. 그는 한 번도 참지 않고 바로 그다음 날로 나발을 멸족시킬 계획을 꾸밉니다.

다행히 이 사실을 미리 전해 들은 나발의 아내 아비가일의 용감하고 지혜로운 대처로 비극은 방지됩니다. 아비가일은 지름길을 통해 다윗이 쳐들어오는 길에서 그를 막고 다윗의 분노를 달래줍니다. 이것이 그냥 예사로운 일이겠습니까? 목숨을 건 용기 있는 행동이 아닐 수 없습니다. 아비가일 입장에서도 어리석은 남편 나발이 불러온 이 비극에 똑같이 화가 났을 것입니다. 사실 가까운 사람이 더 화나는 경우 충분히 이해되는 상황이죠. 그러나 아비가일은 깊게 호흡하며 해결책을 찾아 용기를 내고 지혜롭게 이 사태를 해결해 나갑니다. 아비가일이 다윗을 설득하는 이 말이 성경에 등장하는 '여성의 발언' 중 가장 긴 대목이라는 것을 기억하시기 바랍니다. 그뿐 아니라 그 급박한 상황 속에서 다윗과 다윗의 젊은이들이 먹을거리를 만들어 내는 잰 손길을 보십시오(18절).

사무엘서 기자는 사무엘의 죽음 이후 폭주하는 다윗과 지혜롭게 행동하는 아비가일의 모습을 대조하고 있습니다. 나발이 어리석은 사람이라고는 하지만, 그와 똑같이 반응하는 다윗도 다를 바가 없습니다. 지혜란 무엇입니까? 뭔가 많이 아는 것? 현명한 생각? 오늘 본문에서는 지혜란 평화를 만드는 말과 행동이라고 말하고 있습니다. 반대로 다윗의 분노는 어리석음의 열매 같은 것이죠. 그가 아무리 정당한 이유를 찾아 내세운다고 해도 말입니다(21절). 평화를 만들어 내는 아비가일의 빠르고 잰 손길, 발걸음이 느껴지는 아침입니다. 오늘 어머니들의 손과 발처럼 말입니다.

아비가일의 지혜

여기에 가져온 이 선물은 장군님을 따르는 젊은이들에게 나누어 주시라고, 내가

가져온 것입니다(삼상 25:27).

사무엘상 25장은 사무엘의 죽음을 알림으로 시작하여 나발의
아내였던 아비가일이 다윗의 전쟁을 막고 그의 아내가 되는 것으로
마무리되고 있습니다. 사무엘이 죽은 후 다윗은 사울이 더욱 두려워
져서 엔게디 요새에서 바란 광야로 자신을 따르는 무리를 이끌고
도망합니다. 그를 따르는 자 중 600명이 칼을 찬 용사들이었고,
그에 딸린 식구들까지 하면 약 2,000명의 대부대입니다. 항상 불안한
가운데 도망다녀야 했던 그들에게 제일 큰 문제는 먹거리였습니다.
그런데 마침 갈멜의 나발이라는 사람이 양의 털을 깎는다는 소식이
들려온 것입니다. 양의 털을 깎는 일은 유목민들에게는 일종의
추수와 같은 큰 잔치입니다.

그런데 음식을 좀 얻으러 간 다윗의 소년들을 거부(巨富) 나발은

모욕하며 내쫓습니다. 전령들의 말을 전해 들은 다윗은 그만 이성을 잃습니다. 아마도 그것은 사무엘이 살아있는 동안 절제했던 사울에 대한 분노가 급기야 엄한 데서 터지고 만 것입니다. 초인적인 인내와 절제력을 보여왔던 다윗이었습니다. 수차례 복수의 기회를 스스로 포기했었습니다. 그러나 지금 나발의 몇 마디 말에 그는 전쟁마저도 불사하게 되었습니다. 400명의 군사를 이끌고 나발 집안의 모든 남자를 몰살하려고 달려오고 있습니다.

그런데 이때 나발의 지혜로운 아내 아비가일이 나서서 다윗으로 하여금 진정하게 만듭니다. 다윗은 아비가일의 행동과 태도와 말에 마음을 바꿉니다. 그녀는 다윗이 놓쳐버린 핵심을 찾아주었고, 그가 다시 다윗답게 돌아오게 만들었던 것입니다. 다윗을 설득하는 아비가일의 말은 성서에 기록된 가장 긴 '여성의 발언'입니다. 그 가운데 오늘 이 구절, 27절은 어쩌면 그냥 흘려 읽을 수 있는 구절입니다. 그런데 여기 원문으로 읽어야만 알 수 있는 아비가일의 성품이 숨어 있습니다. 번역문에도 제대로 다 표현되지 않은 표현입니다. 대개는 다 "내 주를 따르는 이 소년들"이라고 번역하였는데, 원문을 직역하면 이렇습니다. "나의 주님의 발을 따르는 스스로 그 길을 가는 소년들." '스스로 그 길을 가는 소년들'(나아림 함미트할레킴)입니다.

다윗을 따르는 600명의 남자는 대개 그 혈통이 불분명하고 출신이 하찮으며 때로는 그 아비가 누구인지도 모르는 사람들이었습니다. 그들은 그저 '다윗의 부하들'로 기록되었을 뿐입니다. 그런데 지금 아비가일은 그들을 어쩔 수 없이 다윗의 부하가 된 사람들이 아니라 또 강제로 끌려간 자들이 아니라 '스스로' 그 길을 가는 사람들로 존중하고 있다는 것입니다. 이것은 그들을 존중할 뿐 아니라 그들의 주인이 되는 다윗에 대한 존중의 표현이기도 합니다. 그의 어리석은 남편은 다윗을 일컬어 "제 주인에게서 억지로 도망치는 종"이라고 모욕했지만, 아비가일은 다윗의 종들마저도 각각의 주체로 인정했던 것입니다. 아비가일에게서 남을 대하는 자세를 배웁니다. 자기를 한없이 낮추어 상대를 높이는 태도는 그 속마음 깊이 참으로 상대를 존중하고 귀하게 여기는 마음에서 나오는 것입니다. 우리가 아비가일에게서 배우는 것은 처세술이 아니라 참된 지혜입니다.

버리지 못하는 산당

그렇다고 해서 산당이 모두 제거된 것은 아니지만, 주님을 사모하는 아사의 마음은 평생 한결같았다(왕상 15:14).

산당은 이방신의 제단입니다. 예루살렘 성전이 세워졌어도 이 이방 산당은 사라지지 않았습니다. 야훼 신앙의 순수성이 제대로 지켜진 적이 거의 없었습니다. 산당의 이방신 제사는 하나님만이 왕이신 이스라엘의 신앙을 혼잡하게 했습니다. 하나님 외에 다른 주인들이 있었다는 것입니다. 재력, 권력이 야훼 신앙과 혼재되어 있는 이른바 종교혼합주의입니다. 예언자들은 순수한 야훼 신앙을 지켜내기 위해 평생 이 종교혼합주의와 싸웠습니다.

신명기 사가로부터 꽤 좋은 평을 받은 유다 아사왕과 여호사밧왕도 산당은 없애지 못했습니다. 주님을 사모하는 마음이 평생 같았다지만 산당을 모두 제거하지는 못했습니다. 그의 아들 여호사밧도 마찬가지였습니다(왕상 22:43). 혼합주의는 적당주의라는 회색의 길을 걸어갑니다. 우리는 이 적당주의에 근사한 철학적 용어를 붙이기도 합니다. 공자가 말한 中庸(중용)이라는 말이 그러합니다. 그러나 그것은 오해입니다. 아마 이 오해는 그의 제자인 子思(자사)라는 사람에게서 발단된 것 같습니다. 자사는 스승인 공자의 중용을 "두 극단을 버리고 중간을 잡으라"라는 뜻으로 해석하였습니다. 적당히 중간의 길을 가라는, 검지도 않고 희지도 않은 회색지대로 가라는 것으로 이해하였습니다. 영어로도 중용은 길의 중간을 말하는 'MIDDLE OF THE ROAD'라고 번역되어 있습니다.

그러나 공자의 중용은 그러한 뜻이 아닙니다. 공자가 말하는 중용의 中이란 어떤 중간 지점을 가리킨 것이 아니라 적중했다는 뜻입니다. 화살의 과녁 한가운데를 뚫은 화살처럼 적중했다는 것입니다. 즉, 옳은 것은 옳게, 그른 것은 그르게 분명히 밝히라고 하였습니다. 적당한 타협은 없다는 말입니다. 공자는 적중하지 않으면 과하거나 미치지 못한다고 말하므로 중용을 설명하고 있습니다. 그러므로 공자는 자리가 아니면 앉지 말라고 하였고, 길이 아니면 가지 말라고 하였습니다. 그러므로 중용은 옳고 그름의 중간 지대, 회색지대에서 타협하는 것이 아니라 옳은 것은 옳은 것, 그른 것은 그른 것이라고 말하는 것이라고 했던 것입니다. 그것을 그것 그대로 생각하고 말하고 행동하는 것이 공자의 仁(인) 사상의 기초요 중용의 뜻입니다.

오늘날에도 산당은 많습니다. 경마장과 강원랜드 수입은 꽤 큰 국가 수입입니다. 그러나 아무리 국가 재원에 도움이 된다고 하더라도 사행심을 일으켜 수입을 얻는 것은 매우 부당합니다. 그리고 많은 사람을 죽음으로 몰아갑니다. 그런데도 지속하고 있고 확장하고 있습니다. 하나님이 아닌 재물을 주인으로 삼기 때문입니다. 산당과 야훼 사이, 우리는 회색지대 어디쯤 있나요?

그가 주 하나님이시다!

온 백성이 이것을 보고, 땅에 엎드려서 말하였다. "그가 주 하나님이시다! 그가
주 하나님이시다!"(왕상 18:39)

열왕기상 18장 갈멜산의 대결은 바알과 야훼의 대결입니다.
바알과 아세라를 섬기는 이세벨의 예언자 850명과 야훼의 예언자
엘리야 1인이 맞붙어 참 하나님, 참 신이 누구냐를 가리는 세기의
대결이었습니다. 바알 종교는 아합의 국제결혼(페니키아의 이세벨)과
함께 공식적으로 이스라엘을 잠식해 나갑니다. 백성들도 바알 신앙
에 한 발, 다른 한 발은 여전히 야훼 신앙에 걸치고 있었습니다.
"여러분은 언제까지 양쪽에 다리를 걸치고 머뭇거리고 있을 것입니
까? 주님(야훼)이 하나님이면 주님(야훼)을 따르고, 바알이 하나님이
면 그를 따르십시오"(21절). 심지어 백성들은 엘리야의 이 추궁에
아무런 대답조차 하지 못할 지경에 있었습니다.

바알의 뜻은 '주인'입니다. 야훼의 뜻은 새번역이 번역하듯이

'주님'입니다. 뜻이 똑같지요? 두 주인 앞에 선 것입니다. 누가 참주인인지 가리기 위해서 말입니다. 바알 종교는 한마디로 돈이면 다되는 가치관, 욕망과 권세가 가장 우선되는 세상을 상징합니다. 아합이 저질렀던 '나봇의 포도밭 강취 사건'은 바로 그 본질을 가장 적나라하게 보여주었습니다. 그러나 야훼 종교는 철저하게 사회적 평등을 유지하려고 합니다. 삶에서 반드시 필요한 토지는 절대로 사고팔 수 없었습니다. 고대 사회의 생명의 기본이 토지였다면, 지금 우리가 사는 세상에서 절대로 지켜져야 할 기본가치는 무엇일까요? 최소한의 기본가치가 지켜지고 있을까요? 주님께서는 오늘도 우리를 갈멜산으로 부르고 계십니다!

우리는 850명으로 상징되는 자본주의, 물질만능주의, 성공지상주의, 결과우선주의 등 욕망을 앞장세우는 바알의 풍조 앞에 마주서 있는 것입니다. 누가 참 신인지를 알아보고 선택하라는 부름 앞에 말입니다. 야훼의 불(에쉬-야훼)이 엘리야의 제단에 떨어져 마침내 야훼 하나님이 참 하나님을 증명한 순간 이스라엘 백성은 외쳤습니다. "그가 주 하나님이시다! 그가 주 하나님이시다!"(39절) 오늘, 삶의 자리마다, 모든 순간마다 갈멜의 승리를 성취하십시오!

칠천 명

※

그러나 나는 이스라엘에 칠천 명을 남겨 놓을 터인데, 그들은 모두 바알에게 무릎을 꿇지도 아니하고, 입을 맞추지도 아니한 사람이다(왕상 19:18).

오랜만에 목포에 눈이 많이 왔습니다. 길이 참 험합니다. 아무도 밟지 않은 눈 위에 첫 발자국을 내셨나요? 어떤 때는 누군가 밟고 지나간 자리만 따라서 길을 걸을 때가 있습니다. 눈길이 아니면 경험하지 못하는 순간들입니다. 문득 눈 위에 난 발자국을 보면서, 미끄러운 길 위에 다져 놓은 발자국을 보면서 앞서간 발자국들이 눈앞에 떠오르는 것만 같았습니다. 그리고 그 길 위에 쓰러져간 수많은 사람들, 그들이 남겨둔 흰 뼈들과 발자국 소리가 들리는 듯했습니다.

엘리야는 갈멜산에서 도망친 바알과 아세라의 예언자 850명을 모두 칼로 쳐 죽입니다(18:40). 그리고 나서는 왕과 이세벨의 후환이 두려워 도망쳐 숨습니다(19:3). 그리고는 자신에게 현현하신 야훼 하나님 앞에 탄식하며 말합니다. "살아남은 예언자는 저밖에 없습니다. 그런데 지금 그들은 저까지 죽이려고 합니다"(14절). 혼자 850명의 우상의 예언자들과 맞섰던 엘리야, 그 850명을 하나도 남김없이 심판했던 엘리야, 그 용맹(?)은 어디로 사라지고 지금 혼자 남겨진 두려움에 사로잡혀 있는 것입니다. 그러한 엘리야에게 하나님께서 새로운 사명을 맡기시며 말씀하십니다. "내가 이스라엘에 칠천 명을 남겨 두었는데, 그들은 한 번도 바알에게 절한 적이 없고 바알의 우상에게 입을 맞춘 적이 없는 사람들이다"(18절). 혼자 남은 두려움에 떨고 있는 엘리야에게 "너와 같은 사람이 칠천 명이나 있으니 가서 네 사명을 다하라"는 말씀인 것이죠.

칠천 명은 눈에 보이지 않습니다. 보이지 않는 이들의 존재를 믿는 것, 그것이 믿음일 것입니다. 비밀리에 독립운동을 하고, 비밀리에 민주화운동을 할 때 나 말고도 나와 같은 사람이 있다는 믿음이 없었다면 그 일은 가능하지 않았을 것입니다. 칠천 명은 믿는 자에게 존재하는 동지이며 현실입니다. 엘리야는 여전히 혼자서 자신에게 맡겨진 모든 일들을 행했습니다. 칠천 명이 그의 앞에 나타나지 않았습니다. 그러나 그들은 그에게 존재했던 것입니다. "그분의 정의가 우리 안에 살아있다면 지금은 확인되지 않은 칠천 명이지만 언젠가는 반드시 나타나리라"(김경호). 한 사람이 저 앞에 걸어갑니다. 우리가 바로 그 뒤를 따르는 칠천 명입니다. 때론 나 혼자 가는 듯합니다. 그때 기억하십시오. 나와 같은 길을 걷는 칠천 명을.

이렇게 말씀하신다

그 성읍 사람들이 엘리사에게 말하였다. "보십시오, 선생님께서도 보시는 바와 같이, 이 성읍이 차지하고 있는 자리는 좋지만, 물이 좋지 않아서, 이 땅에서는 사람들이 아이를 유산합니다." 그러자 그는 새 대접에 소금을 조금 담아 가지고 오라고 하였다. 그들이 그것을 가져 오니, 엘리사는 물의 근원이 있는 곳으로 가서, 소금을 그 곳에 뿌리며 말하였다. "주님께서 이렇게 말씀하신다. '내가 이 물을 맑게 고쳐 놓았으니, 다시는 이 곳에서 사람들이 물 때문에 죽거나 유산하는 일이 없을 것이다.'" 그 곳의 물은, 엘리사가 말한 대로, 그때부터 맑아져서 오늘에 이르렀다(왕하 2:19-21).

스승 엘리야가 하나님의 부름을 받아 사라진 직후의 일입니다. 여리고 성읍의 사람들이 엘리야의 제자인 엘리사에게 와서 이 성읍의 자리는 좋지만 물이 좋지 않아 유산을 한다는 하소연을 합니다. 사실 여리고는 이스라엘에서 상당히 환경이 좋은 곳입니다. 이스라엘 대부분이 자갈밭이나 돌산으로 되어 있는데, 이곳 여리고 만이 산지가 아닌 평지, 비교적 기름진 땅이었습니다. 이것은 경제적 풍요를 말합니다. 그런데 단 하나 물이 좋지 않다고 성서는 말합니다. 여리고성 사람들이 엘리사에게 물이 나쁘다고 호소하는 것은 밭농사나 논농사를 걱정한 것이 아니라 자식 농사를 걱정한 것이라고 볼 수 있습니다. 경제가 문제가 아니라 생명이 문제인 것입니다. 오늘 우리 시대의 모습과 다르지 않습니다. 자본주의라는 전차는 속도를 멈추지 않고 달려왔습니다. 경제가 전부였습니다. 늘 목적은 경제적 풍요였습니다. 그러나 그럴수록 정신적 빈곤은 더해갑니다. 사람을 만드는 일에는 빈곤합니다.

엘리사는 새 대접에 소금을 담으라고 합니다. 이제는 자본주의라는 대접으로는 더 이상 지탱할 수 없는 세상이 되었습니다. 코로나 팬데믹은 인간이 문제라는 것을 명백하게 보여주었습니다. 자연 개발이 아니라 인간 개발로 방향 전환해야 합니다. 이제 새 그릇, 즉 물질이 본이 되는 대접이 아니라 정신이 본이 되는 대접이 필요합니다. 엘리사는 새 대접에 소금을 담아 물이 좋지 않은 곳으로 가 뿌립니다. 소금은 맛을 내고 썩지 않게 합니다. 그리고 이어지는 엘리사의 말은 "주님께서 이렇게 말씀하신다"입니다. 소금이 말씀입니다. 그 말씀이 이 물을 맑게 고쳐 놓습니다. 사람다운 사람으로 자랄 수 있는 환경의 물입니다. 물론 정신 환경입니다.

좋은 환경은 말씀으로 이루어집니다. 그러나 종교도 신앙도 인간의 물질적인 욕망을 따라 주술과 기복으로 춤을 춥니다. 500년 전 말씀으로 돌아가자는 개혁자들의 외침도 사람의 탐욕 앞에 허무하게 무너졌습니다. 종교마저 오래전부터 사람의 수요에 맞춰 공급하는 타락의 길을 걷고 있습니다. 하나님의 수요, 그 말씀이

없기 때문입니다. 과학은 멸망을 예언하고 있는데, 사이비 무속은
번영을 말하고 있습니다.

이스라엘에 예언자가 있음을!

어찌하여 옷을 찢으셨습니까? 그 사람을 나에게 보내 주십시오. 이스라엘에 예
언자가 있음을 그에게 알려 주겠습니다(왕하 5:8b).

나아만은 아람(시리아)의 군대사령관이었고, 야훼께서 그와 함
께하셨기에 그는 여러 번 전쟁에서 승리를 거두었습니다. 이스라엘
과도 전쟁을 여러 차례 치렀고, 그의 집에도 이스라엘에서 잡아
온 어린 여종이 자기 부인의 시중을 들고 있었습니다. 그런데 그에게
는 그런 화려한 겉모습과는 비교할 수 없을 만큼의 비참한 속내가
있었는데, 그가 나병 환자였다는 것입니다. 오늘날은 나병이 전염병
이 아닌 줄 알지만, 고대 사회는 이 병에 걸리면 사람들과 섞여서
살아갈 수 없었습니다. 그러나 나아만은 병세가 초기였거나 아니면
그의 권세가 그 병마저도 감출 수 있었는지 자기 집에서 살았고
자기 나라의 왕 앞에도 나아갈 수 있었습니다. 그런 권세를 누리는
사람이기는 했지만, 패전국에서 붙잡아온 어린 여종, 참으로 비참함
의 대명사라 할 수 있는 그 어린 여종이 알려온 소식에도 지푸라기라

도 잡는 심정이 됩니다. 병을 고치려고 안 가본 곳이 없었을 나아만, 그러니 저 사마리아 땅에 자신의 병을 낫게 할 예언자가 있다는 말은 다시 한번 복음이었을 것이고, 이미 그 말을 전하는 사람의 신분과 처지는 아무런 거리낌이 되지 않았을 것입니다.

그런데 그 나아만이 예언자를 찾아가는 모습을 한번 보십시오. 그는 군마와 병거를 거느리고 엘리사에게로 갑니다. 병을 고치러 가는 사람이 아니라 전쟁을 위해 달려온 사람 같습니다. 아무도 나병 환자인 자신을 향해 손가락질하지 못하도록 자신의 초라함을 한껏 위장한 모습입니다. 그런데 엘리사는 고작 심부름꾼을 시켜 말을 전합니다. 요단강에 가서 일곱 번 씻으라고 말입니다. 나아만은 몹시 화가 나서 돌아서고 자기가 품고 있던 생각을 말로 쏟아냅니다. 당연히 그 예언자가 자기 앞에 나와서 야훼의 이름을 부르고 그 손을 자기 몸에 대고 고쳐줄 것이라 생각했다고 말입니다. 그런 환대를 기대하였기에 조용히 오지 않고 요란스럽고도 위압적인 모습으로 달려왔는지 모릅니다. 게다가 요단강이라니, 강이라면 자기 나라에 가면 그보다 더 크고 맑은 강이 얼마든지 있었습니다. 이모저모로 불평이 가득 차올랐습니다. 그러나 아무 데서도 나아만의 허영을 채울 길은 없었습니다. 그러나 그의 종들이 그를 만류하여, 아니 나아만이 여기에 왜 왔는지를 깨닫게 하여! 비로소 그는 예언자의 말대로 요단강에 일곱 번 몸을 씻어 병을 고칩니다.

나아만이 병이 낫기까지 그를 인도한 과정에는 아람의 군대사령관이라는 위대한 이름도, 전쟁마다 나가서 승리를 거둔 대단한 군마와 병거도, 다메섹의 아마나 강이나 바르발 강도 다 아무 소용이 없었습니다. 오히려 노예로 붙잡혀 온 어린 여종이, 나아만의 분노를 달래고 목적을 상기시킨 지혜롭고 용감한 종들이, 건기가 되면 시냇물처럼 말라버리는 초라한 요단강이, 왕궁이 아니라 여기저기 때에 따라 이동하던 재야의 예언자가 그의 병을 낫게 했습니다. 이것이 엘리사가 한 말 "이스라엘에 예언자가 있음을 그에게 알려 주겠습니다"의 의미입니다. 겉모습은 초라하고 보잘것없어도 그 안에 생명이 있고 참이 있어 병든 자를 고치고 죽은 자를 살려낸 것입니다. 여러분 안에는 예언자가 있습니까?

물의 근원

그 성읍 사람들이 엘리사에게 말하였다. "보십시오, 선생님께서도 보시는 바와 같이, 이 성읍이 차지하고 있는 자리는 좋지만, 물이 좋지 않아서, 이 땅에서는 사람들이 아이를 유산합니다." 그러자 그는 새 대접에 소금을 조금 담아 가지고 오라고 하였다. 그들이 그것을 가져 오니, 엘리사는 물의 근원이 있는 곳으로 가서, 소금을 그 곳에 뿌리며 말하였다. "주님께서 이렇게 말씀하신다. '내가 이 물을 맑게 고쳐 놓았으니, 다시는 이 곳에서 사람들이 물 때문에 죽거나 유산하는 일이 없을 것이다.'" 그 곳의 물은, 엘리사가 말한 대로, 그때부터 맑아져서 오늘에 이르렀다(왕하 2:19-22).

'그 성읍'이란 여리고입니다. 출애굽 이후 가나안 정착 당시 함락된 여리고 성에 대해 여호수아는 저주를 걸었습니다. "그때에 여호수아가 이렇게 맹세하였다. '이 여리고 성을 일으켜 다시 세우겠다고 하는 자는, 주님 앞에서 저주를 받을 것이다. 성벽 기초를 놓는 자는 맏아들을 잃을 것이요, 성문을 다는 자는 막내 아들을 잃을 것이다'"(수 6:26). 과연 여호수아의 저주가 통한 것일까요?

고고학자들의 탐구에 의하면 지난 약 500년 동안 여리고에 사람이 살지 않았습니다. 이곳이 지층의 변동으로 발생되는 방사능에 의해 오염된 지역이라는 것입니다. 그것이 불임의 원인으로 밝혀졌습니다. 이스라엘 대부분이 자갈밭이나 돌산으로 되어 있는데, 여리고는 비교적 기름진 평지였습니다. 이 천혜의 땅에서 사람들이 떠나게 된 이유는 여호수아의 저주 전설이 아니라 '아이를 유산하는' 경험적인 사실 때문이었을 것입니다. 당시 사람들은 그 이유를 몰랐겠지만 저주로 사람들이 떠나게 된 것이 아니라 반대로 이런 과학적인 근거로 사람들이 떠나게 되어 그런 저주의 전설이 생겼을 것입니다.

신명기 역사가(여호수아부터 열왕기하까지의 저자)는 왜 그 시대에 이 이야기를 들여온 것일까요? 성읍의 자리는 좋지만 물이 좋지 않다고 합니다. 장사도 목이 중요합니다. 기름진 땅, 여리고는 풍요를 상징합니다. 그러나 물이 안 좋아 유산한다는 것은 결과적으로 사람의 삶을 황폐하게 만들었다는 말입니다. 물질 농사는 잘 되는데 사람 농사는 실패한다는 의미입니다. 돈돈 하고 사는데 자식 농사가 제대로 되겠습니까? 물량주의, 경쟁주의로 인한 풍요가 인간성의 말살을 가져옵니다.

근본적으로 바꾸어야 합니다. 그래서 엘리야는 '물의 근원'으로 갑니다. 그리고 아무리 많은 돈, 재물, 양식의 풍요가 있어도 그것을 제대로 담아낼 '새 대접'이라는 새 마음부터 마련해야 합니다. 그리고 부정한 것들을 정화하는 '소금'을 담아내야 합니다. 문득 부정 타는 일이 있으면 소금을 뿌리는 우리의 민간 의식이 생각납니다. 고대의 주술이지만 여기서는 '소금'이 무엇일까요? 바로 이어져 나옵니다. "주님께서 이렇게 말씀하신다. 내가 이 물을 맑게 고쳐 놓았으니, 다시는 이 곳에서 사람들이 물 때문에 죽거나 유산하는 일이 없을 것이다." 치유의 말씀입니다. "엘리사가 말한 대로", 엘리사가 전한 하나님의 말씀(다바르)입니다. 말씀만이 우리를 치유합니다. 치열한 경쟁의 입시에 몰두하는 물 나쁜 우리 사회입니다. 말씀만이 그 물을 맑게 합니다. "예수께서는 말씀으로 귀신을 쫓아내시고 또 병자를 모두 고쳐주셨다"(마 8:16). 마음의 그릇에 소금 같은 말씀을 담아 모든 부정한 것을 물리치고 엘리사처럼 거룩한 말씀의 새 사람이 되기를 기도합니다.

모욕당하는 거룩

엘리사가 그 곳을 떠나 베델로 올라갔다. 그가 베델로 올라가는 길에, 어린 아이들이 성읍에서 나와 그를 보고 "대머리야, 꺼져라. 대머리야, 꺼져라" 하고 놀려댔다. 엘리사는 돌아서서 그들을 보고, 주님의 이름으로 저주하였다. 그러자 곧 두 마리의 곰이 숲에서 나와서, 마흔두 명이나 되는 아이들을 찢어 죽였다(왕하 2:23-24).

황당한 이야기입니다. 예언자 엘리사가 여리고를 떠나 베델로 가는 길에 베델의 어린아이들이 엘리사를 보고 "대머리야, 꺼져라. 대머리야, 꺼져라" 하고 놀려댔습니다. 그래서 엘리사가 돌아서서 그들에게 주님의 이름으로 저주하였고, 그때 두 마리의 곰이 숲에서 나와서 마흔두 명이나 되는 아이들을 찢어 죽였다는 것입니다. 문자 그대로라면 너무나 황당하고 어이없는 이야기입니다. 아이들이 그렇게 놀렸기로서니 그토록 참혹한 저주를 받게 할 수 있느냐는 것입니다.

이야기 자체는 그러하지만, 원래의 뜻은 하나님의 거룩한 사람을 알아보지 못한 세대를 다루고 있습니다. 더욱이 베델입니다. 즉, '하나님의 집'에서 일어난 일입니다. 거룩한 집인데 거기 사는 사람들은 그렇지 않다는 것입니다. 그렇기에 아이들이 무엇을 보고 배우며 자랐는지 알 수 있습니다. 어린아이라고 번역한 '나아르'는 어린이에서부터 젊은 청년에 이르기까지 광범위하게 쓰이는 말입니다. 이스라엘의 미래가 이토록 어둡다는 말입니다. 고쳐지기 전의 여리고처럼 자식 농사에 실패한 것입니다. 물이 좋지 않습니다(19절). 세상의 더러운 것에 오염되어 있습니다. 하나님을 멀리 떠난 남유다 아하시야(8:27), 북이스라엘 아합의 시대였으니 말입니다.

대머리라는 말에 대해서는, 엘리사가 실제로 대머리라서 그런지 알 수 없지만, 대머리를 뜻하는 히브리어 '케레아흐'에는 '가짜 예언자'라는 뜻도 있습니다. 진정한 하나님의 예언자를 알아보지 못하고 가짜 예언자라고 빈정댄 것입니다. 거룩한 사람을 거룩한 사람으로 알아보지 못하고 진짜를 가짜로 봅니다. 하긴 42명은 예후에 의해 살해당한 아합의 사위 유다 왕 아하시야의 친족들입니다. 하나님의 사람, 엘리야·엘리사를 알아보지 못한 사람들입니다. 엘리사와 같은 거룩한 스승을 알아보지 못합니다. 스승의 그림자도 밟지 않았던 시절은 아주 먼 옛날입니다. 입시를 위한 지식만을 소중하게 여길 뿐, 사람됨의 가르침을 외면한 지 오래입니다. "엘리사가 말한 대로"(22절) 하나님의 말씀이 받아들여지지 않습니다. 그래서 맑아지지(22절) 않습니다. 오히려 더러워졌습니다. 거룩한 사람, 거룩한 말씀이 조롱당하는 현실입니다.

성서의 義(의)가 관계이듯, 공자도 그 의를 관계를 나타내는 禮(예)라고 봅니다. 禮儀(예의)의 儀(의)는 거동 의로 '의로운 사람이 갖춘 행동'이라는 말입니다. 예의는 의로운 행동을 하는 관계입니다. 그래서 『논어』 「양화편」 23장에서 "'君子義以爲上'(군자의이위상) ─ 군자는 禮儀(예의)를 으뜸으로 여겨, '君子有勇而無義爲亂'(군자유용이무의위란) ─ 군자가 용감하되 예의가 없을 때는 난을 일으키고, '小人有勇而無義爲盜'(소인유용이무의위도) ─ 소인이 용맹이 있고 예의가 없으면 도적이 된다"(박일봉 편)고 말합니다. 우리 역시 교회는 오래 다녀 신앙은 좋다는데 예의는 없는, 무례한 사람이 아닌가 돌아봐야 합니다. 먼저 사람됨입니다. 신앙인은 사람됨을 전제합니다. 예의란 거룩함을 알아보는 잣대입니다.

듣고 돌이키는 사람

그리하여 나아만은 하나님의 사람이 시킨 대로, 요단 강으로 가서 일곱 번 몸을 씻었다. 그러자 그의 살결이 어린 아이의 살결처럼 새 살로 돌아와, 깨끗하게 되었다(왕하 5:14).

오늘 본문을 읽어 보면 약간 이상하게 느껴지는 부분이 있는데, 나아만이 자기 집에 잡혀 온 이스라엘 출신의 어린 여종의 말을 전해 듣고 직접 그 예언자를 찾아 나서지 않았다는 점입니다. 그는 자기 나라 왕을 찾아가 이 일을 알리고 친서를 받아 이스라엘 왕에게 먼저 전합니다. 자기 개인의 건강 문제를 국가의 문제로 전환시켜버린 것입니다. 그렇게 해야만 자신이 보호 받을 수 있다고 생각한 것이지요. 그리고 왕들이 나서서 그의 병을 고쳐 주고자 노력하고 또 근심하게 만듭니다. 겉모습은 누가 봐도 화려하고 부족함이 없어 보였지만, 그 내면은 말할 수 없이 빈핍하였던 사람이 나아만이었습니다. 자신의 약점을 혹시라도 누가 볼까 봐 또 있는 그대로의 모습을 보였다가는 조롱거리가 될까 봐 그는 자신의 겉모습을 한껏 부풀립니다. 작은 짐승들이 위협 앞에서 몸을 부풀리는 것처럼 말입니다.

그런데 나아만의 이런 모습은 우리에게도 있는 모습입니다. 우리 역시 있는 그대로의 우리 모습을 남에게 보이는 것에 두려움을 갖습니다. 하물며 남에게 드러날까 두려운 약점이라도 있다면 더욱 그렇겠지요. 옷이나 차나 혹은 가방 또는 몸에 치장하는 귀금속 등으로 우리 자신의 있는 그대로의 모습, 작고 연약한 모습을 감춥니다. 또 나아만처럼 누군가 권세 있는 사람이 사돈에 팔촌 중에 있다면 그의 힘을 빌려보려고도 합니다. '나병'이라고 표현된 나아만의 치명적인 약점 역시 사실 우리에게도 있는 것입니다. 아무에게도 알리고 싶지 않고 어떻게든 감추고 싶어 합니다. 그런데 그렇게 해서는 나병이 낫지 않습니다. 항상 거짓으로 살아가야 합니다. 부풀려진 부자연스러운 몸으로, 가는 곳마다 군마와 병거를 거느려야만 존재감을 드러내는 거짓의 삶을 살아야 합니다. 자신이 얼마만큼 위대한 사람인지를 과시해야만 살아있다고 느낍니다. 사실 그 속에 그 자신은 없습니다. 나아만의 삶이 그런 삶이었습니다.

우리에게도 이런 나아만의 모습이 있습니다. 그러나 그가 믿음의 사람으로 성서에 남은 것은 그에게 있었던 다른 점 하나 때문이었습니다. 그것은 그가 작은 자의 소리에 귀를 기울였다는 것입니다. 낮은 자의 말을 귀담아들었다는 것입니다. 그리고 태도를 바꾸었다는 것입니다. 변화를 가져오는 것은 듣는 귀로부터 시작합니다. 작은 소리에 귀를 기울이는 것. 그러고 보니 새삼 5장 1절의 "야훼께서 나아만을 들어 쓰시어"(공동번역)라는 구절이 눈에 들어옵니다.

왜냐하면 그에게는 야훼의 세미한 음성을 들을 귀가 있었기 때문입니다. 우리가 귀 기울여 듣는 그 말이, 귀담아듣고 행동을 바꾸는 그 소리가 어쩌면 야훼의 세미한 음성인지 모릅니다. 그 음성을 듣고 행할 때 나아만처럼 우리도 '새 살'이 돋지 않겠습니까?

염병이 들게 할 때에

> 들어라, 비가 내리지 못하도록 내가 하늘을 닫아 버리거나, 메뚜기를 시켜 땅에
> 있는 것을 갉아 먹게 하거나, 내 백성에게 염병을 보내거든, 내 이름으로 불리는
> 내 백성은 머리를 숙이고 기도하며 나를 찾고 나쁜 길에서 돌아서야 한다. 그리
> 하면 나는 하늘에서 듣고 그 죄를 용서해 주고 그 사는 땅에 다시 생명을 주리라
> (대하 7:13-14).

"들어라!"(보아라)는 하나님의 탄식의 소리입니다. 그리고 이어지는 기후위기, 자연의 황폐, 역병이 재앙으로 나와 있습니다. 그 재앙의 주어는 '하나님'입니다. 인간이 아닙니다. 그러니 피할 수 있는 것이 아니라 절대자이신 하나님의 재앙이라는 말입니다. 그런데 이 재앙을 극복할 하나님의 답은 의외로 쉽습니다. 나의 백성이 머리를 숙이고 기도하고 지금이라도 돌아서면 용서해주고 다시 생명을 주겠다는 것입니다. 우리는 이 재앙이 어디서부터 왔는지를 여기서 어렵지 않게 짐작할 수 있습니다. '머리 숙이면'의 히브리어

'이카네우'는 '겸손해지다', '스스로 낮추다'입니다. 이 재앙이 인간의 교만에서 왔기 때문입니다. 교만은 하나님이 아니라 인간 '자기'가 주어인 것입니다. 기회만 닿으면 '나'를 앞세우는 인간의 교만은 당연히 탐욕으로 이어집니다.

그런 '나'들이 모여 우리를 이루어 개발을 합니다. 우리는 이 땅이 우리의 것인 줄 알았습니다. 기독교인들은 "생육하고 번성하여 땅에 충만하여라. 땅을 정복하고 다스려라"(창 1:28)라는 말씀을 '개발'이라는 탐욕의 언어로 번역했습니다. 개발은 사유화에서 왔습니다. 1854년 스쿼미쉬 인디언 추장 시애틀은 미국 대통령 피어스의 땅을 팔라는 말에 "어떻게 땅과 하늘을 사고팔 수 있는가? 그 생각은 우리들에게 낯설다. 우리 것이 아닌 신선한 공기와 물방울, 어떻게 그것을 살 수 있는가?"라고 하는 말로 시작된 답신을 보냅니다. 인디언들은 이 땅이 사람에게 속해 있는 것이 아니라 사람이 이 땅에 속해 있다는 것을 알고 있었습니다.

시애틀은 이어 "당신의 운명은 우리에게 이해할 수 없는 것이리라. 버팔로가 모두 도살당했을 때 무슨 일이 벌어질 것인가? 야생마들이 길들여지면? 숲의 은밀한 곳이 많은 이들의 냄새로 가득 차고, 푸르른 언덕의 광경이 전선으로 얼룩져버리면, 무슨 일이 벌어질 것인가? 덤불 숲은 어디로 가지? 사라지는 것이다. 독수리들은? 역시 사라질 것이다. 그리고 빨리 달리는 조랑말에게 작별 인사를 하고선 사냥을 할 것인가? 삶의 끝이자 생존의 시작이다"라고 말합니다.

자연을 인간의 탐욕에 따라 길들이는 것에서 재앙은 시작되었습니다. 그 길들임이 지난 2년 우리를 코로나 재앙으로 몰아넣었습니다. 기후 비상사태입니다. 재앙의 주어는 하나님이시건만, 아직도 '내 것'에 급급한 교만한 탐욕에 하나님은 너희가 머리만 숙이면 재앙을 거두고 용서하겠다고 하십니다. 머리를 쳐든 탐욕의 뱀, 그것이 원죄입니다.

모든 백성이

모든 백성이 한꺼번에 수문 앞 광장에 모였다. 그들은 학자 에스라에게, 주님께서 이스라엘에게 명하신 모세의 율법책을 가지고 오라고 청하였다(느 8:1).

2절에 의하면 이스라엘 백성들이 모인 날이 7월이라고 합니다. 여기 7월은 종교력이며 당시의 민간력으로는 정월 초하루입니다. 우리로서는 설날입니다. 이날은 새해를 알리는 나팔을 분다하여 '나팔절'이라고도 불립니다. 새해 첫 '성회'(레 23:23-25; 민 29:1-6)입니다. 더욱 중요한 것은 이날이 느헤미야가 예루살렘 성벽 공사를 끝마친 직후였다는 것입니다. 바로 정월 초하루 설날에 이스라엘 백성들은 예루살렘 성전 문 앞에 모여 하나님의 말씀을 새벽부터 정오까지 듣습니다. 그때 이스라엘 백성들은 오랜 포로 생활로 히브리어를 잊었습니다. 그러니 히브리어로 된 율법을 에스라가 낭독하고 나서, 본문 7절 이하를 보면 성전의 예배를 관리하던 레위인들이 백성들이 사용하는 아람어로 통역해 줍니다. 마침내 이스라엘 백성들은 말씀을 듣고 깨달으며 웁니다(9절). 하나님의 말씀이 그들을 울립니다. 나팔을 불며 축제를 벌이고 기뻐 맞이해야 할 정월 초하루에 그들은 눈물을 흘립니다.

이 눈물은 무엇입니까? 하나님의 말씀에 비추어 지난날의 자신들의 게으른, 교만한 신앙생활을 본 것입니다. 말씀의 거울에 비춘 자신의 일그러진 모습을 보고 온 백성이 눈물바다를 이루며 회개를 한 것입니다. 말씀은 자신이 누구인가를 밝혀 줍니다. 손자병법을 보면 "知彼知己(지피지기)이면 百戰百勝(백전백승)"이라고 했습니다. "먼저 나를 알고, 그리고 적을 알면 백번을 싸워 백번을 이긴다"는 것입니다. 나를 모르는 자는 싸우나 마나 백전백패입니다. 말씀은 바로 나를 비추는 거울입니다. 나로 나를 알게 해주는 것이 말씀입니다. 대부분의 사람들이 실패할 때 원인을 먼 곳에서 찾습니다. 나라 경제가 어떻고, 요즘 정치가 어떻고 합니다. 언제나 자기 자신은 빠져 있습니다. 생각해 보면 실패의 원인이 먼 데 다른 곳에 있지 않습니다. 가장 가까운 자신을 보지 못했기 때문입니다. 나를 모르는데 어떻게 험한 삶을 헤쳐 나갈 수 있겠습니까? 사실 신앙도 마찬가지입니다. 하나님과 예수님을 믿는다는 데에 믿는 주체인 나는 모르고 있는 것입니다.

놀랍게도 이 성회의 주체는 종교 지도자가 아닙니다. 일반 백성입니다. 본문의 주어는 '모든 백성'입니다. 모든 백성이 학자 에스라에게 모세의 율법책을 가져오라고 합니다. 믿는다면서 성경책에 먼지가 쌓여 있고 한 귀로 듣고 한 귀로 흘리는 우리가 아닌가요? 모든 산돌이 말씀을 절실하게 청하시기 바랍니다.

분노가 불같이

> 와스디 왕후가 왕후의 관을 쓰고, 왕 앞으로 나오게 하라고 명령하였다. 왕후
> 가 미인이므로, 왕은 왕후의 아름다움을 백성과 대신들 앞에서 자랑하고 싶었던
> 것이다. 그러나 와스디 왕후는 내시들에게 왕의 명령을 전하여 듣고도, 왕 앞에
> 나오기를 거절하였다. 이 소식을 들은 왕은, 화가 몹시 났다. 마음속에서 분노
> 가 불같이 치밀어 올랐다(에 1:11-12).

에스더서는 정경에 들어가느냐를 두고 논란이 많았습니다. 무엇
보다도 '하나님'이라는 말이 없고 마치 野史(야사) 같았기 때문입니
다. 아하수에로가 페르시아 왕의 이름인 것은 분명하지만, 대체로
이 책에 나오는 진술들은 그 밖의 자료들에서 얻은 역사적 사실들과
일치하지 않습니다. 그래서 학자들의 결론은 이 책은 처음부터
끝까지 신화적 요소를 바탕으로 한 창작물이라는 것입니다.

성서에 나오는 책 중 여성 이름이 붙은 것은 룻기와 에스더서입니

다. 에스더는 바빌론 포로로 잡혀갔다가 남은 '흩어진'(디아스포라) 유대인의 자손으로 바빌론을 정복한 페르시아의 왕비입니다. 이 책은 '하나님'이라는 말은 한마디도 나오지 않지만 한 여인의 모습으로 그대로 하나님의 모습을 보여준 이야기입니다. 하나님은 믿는 자의 삶의 자세로 그분을 드러냅니다. 흩어진 유대인임에도 흔들리지 않는 믿음의 모습으로 남의 나라에서 꿋꿋하게 살아간 유대인의 신앙과 정신을 보여줍니다.

아하수에로왕은 비록 선왕인 다리우스 1세가 그리스와의 전쟁에서 졌지만 절치부심 설욕을 노립니다. 아직 막강한 힘을 가지고 있습니다(1절). 무소불위의 권력입니다. 다시 전쟁을 일으키기 위해 재위 삼 년째 온 신하들과 전의를 다지는 잔치를 벌입니다(3절). 잔치는 180일이나 계속됩니다(4절). 전의를 다지며 힘을 과시하는 먹고 마시며 취하는 잔치에서 왕은 자기 조절을 잃고 왕비의 미모를 자랑하고 싶어 왕비 와스디를 부르지만 무슨 이유인지 거절하여 왕의 분노를 일으킵니다.

왕은 술기운에 불같이 화가 났습니다(12절). 그는 자랑과 허영에 사로잡혔고 술의 쾌락에 사로잡혔고 조절할 수 없는 분노에 사로잡혔습니다. 우리에게 주는 교훈이 여기 있습니다. 의외로 높은 자리와 많은 소유를 갖고 있는 사람들이 자기 통제력을 상실합니다. 중요한 것은 자기를 조절하는 것입니다. 이것이 결국 전쟁의 참패로 이어집니다. 페르시아를 끝장낸 살라미스 전쟁입니다. 멸망은 분노에서 옵니다. 그 막강한 권력도 분노 앞에서 무너집니다. 우리는 분노를 통제하고 있습니까? 가장 무서운 화제는 분노의 불길입니다.

문제아

"내시들을 시켜서 전달한 나 아하수에로의 왕명을 와스디 왕후가 따르지 않았으니, 이를 법대로 하면, 어떻게 처리해야 하오?" 므무간이 왕과 대신들 앞에서 대답하였다. "와스디 왕후는 임금님께만 잘못을 저지른 것이 아니라, 아하수에로 왕께서 다스리시는 각 지방에 있는 모든 신하와 백성에게도 잘못을 저질렀습니다. 왕후가 한 이 일은 이제 곧 모든 여인에게 알려질 것입니다. 그렇게 되면, 여인들은 아하수에로 왕이 와스디 왕후에게 어전에 나오라고 하였는데도, 왕후가 나가지 않았다고 하면서, 남편들을 업신여기게 될 것입니다"(에 1:15-17).

술자리에 왕후를 불렀는데 왕후가 거절했다고 난리가 났습니다. 왕은 마음속에서 분노가 불같이 치밀어 올랐습니다(12절). 남편의 술자리에 아내가 나오지 않았다고 화가 난 것입니다. 왕비가 무슨 큰 죄라도 지었다는 듯이 나라가 온통 난리입니다. 왕은 곧 법에 밝은 측근 전문가들과 이 일을 의논했습니다. 페르시아의 일곱 대신이 왕과 대면하여 의견을 나누었습니다(13절). 오늘날로 말하면 각료회의가 이루어진 것입니다. 집안일이 나랏일이 된 것입니다. 무엇보다도 공사가 구별되지 못한 것입니다. 공사를 구별 못 하는 왕이고 대신들입니다. 어이가 없습니다.

왕은 왕명을 따르지 않았다는 이유로 법대로 처리하자고 합니다. 아내인 왕후가 계속된 술 잔치로 아파서 안 나왔는지 아니면 왕후의 미모를 자랑하려는 왕의 의도가 마음에 안 들어서인지 알 수 없지만 왕은 자신의 명령을 거절한 것 자체만을 가지고 왕후를 처벌하려 합니다. 권력의 횡포이고 어리석음입니다. 더욱이 페르시아에서 제일 벼슬이 높다는 일곱 대신들도 왕의 이런 태도를 말리지 못합니다. 왕이 그런 사람들에게 높은 벼슬을 주고 측근에 둔 것은 우매한 일입니다. 예나 지금이나 인사가 만사입니다. 백성들은 어떻게 생각했을까요? 실소를 자아냈을 것입니다. 가정에서 해결할 사소한 문제가 나라의 큰일이 되었기 때문입니다.

므무간이라는 대신은 한술 더 뜹니다. 이 일로 왕후는 왕만이 아니라 각 지방에 있는 모든 신하와 백성에게도 잘못을 저질렀다는 것입니다. 또 모든 남편이 아내에 의해 업신여김을 받을 것이라고 합니다(18절). 그리고 페르시아와 메대의 귀부인들이 왕후가 한 일을 알면 대신인 자기 남편에게도 같은 식으로 대할 것이며 멸시와 분노가 되풀이될 것이라고 하면서 어명으로 왕후를 교체하고 남편을 하늘처럼 떠받드는 법을 만들어야 한다는 것입니다. 그래야 자기 남편을 정중하게 대할 것이라는 말입니다(19절). 무소불위의 권력이 만든 어리석은 일입니다. 사소한 문제가 엄청난 일이 됩니다. 사소한 문제로 온 나라를 시끄럽게 합니다. 문제는 문제화시키지 않으면 문제가 되지 않습니다.

후회를 부르는 분노

이러한 일이 있은 지 얼마 뒤에, 아하수에로 왕은, 분노가 가라앉자 와스디 왕후가 생각나고 왕후가 저지른 일과 그리고 그것 때문에 자기가 조서까지 내린 일이 마음에 걸렸다(에 2:1).

"이러한 일이 있은지"는 상당한 기간이 지났음을 말하는 것 같습니다. 전의를 불태우는 긴 잔치 후에 아하수에로(크세르크세스) 왕은 막강한 해군력에도 불구하고 그리스 살라미스 해협에서 참패를 당합니다. 그 유명한 기원전 480년의 살라미스 해전입니다. 왕은 아무리 생각해도 패배를 이해할 수 없었을 것입니다. 이것저것 생각이 많았을 것입니다. 왕은 자신이 취했던 행동을 생각하게 됩니다. 무엇보다도 긴 잔치 끝에 왕의 말을 거역한 왕후 와스디를 폐위시킨 것이 마음에 걸렸습니다. 혹시나 그것 때문에 전쟁에 참패했을 것이라는 생각도 했을 것입니다. 사실 왕후를 폐위시킨 것이 전쟁의 패배와 무슨 상관이 있겠습니까?

시간과 그 시간 사이에 일어난 사건들은 분노를 가라앉힙니다. 시간이 지나면 바람처럼 빠져나가는 것이 분노입니다. 그럴 것을 왜 그렇게 분노했는지 후회합니다. '생각나고'라는 말은 히브리어로 '자카르'인데 '후회하다'라는 의미를 갖고 있습니다. 아무것도 아닌 일을 가지고 화를 내고 '남편 우대법'(?)이라는 법령까지 만들었으니 기가 찰 노릇입니다. 자신의 절대 권력이 화를 다스리지 못하면 갈 데까지 갔다는 것을 말해줍니다. 인간이 갖고 있는 힘은 다스리지 못하면 언제나 엉뚱한 곳으로 흘러가기 마련입니다.

분노는 습관입니다. 분노는 품성입니다. 어느 날 또 일어날지 모릅니다. 자기를 다스리는 품성을 길러내지 못하면 언제고 다시 고개를 쳐드는 것이 분노입니다. "분노는 잔인하고 진노는 범람하는 물과 같다"(잠 27:4). 화를 다스리지 못하는 사람은 미련한 사람입니다(잠 29:11). 그래서 "화를 잘 내는 사람은 다툼을 일으키고, 성내기를 잘하는 사람은 죄를 많이 짓는다"(잠 29:22)고 합니다. 자칫 습관이 품성을 형성합니다. 그래서 바울은 "아버지 된 이 여러분, 여러분의 자녀를 노엽게 하지 말고, 주님의 훈련과 훈계로 기르십시오"(엡 6:4)라고 말합니다. 자녀에게 화를 잘 내면 그 자녀가 분노의 품성을 갖게 된다는 말입니다.

더욱이 왕이 폐위된 왕후를 생각하자 주변 신하들은 또 다른 모의를 합니다. 이 간신들은 "임금님을 모실 아리땁고 젊은 처녀들을 찾아보게 하시는 것이 좋겠습니다"(2절)라고 간합니다. 왕후가 복귀되면 폐위를 주장한 자신들이 끝장나기 때문입니다. 힘을 가질수록 주위에 좋은 사람 두기가 어렵습니다. 사람을 알아보는 지혜의

눈이 없는 아하수에로왕은 끝내 암살 당합니다. 분노를 다스리지
못하는 권력자의 최후입니다.

다시, 주님의 날

이처럼 사람들이 천박해졌고 백성이 비굴해졌습니다. 그러니 그들을 용서하지
마십시오. 그날에 인간의 거만한 눈초리가 풀이 죽고, 사람의 거드름이 꺾이고,
오직 주님만 홀로 높임을 받으실 것이다(사 2:9, 11).

주님의 날은 심판의 날입니다. 이스라엘의 죄악은 결국 하나님의
심판과 종말을 불러옵니다. 오늘 본문에서는 그 죄악의 현장을
고발하고 있습니다. 동방의 미신이 가득하고, 블레셋 사람들처럼
점을 치며, 이방 사람의 자손과 손을 잡습니다. 그들의 땅에 은과
금이 가득하고 보화도 셀 수 없이 많으며 군마와 병거도 셀 수
없이 가득하지만, 그 역시 죄악의 토대일 뿐입니다. 우상들이 가득하
고 자기 손으로 만든 것들을 섬깁니다. 예언자는 나서서 이들을
고발하며 그들을 용서하지 말라고 청합니다. 그리고 주님의 날을
이렇게 말합니다. "그날은, 모든 교만한 자와 거만한 자, 모든 오만한
자들이 낮아지는 날이다"(12절).

예언자의 눈에 이런 모습은 천박하고 비굴한 모습이었습니다. 그러니 어디 틈만 있으면 들어가고 티끌 속에라도 숨어야만 하나님의 두렵고 찬란한 영광과 대면하는 것을 피할 수 있다고 말합니다. 그러나 그것을 알지 못하는 사람들은 교만하고 거만하고 오만합니다. 그렇기 때문에 그들은 그저 팔을 벌려 기도하고 그 손에 가난한 사람들의 피를 묻힙니다. 그들이 이루어낸 성공과 번영과 풍요 위에 군림하며 억울한 사람들의 울부짖음을 귓전으로 흘려버립니다. 이렇게 잘못된 세상을 바로잡는 유일한 해결책은 오직 야훼, 주님만을 높이는 것입니다. 이것이 주님의 날이 가져올 새로운 세상입니다.

이 심판 예언의 수신자는 '야곱 족속'입니다. 야곱은 이스라엘의 옛 이름입니다. 야곱은 태어나기 전부터 형 에서와 경쟁한 사람이고, 그 경쟁에서 승리한 사람입니다. 평생을 경쟁과 속임수 속에서 성공을 향해 달려간 사람입니다. 그런 그의 이름이 이스라엘로 바뀌는 날, 그는 삶의 방향을 바꾸었습니다. 이스라엘, 즉 하나님이 다스리는 사람이 된 것입니다. 그런데 지금 그 이름의 이 족속이 다시금 옛 야곱의 삶으로 돌아가버린 것입니다. 하나님은 그런 그를 버리십니다. 성공과 번영과 부귀의 가치가 그들을 가득 채웠기 때문입니다.

그렇기에 이 심판은 구원입니다. 야곱이 스러지고 이스라엘이 일어서는 일입니다. 끊임없이 하나님을 향하지 않으면, 하나님으로 채우지 않으면 어느새 하나님 대신 우상들로 세상의 가치들로 가득 채워지게 됩니다. 그리고 하나님의 뜻은 아랑곳하지 않는 삶으로 달려가게 됩니다. 지금 우리를 가득 채운 것은 무엇입니까? 우리를 차지하고 있는 우상은 무엇입니까? 성공과 번영과 부귀가 온 세상을 지배하는 최상의 가치가 아닙니까? 지금 우리가 살고 있는 이 시대 이 세상이 심판의 예언 앞에 선 야곱 족속과 무엇이 다릅니까? 교만하고 거만하며 오만한 자아상들이 우상처럼 자리 잡고 있습니다. 저 밑에 신음하는 이웃의 소리가 그저 소음처럼 들린 지도 오래되었습니다. 주님의 날, 그 심판의 날이 임박한 것입니다.

내가 맺을 선한 열매, 옳은 열매

이스라엘은 만군의 주님의 포도원이고, 유다 백성은 주님께서 심으신 포도나무
다. 주님께서는 그들이 선한 일하기를 기대하셨는데, 보이는 것은 살육뿐이다.
주님께서는 그들이 옳은 일 하기를 기대하셨는데, 들리는 것은 그들에게 희생된
사람들의 울부짖음뿐이다(사 5:7).

'들포도'로 번역된 히브리어 '베우쉼'은 '악취'를 뜻하는 '베오쉬'
의 복수형 명사입니다. 최상품의 포도나무(소레크: 포도로 유명한 지명,
아주 품질 좋은 포도나무 종자, 삿16:4; 렘2:21)를 심었는데 그 나무에서
고작 들포도가 열릴 리는 없습니다. 그러나 아무리 좋은 포도나무의
열매라 해도 그것이 썩으면 악취를 뿜지 않을 수 없게 됩니다.
즉, 들포도보다는 썩은 포도가 더 맞는 번역으로 보입니다. 포도원의
노래는 행복한 노래가 아닙니다. 탄식의 노래입니다. 슬픔의 노래입
니다. 실제로 포도원의 노래는 2절에서 끝났고, 3절부터는 그 포도원
지기이신 야훼 하나님의 고발이 시작됩니다. 노력과 정성을 배신한
포도원과 포도 열매는 이스라엘과 유다 백성을 상징합니다.

이 포도원지기는 그가 할 수 있는 모든 일을 다해서 포도원을 가꾸었습니다. 땅을 일구고 돌을 골라내고 망대를 세웠습니다(2절). 그러나 그 열매는 썩어 악취만을 남겼습니다. 이제 이 포도원지기는 그 포도원을 버리기로 결정합니다. 울타리를 걷어치우고 담을 허물어서 아무나 그 밭을 짓밟게 만들 생각입니다. 가지치기도 못하게 하고, 북주기도 못하게 하고 쓸모없는 나무들이 온통 차지하게 만들 생각입니다(5-6절). 이것이 이스라엘에게 닥쳐올 미래의 운명입니다. 기름진 포도원인 이스라엘, 최상급의 포도나무인 유다 백성에게서 향긋한 포도 향기 대신 악취가 나기 때문입니다. 무엇이 이들이 뿜어내는 악취인가요? 그것은 미쉬팍흐(살육, 포악)와 체아카(울부짖음)입니다. 이 백성이 본래 당연히 맺었어야 할 열매는 미쉬파트(선한 일, 공평)와 체다카(옳은 일, 정의)입니다. 미쉬파트와 미쉬팍흐, 체다카와 체아카, 그 발음이 비슷하지요? 그러나 그 뜻은 완전히 반대입니다. 히브리어 성경에 종종 등장하는 언어유희입니다.

미쉬팍흐와 체아카의 실상은 이스라엘 땅에서 장로와 지도자라는 사람들이 벌이는 악행에 있습니다. 그들은 가난한 사람들을 약탈해서 자기들의 집을 가득 채웁니다. 백성을 짓밟고 가난한 사람들의 얼굴을 마치 맷돌질하듯 짓뭉갭니다(사 3:14-15). 장로는 지주들이고, 지도자는 바로 그 지주들의 이익을 보호하는 관리들을 말합니다. 장로들은 앞장서 정의를 행하여야 하고, 지도자들은 그들이 올바르게 행동하도록 공평을 행하여야 합니다. 그러나 오히려 그들에 의해 이스라엘 공동체의 삶의 윤리가 파괴되고 썩은 열매에서 악취만이 풍길 뿐입니다.

오늘 우리 사회가 함께 만들어가야 할 세상이 있습니다. 공평과 정의의 세상입니다. 그러나 우리가 맺고 있는 결실 역시 살육과 울부짖음이 아닌가 깊이 생각합니다. 학교, 직장, 지역, 나라, 심지어 교회마저도 미쉬파트와 체다카 대신 미쉬팍흐와 체아카의 들포도만 가득히 쌓여서 결국 썩어 악취가 진동하는 황무지가 되어가는 건 아닌지 말입니다. 내 손이 행하여야 할 선한 일(미쉬파트), 옳은 일(체다카)을 생각하고 행하는 하루가 되시길 바랍니다.

한 아기가 태어났다
성탄절

한 아기가 우리를 위해 태어났다. 우리가 한 아들을 모셨다. 그는 우리의 통치자가 될 것이다. 그의 이름은 '놀라우신 조언자', '전능하신 하나님', '영존하시는 아버지', '평화의 왕'이라고 불릴 것이다(사 9:6).

아기는 작은 존재입니다. 연약한 존재입니다. 미지의 존재입니다. 그러나 그 안에 담긴 것은 헤아릴 수 없는 미래입니다. 이사야는 한 아기에게서 민족의 미래, 우주의 미래를 보았습니다. 새로운 시대와 세상을 보았습니다. 그것이 예언자의 눈입니다. 그 아기가 품고 있는 세상은 네 가지 모습입니다. 놀라우신 조언자(지혜), 전능하신 하나님(용기, 능력), 영존하시는 아버지(사랑), 평화의 왕(평화와 겸손)은 한 사람, 그 메시아가 갖추실 품성입니다. 안과 밖으로 완전하신 분이 세상을 구하시러 오십니다. 지금은 연약한 한 아기의 모습으로 말입니다.

그러나 이 말씀에서 우리가 읽어야 하는 것은 따로 있습니다. 그것은 우리가 기다리는 어떤 존재에서 멈춰서는 안 됩니다. 그 존재를 밖에서 찾고 또 기다렸기 때문에 일어난 현상들이 바로 이단 사이비 교주와 맹목의 추종자들입니다. 모두 자기가 그 메시아라고 떠들어대고, 어리석은 이들은 그에 마음을 뺏겨 버리니 말입니다.

우리가 보아야 하는 것, 이 예언에서 읽어야 하는 것은 우리의 사명입니다. 우리 손에 맡겨진 사명입니다. 우리가 만들어 나가야 할 미래이고 세상이라는 것입니다. 한 공동체가 온전해지기 위해 이 네 가지의 역할과 조화가 필요합니다. 누군가는 놀라우신 조언자와 같은 지혜의 리더여야 합니다. 조언자를 뜻하는 '요에츠'는 기획자라는 의미가 들어 있습니다. 그리고 용감하게 행동하는 '엘 깁보르'(전능하신 하나님)와 사랑으로 공동체를 아우르는 아버지와 같은 존재 그리고 그 일을 수행하는 겸손한 일꾼 '사르 샬롬'(평화의 방백)이 필요합니다. 즉, 메시아의 이 면모들은 우리가 나누어 져야 할 책임이며 역할인 것입니다.

커다란 나무도 작은 씨앗에서 시작했습니다. 위대한 인물도 연약한 아기로 세상에 났습니다. 우리가 품고 있는 씨앗, 그 씨앗이 자라나 키워낼 나무가 메시아인 것을 기억하십시오. 그것이 '성탄'입니다.

사과 한 톨을
두 쪽으로 쪼개본다

그 속에 까만 씨앗들이
들어있다

씨앗 속을 쪼개본다
씨앗 속 씨앗 속에 씨알이
들어있다

사과 한 톨에
내가 들어있다
사과 한 톨에 우주가 들어있다
_ 이선옥, 〈사과 한 톨에 우주가 들어 있다〉

평화의 꿈

그때에는, 이리가 어린 양과 함께 살며, 표범이 새끼 염소와 함께 누우며, 송아지와 새끼 사자와 살진 짐승이 함께 풀을 뜯고, 어린 아이가 그것들을 이끌고 다닌다(사 11:6).

한 유튜브 영상에서 호랑이와 토끼가 서로 친구가 된 장면을 보게 되었습니다. 중국의 한 동물원에서 벌어진 일이었습니다. 사육사가 야생성 회복을 위해 배고픈 새끼 호랑이에게 먹잇감으로 흰 토끼를 던져줍니다. 그런데 그 호랑이는 토끼를 먹기는커녕 얼굴을 비비고 함께 놉니다. 자신을 공격하지 않을 것을 안 토끼 역시 호랑이에게 가서 자기 몸을 비빕니다. 이럴 수 있었던 이유를 알아보니 이 아기 호랑이가 태어난 지 며칠 되지 않았던 시기에 흰 토끼와 함께 보살핌을 받은 일이 있었던 것이었습니다. 또 다른 이야기도 있습니다. 곰과 사자와 호랑이, BLT라 불린 이 셋, 우열을 다투는 맹수들이 20년 이상 한 울타리 안에서 지낸 이야기입니다. 이들은 배고픈 영양실조 상태에서 같이 구조되었는데 구조 후

각각 분리시키자 이상행동을 보여 결국 한 공간에 다시 살게 했다고 합니다. 이들이 이 깊은 유대감을 가질 수 있었던 이유는 힘겨운 시절을 함께 이겨낸 경험에 있었습니다.*

많은 사회심리학자들이 인간의 본성을 연구하기 위해 여러 가지 실험을 실시했습니다. 1954년 6월, 열한 살 안팎의 소년 12명이 참가한 '로버스 동굴 공원 실험'이 있었습니다. 이 실험의 목적은 '집단 간의 갈등이 발생하는 방식 연구'에 있었습니다. 소년들은 실험자의 의도와 개입에 의해 서로 경쟁했고 승자와 패자로 갈려 갈등했습니다. 그러나 이 실험자가 이보다 1년 앞서 비슷한 실험을 했는데, 그 실험은 실험자의 의도와는 정반대로 그의 입장에서는 대실패의 실험으로 끝나고 말았습니다. 1953년 여름 캠프에서 벌어진 실제의 일은 갈등은커녕 서로 협력하고 화해하며 서로를 회복시키는 결론에 이르렀던 것입니다. 1년 뒤의 실험과 결정적으로 달랐던 점은 이들이 만난 지 이틀 만에 모두가 서로 친구가 되었다는 사실이었습니다. 즉, 아이들이 일단 친구가 되고 나면 서로 적대시하기란 매우 어렵게 된다는 것을 증명한 것입니다.**

망국의 암운이 드리운 때에 이사야가 꿈꾸었던 평화의 나라는 마치 일제강점기 이방 땅에서 꿈꾼 백범 김구의 『나의 소원』을 떠올리게 합니다. 사방에서 몰아치는 제국의 거대한 힘과 그 제국이 짓밟고 간 고통의 현장이 그들의 현실이었습니다. 그러나 그 속에서 그들은 전혀 반대의 세상을 마음에 품었습니다. 그것은 이리가

---

* 유투브 '이슈텔러', "동물원에서 살아있는 토끼를…."
** 무자퍼 셰리프의 '현실 갈등 이론' 실험, 『휴먼카인드』 210 이하.

어린양과 함께 살고, 표범이 새끼 염소와 함께 누우며, 송아지와 새끼 사자와 살진 짐승이 함께 풀을 뜯고, 거기에 어린 인간이 함께 하는 세상이었습니다. 이사야의 비전에 등장하는 생명 중 다수가 '어린' 생명들이거나 새끼를 거느린 어미들입니다. 어린양, 새끼 염소, 새끼 사자 그리고 어린아이가 이룰 새로운 세상을 그리고 있습니다. 거기에 수컷 맹수가 제외되는 것도 아닙니다.

우리는 우리 자녀들을 위해, 다음 세대를 위해 어떤 꿈을 꾸고 있나요? 내가 이루지 못한 세상의 욕망을 자녀들에게 짐 지우고 있지는 않나요? 소년들을 대상으로 벌인 사회심리학자의 실험은 사실상 자신의 욕망을 어린 소년들에게 투사한 악의적인 실험이었습니다. 그는 실험으로 그 일을 벌였는데, 오늘 우리는 실제 세상에서 그 일을 벌이고 있는 것은 아닐까요? 오늘 자녀를 향한, 미래 세대를 향한 나의 꿈을 점검해야겠습니다.

한결같은 마음

주님, 주님께 의지하는 사람들은 늘 한결같은 마음을 가진 사람들이니, 그들에게 평화에 평화를 더하여 주시기 바랍니다. 너희는 영원토록 주님을 의지하여라. 주 하나님만이 너희를 보호하는 영원한 반석이시다(사 26:3-4).

어릴 때 읽은 동화 <팔려 가는 당나귀>를 기억하는 분들이 많을 것입니다.

한 아버지가 어린 아들과 함께 당나귀를 팔러 장으로 가고 있었습니다. 당나귀를 끌고 아버지와 아들이 터벅터벅 걸어가다 한 마을을 지나가게 되었는데, 마을 사람들이 그 모습을 보더니 어리석은 사람이라고 놀려댔습니다. 당나귀를 타고 가면 될 것을 둘 다 걸어갈 게 어디 있느냐는 것이었습니다. 이야기를 듣고는 아버지가 아들을 당나귀에 태우고 아버지는 앞에서 고삐를 잡고 걸었습니다. 그렇게 길을 가는데 이번엔 노인네들이 그 모습을 보더니만 버릇도 없이 아들놈이 나귀를 타고 아버지를 걷게 한다고 야단이었습니다. 아버지와 아들은 자리를 바꿨습니다. 아버지가 나귀에 타고 어린 아들이 고삐를 잡았습니다. 한참 길을 가는데 이번에는 빨래터의 아주머니들이 뭐라고 한마디씩을 했습니다. 어른이 어린 자식을 학대한다는 것이었습니다.

이래도 흥 저래도 흥, 참 곤란한 일이었습니다. 이러지도 못하고 저러지도 못하던 아버지와 아들이 이번에는 둘 다 다 나귀에 올라탔습니다. 아들이 타도 뭐라 하고 아버지가 타도 뭐라 하니 그렇담 둘이 같이 타자 싶었던 것입니다. 그러나 이번에도 사람들은 수군수군 말이 많았습니다. 저 조그만 나귀에 두 사람이나 올라탔으니 나귀가 불쌍하다는 것이었습니다. 나귀에서 내려 다시 고민하던 아버지와 아들은 마침내 나귀를 줄에 매어 나무막대기에 묶고서는 어깨에 메고 갔다는 이야기입니다.

설마 나귀를 어깨에 메고 갔기야 했겠습니까. 다른 사람의 말을 지나치게 의식하다 이러지도 못하고 저러지도 못하는 사람의 모습을 과장해서 쓴 것이겠지요.

남의 말을 귀담아듣는 것은 중요한 일입니다. 그러나 다른 사람의 말을 듣고 너무 쉽게 그 말을 따르는 것은 귀가 얇은 경박한 태도입니다. 우리가 살아가며 흔하게 범하는 잘못 중의 하나가 자기 줏대 없이 사는 것입니다. 내 생각과 판단에 따라 소신 있게 살지 못하고 다른 이들의 요구에 억지로 맞추며 살아갈 때가 적지 않습니다. 다른 이들의 장단에 내 삶을 맞추며 살아갑니다. 그 큰 이유는 자기 잣대가 없기 때문입니다. 내 삶을 잴 수 있는 엄격하고 분명한 자기 잣대가 필요한데 대부분의 경우 자기 잣대가 없어 다른 사람의 잣대로 자신의 삶을 재려고 합니다. 그러다 보니 다른 사람의 요구에 일방적으로 내 삶을 맞추게 되고 그런 것이 쌓이다 보면 언젠지 모르게 내 고유한 삶을 잃어버리고 마는 것입니다. 그리스도인의 한결같은 잣대와 줏대는 하나님의 뜻입니다.

이제 복역이 끝나고

"너희는 위로하여라! 나의 백성을 위로하여라!" 너희의 하나님께서 말씀하신다. **"예루살렘 주민을 격려하고, 그들에게 일러주어라. 이제 복역 기간이 끝나고, 죄에 대한 형벌도 다 받고, 지은 죄에 비하여 갑절의 벌을 주님에게서 받았다고 외쳐라"**(사 40:1-2).

    누구나 복은 받고 싶어 하고 화는 면하고 싶어 합니다. 人之常情(인지상정)입니다. 인간의 본능입니다. 이런 인간의 본능의 수요에 부응하여 나온 신앙이 기복신앙입니다. 복을 구하고 화를 면하는 것이 어찌 나쁜 것이냐고 항변하기도 합니다. 성서 속에서 복과 화는 동전의 앞면과 뒷면입니다. 복을 얻고 화는 피하는 그런 것은 없습니다. 禍(화) 속에 福(복)이 있고 福(복) 속에 禍(화)가 있습니다. 복은 마냥 누리는 것이 아니라 잘못 누리면 화가 된다는 것이요, 화는 피하여야 하는 것이 아니라 겪을 것은 겪어야 복이 된다는 것입니다.

오늘 말씀은 이스라엘이 바빌론 포로로 있었던 시절이 그 배경입니다. 솔로몬 시대 이후 이스라엘은 남북으로 분단되었지만 경제 문제만은 전체적으로 괜찮았습니다. 오히려 풍요로웠던 시절이었습니다. 문제는 오늘날처럼 빈익빈 부익부, 부의 양극화였습니다. 부의 편중은 부유층과 귀족층을 부정과 부패로 몰아갔습니다. 환락과 쾌락의 삶이 만연되었고 하나님 말씀의 뜻을 지켜야 할 지도층이 오히려 하나님을 멀리했습니다. 정의는 사라지고 가난한 자는 더욱더 깊은 빈곤의 수렁에 빠져들었습니다. 아모스, 호세아, 예레미야 등 예언자들은 이 부유층, 지도층의 부패로 심판의 날이 가까웠다고 선포하였지만 어느 누구도 귀담아듣지 않았고 오히려 이 예언자들이 나라를 혼란하게 하고 국민의 사기를 저하시킨다고 이들을 감옥에 가두고, 때리고, 죽이기도 했습니다.

결국 이들의 예언대로 북쪽 이스라엘은 앗시리아 제국에 멸망당했고 남쪽 유다는 바빌론 제국에 짓밟혀 포로로 끌려가게 되었던 것입니다. 북이스라엘은 역사 속에서 사라졌고, 남 유다는 가혹한 70년의 포로 시기를 보냅니다. 그리고 하나님은 포로로 잡혀간 예루살렘 주님을 격려하며 그들의 복역 기간이 끝났다고 선포하라는 것입니다. 복역 기간이란 이어 말씀하시듯이 '죄에 대한 형벌의 기간'입니다.

분명 남의 나라의 포로로 잡혀간 것인데 예언자 이사야는 "갑절의 벌을 주님에게서 받았다고 외쳐라"라는 하나님의 명령을 받습니다. 사실 바빌론 포로기는 하나님의 징벌 기간이었다는 것입니다. 징벌의 복역 기간은 이스라엘이 하나님이 주신 은혜의 복을 공의롭게 나누지 못하고 약한 백성, 사회적 약자들을 괴롭히고 억압하는 부정과 부패의 삶에 대한 화였습니다. 그러나 이제는 그 징벌, 화를 당할 만큼 당하였기에 해방이라는 복이 기다린다는 것입니다. 삶은 그만한 값을 치르는 것입니다. 대가를 지불하지 않는 삶은 말 그대로 값싼 인생일 뿐입니다. 화를 피하게 해달라고 기도하지 마십시오. 겪을 것은 기어이 겪을 수 있게 해달라고 기도하십시오. 바로 거기에 하나님이 주시는 축복의 길이 있음을 잊어서는 안 됩니다.

어둠이 깊은 중에

모든 계곡은 메우고, 산과 언덕은 깎아 내리고, 거친 길은 평탄하게 하고, 험한 곳은 평지로 만들어라(사 40:4).

인디애나 주 미시간 씨티 형무소에는 색다른 죄수 한 명이 있습니다. 리처드 오웬 씨인데, 그는 감방에 법률 서적을 가득 쌓아놓고 그곳에서 어엿하게 변호사 사무를 보고 있습니다. 그는 12살 때 도둑질하다가 소년원에 갇힌 것을 시작으로 은행 강도, 살인 미수 등으로 35년의 인생 중 벌써 19년간을 감옥에서 지내고 있습니다. 그러나 그는 고생과 고독 속에 살며 자기처럼 불행하게 산 사람들을 돕겠다는 결심을 하고 감옥에서 독학으로 법률 공부를 하여 인권보호법에 있어서 이름난 변호사가 된 것입니다. 그는 자기 자신도 변호하여 출감할 목표를 세우며 성실히 수감 생활하고 있습니다.

감옥이 그의 길을 막을 수 없었습니다. 마음의 대로가 열려 있기 때문입니다. 자신을 구원할 하나님을 향한 대로가 열려 있기 때문입니다. 그는 절망의 계곡을 메웠습니다. 그는 감옥이라는 험준한 산을 깎았습니다. 그는 전과자라는 거친 길을 평탄하게 만들었습니다. 험한 인간성을 평지로 바꾸었습니다. 그는 더 이상 감옥의 노예가 아닙니다. 그는 주인이 되고 있습니다. 그는 주인이신 주님이 그의 마음에 오시는 길을 닦았던 것입니다.

오늘 본문은 바빌론 포로로 있는 이스라엘을 향한 예언자 이사야의 외침입니다. 이스라엘은 70여 년의 포로 생활을 했습니다. 이제는 포기할 만합니다. 팔자라고 여길 것입니다. 그런데 놀랍게도 구약성서는 바로 이 자리에서 시작되었습니다. 고향에 갈 수 없는 포로라고 마음도 포로인 것은 아닙니다. 그들은 그 혹독한 포로 시기에 하나님의 약속을 읽었습니다. 창세기 1장은 이 시기가 배경입니다. 그야말로 길 없는 길이었습니다. "혼돈하고 공허하며, 어둠이 깊음 위에"(창 1:2) 있었습니다. 그러나 영은 갇혀 있지 않았습니다. "하나님의 영은 물 위에 움직이고 계셨습니다"(창 1:2).

그들은 혼돈과 공허와 어둠의 길을 메우고 깎아 평탄하게 하였습니다. 그들은 어둠 한복판에서 "빛이 생겨라"(창 1:3)라는 약속의 음성을 들었습니다. 혼돈의 무질서가 바뀌고 있다는 것을 예언자 이사야는 감지하기 시작했습니다. 그들은 비로소 알았습니다. 어둠조차 새벽의 여명을 기다리는 질서의 한 부분임을… "저녁이 되고 아침이 되니, 하루가 지났다"(창 1:5). 약속을 받은 삶의 첫 하루였습니다. 만들어지지도 않은 길이 보였습니다. 이스라엘은 인생의 거대한 도로 공사를 시작했습니다. 오늘 약속의 말씀을 들었다면 그대 인생도 지난날과는 다른 창조의 첫날을 맞이할 것입니다.

고개를 들어 저 위를 바라보아라

너희는 고개를 들어서, 저 위를 바라보아라. 누가 이 모든 별을 창조하였느냐? 바로 그분께서 천체를 수효를 세어 불러내신다. 그는 능력이 많으시고 힘이 세셔서, 하나하나, 이름을 불러 나오게 하시니, 하나도 빠지는 일이 없다. 야곱아, 네가 어찌하여 불평하며, 이스라엘아, 네가 어찌하여 불만을 토로하느냐? 어찌하여 "주님께서는 나의 사정을 모르시고, 하나님께서는 나의 정당한 권리를 지켜주시지 않는다" 하느냐? (사 40:26-27)

야곱은 이스라엘의 옛 이름입니다. 야곱은 어원학적으로 '하나님이 보호하신다'를 의미하는 '야아콥-엘'의 준말로 여겨집니다. 그런데 후대의 사람들이 '발꿈치'를 의미하는 히브리어 '아켑'으로 말장난을 쳤습니다. 말장난을 친 이유는 야곱의 욕심스럽고 약삭빠른, 교활하고 기회주의적인 삶 때문입니다. 야곱은 장자의 권한이 탐이 나 형과 아버지를 속여서라도 그 권한을 얻으려고 했습니다. 그래서 야곱의 의미를 '발뒤꿈치를 잡다'는 뜻의 히브리어 '아캅'과 연결시켰습니다. 히브리어 형용사 '아콥'은 '사람을 속이는', '교활한'을 의미합니다. 반면 이스라엘은 얍복 나룻터에서 하나님과 씨름하며 얻은 이름인데 그 뜻은 '하나님이 다스린다', '하나님이 대신 싸운다'는 의미입니다. 말하자면 제 욕심대로 살아온 야곱에서 하나님의 다스림을 받는 이스라엘로 바뀐 것입니다. 이스라엘이라는 나라는 바로 이 이름에서 나온 것입니다.

본문은 두 이름을 다 부르고 있습니다. 그런데 옛사람이나 새사람이나 불평불만입니다. 이름이 바뀐다고 새사람이 될 것도 아닌가 싶습니다. 약속의 땅에 세워진 이스라엘이지만 그 이름 뜻과는 달리 하나님의 다스림을 받지 않았습니다. 야곱이나 이스라엘이나, 옛날이나 지금이나 제 욕심을 이루지 못해 불평불만입니다. 하나님을 믿으나 안 믿으나, 교인이 되기 전에도 교인이 된 뒤에도 여전히 불만스러운 우리 모습과 별 차이가 없습니다. 아예 노골적으로 하나님은 내 사정도 모르고 내 권리를 지켜주지 않는다고 불평합니다. 이게 속마음입니다. 내 욕심으로 예수를 믿겠다고 왔는데, 그 예수는 오히려 욕심과는 다른 이야기를 하고 있으니 말입니다. 게다가 자기 십자가를 지라고 하니 말입니다.

내내 땅의 욕심을 보며 살아가니 언제 하나님의 뜻이 있는 위를 쳐다보겠습니까? 우리는 엉뚱한 곳에서 우리의 문제를 풀려고 하고 있습니다. 우리의 원적은 하늘입니다. 우리를 창조하신 이는 하늘 아버지이십니다. 그런데 땅만 찾습니다. 삼성에서 만든 제품을 현대 서비스 센터에 가면 안 고쳐줍니다. 삼성 제품은 삼성 서비스 센터에 가야 합니다. 하늘 제품은 하늘에 가야 합니다. 하늘 뜻을 받아야 하늘 사람으로 살 수 있습니다.

오직 주님을 소망으로 삼는 사람

너는 알지 못하였느냐? 너는 듣지 못하였느냐? 주님은 영원하신 하나님이시다. 땅 끝까지 창조하신 분이시다. 그는 피곤을 느끼지 않으시며, 지칠 줄을 모르시며, 그 지혜가 무궁하신 분이시다. 피곤한 사람에게 힘을 주시며, 기운을 잃은 사람에게 기력을 주시는 분이시다. 비록 젊은이들이 피곤하여 지치고, 장정들이 맥없이 비틀거려도, 오직 주님을 소망으로 삼는 사람은 새 힘을 얻으리니, 독수리가 날개를 치며 솟아오르듯 올라갈 것이요, 뛰어도 지치지 않으며, 걸어도 피곤하지 않을 것이다(사 40:28-31).

새번역 성경은 야훼를 전부 '주님'이라고 번역했습니다. 이유는 복잡하지 않습니다. 히브리 사람들의 전통을 따른 것입니다. 히브리 사람들은 자신들의 하나님의 이름을 함부로 부르지 않았습니다. 이 명칭의 어원은 출애굽기 3장 14절에서 모세가 하나님을 처음 만나는 장면에서 찾을 수 있는데 하나님은 모세에게 자기 자신을 "나는 곧 나다"라고 알려 주십니다. 아침이나 저녁이나 할 것 없이 언제나 '나'라고 할 수 있는 내가 진짜 '나', '참 나'입니다. 무슨 일이 있어도 알고 깨닫고 실천하는 '나'입니다. 사실상 그런 나는 하나님밖에 없습니다. 그래서 하나님의 명칭 '야훼'입니다. 언제나 '나'이기에 '영원하신 하나님'입니다.

조그만 일에도 나가떨어지는, 현실에 침몰되는 나는 내가 아닙니다. 그것은 가짜 나입니다. 우상입니다. 진짜 나는 야훼입니다. 나다운 나입니다. 그 야훼는 창세기 1장 2절이 말하듯 혼돈과 공허와 깊은 어둠 속에서도 창조하시는 분이십니다. 혼돈 속에서 질서를 만드시고, 공허 속에서 소망을 이루며, 어둠 속에서 빛을 창조합니다. 하나님은 우리를 바로 그분의 형상대로 "나는 곧 나다"라고 할 수 있는 생명으로 만드셨습니다. 나다운 나로 세움 받은 나입니다. 또한 '야훼'에는 "나로 나되게 한다"는 뜻이 있습니다. 나를 나답게 일으키시는 그분이 야훼입니다. 피곤한 이에게 힘을 주시며 기운을 잃은 사람에게 기력을 주시는 야훼에게 소망을 두라고 하십니다. 가짜 나에게 내 운명을 맡겨서는 안 됩니다.

오늘 젊은이들이 비틀거립니다. 과거보다 훨씬 치열한 생존의 아귀다툼입니다. 젊은이들은 지치고 장정들이 맥없이 비틀거리는 현실입니다. 나의 정체성, "나는 곧 나다"라는 야훼 정체성을 잃었기 때문입니다. 신앙은 이 정체성을 회복하는 것입니다. 오직 야훼를 소망으로 삼는 사람은 나로 나답게 일어서서 "새 힘을 얻고 독수리가 날개를 치며 솟아오르듯 올라갈 것이요, 뛰어도 지치지 않으며, 걸어도 피곤하지 않을 것입니다."

기억의 힘

내가 이제 새 일을 하려고 한다. 이 일이 이미 드러나고 있는데, 너희가 그것을
알지 못하겠느냐? 내가 광야에 길을 내겠으며, 사막에 강을 내겠다(사 42:19).

영화 <암살>에서 동지들을 배신하고 친일의 막차를 탔던 염석진
(이정재)은 마지막 그를 처단하러 온 독립군들의 "왜 동지를 팔았나?"
라는 질문에 "몰랐으니까. 해방이 될지 몰랐으니까"라고 대답합니
다. 그것은 대답이 되지 못합니다. 왜냐하면 해방이 될지 모른
것은 그만이 아니었기 때문입니다. 몰랐음에도 불구하고 가야 하는
올바른 길이 있었기 때문입니다. 결국 그는 마지막 순간까지 그리고
자신까지 속이며 자신의 선택과 행동에 대해서 책임지지 않았습니
다. 염석진이 선택한 세상은 일본이라는 침략자의 편에 서서 그
권력을 조금이라도 누리는 것이었습니다.

미래를 볼 수 있다고 해서 누구나 올바른 길을 선택하는 것은
아닙니다. 올바른 길은 미래를 아느냐 모르느냐에 달린 것이 아니라

어떤 상황에서든 의와 진리 편에 서는 힘에 있기 때문입니다. 그리고 그것이야말로 생명이며 구원의 길이라는 확신이 있어야 가능한 일입니다. 제2 이사야(40-55장)는 고난과 역경에 얽매인 이스라엘 백성에게 새 일의 비전을 말합니다. 이스라엘의 마음과 귀는 굳어버렸고, 예언자의 말이 헛된 희망으로 들렸을 것입니다. 그러나 제2 이사야는 지치지 않고 계속해서 그들의 기억을 일깨웁니다. 계속해서 아브라함을 기억에서 살려내고 출애굽 사건을 기억에 불러옵니다. 과거를 잊는 것은 오늘을 잃게 만듭니다. 역사에는 오늘을 일으켜 세우는 힘이 있습니다.

바빌로니아 종살이로 70년을 살아온 이스라엘에게 예언자의 이 말이 어떻게 들렸을까요? 믿음의 눈으로만 보이는 현실일지도 모르겠습니다. "이 일이 이미 드러나고 있다"는 이 예언에는 야훼 하나님이 이스라엘 백성에게 과거에 행하신 일과 장차 이 민족을 통하여 세계에 행하실 일에 대한 확신이 담겨 있습니다. 강물이 길을 막으면 그 강을 갈라서 길을 내고, 사막이 앞을 막으면 그곳에서 물이 솟아나게 하실 것이라는 믿음만이 길을 나서게 할 것입니다. 수백 년 전 이집트로부터 탈출하던 그날 밤처럼 말입니다. 그리고 오늘 우리에게 들려오는 이 말씀이 우리를 일으켜 세워 앞으로 나아가게 할 것을 믿습니다. "이 일이 이미 드러나고 있는데, 너희가 그것을 알지 못하겠느냐? 내가 광야에 길을 내겠으며, 사막에 강을 내겠다"(19절).

지명하여 부르셨다

그러나 이제 야곱아, 너를 창조하신 주님께서 말씀하신다. 이스라엘아, 너를 지으신 주님께서 말씀하신다. "내가 너를 속량하였으니, 두려워하지 말아라. 내가 너를 지명하여 불렀으니, 너는 나의 것이다"(사 43:1).

찬송가 305장 <나 같은 죄인 살리신>(Amazing Grace)은 우리에게 널리 알려진 노래입니다. 이 찬송을 작사한 존 뉴튼은 원래 이 노래의 내용과는 전혀 딴판으로 200명의 부하를 거느린 대규모 노예 상인이었습니다. 아프리카에서 흑인을 사냥하여 잡아다가 유럽에 파는 것이 그의 일이었습니다. 이 일은 아버지 때부터 내려온 일이었습니다. 어렸을 때부터 아버지를 따라 이 사악한 일을 아무런 죄책감도 없이 했던 것입니다. 다만 독실한 크리스천인 어머니만이 남편과 아들을 위해 기도했습니다. 반전이 일어난 것은 그의 나이 스물두 살 때입니다. 그는 죽음에 직면한 심한 폭풍우를 만났습니다. 어머니가 생각났습니다. 그리고 폭풍이 이는 바다 한가운데서 난생처음 기도했습니다. 다행히 겨우 살아나면서 자신의 영혼과 삶에 대해 생각하기 시작했습니다.

그러던 어느 날 런던에 정박 중 술에 취하여 길을 걷다가 많은 사람들이 한 집에 모여 있는 것을 보았습니다. 호기심으로 들어가 본 그곳은 작은 교회였습니다. 그날 한 젊은 전도사님의 누가복음에 있는 탕자의 비유에 관한 설교를 듣게 되었습니다. 처음에는 무슨 소린가 하며 술에 취한 퀭한 눈으로 듣기 시작하였지만, 점점 그의 얼굴은 변하고 눈에서 눈물이 나기 시작했습니다. 바로 여기서 그의 삶이 변하기 시작했습니다. 그동안 돈만 알았고 돈을 위해서는 아무런 죄책감 없이 사람을 노예로 팔아왔던 그의 삶에 두려움이 엄습했습니다. 그는 과거의 죄를 청산하고 성공회교회의 교인이 되고 이어 신학대학에 가 공부하여 서른다섯 살의 나이에 성공회 사제 서품을 받았습니다. 이 목양의 길에서 죄로 죽을 수밖에 없었던 자신을 이제껏 참고 기다리신 하나님의 은혜에 감격하며 지은 찬송가가 바로 305장입니다.

노예 상인이 사제가 된 근본적인 깨달음이 무엇일까요? "너를 창조하신(바라) 주님", 주인이 있음을 알았습니다. 나를 만든 주인이 시기에 나보다 나를 더 잘 알고 더 잘 사랑하십니다. 나는 어쩌다 태어난 존재가 아닙니다. 계획된 주인의 손길이 있었습니다. 여기 '속량하다'는 히브리어로 '가알'인데 값을 치렀다는 말입니다. 이 '가알'이라는 말에서 구속자라는 뜻의 '고엘'이 나왔습니다. 이 본문의 배경은 바빌론 포로 시절입니다. 실제로 창세기 1장의 창조 배경은 바빌론 포로 시절입니다. 창조는 물리적 시간의 처음이 아닙니다. 나라 잃고, 민족 잃고, 자신마저 잃은 이스라엘에게 그 근본을 찾아준 사건입니다. 창조 신앙은 근본을 아는 신앙입니다. 그리고 집단을 향한 것이 아닙니다. 콕 집어 지명하여 그 이름을 부른 이스라엘 백성 하나하나를 향합니다. 콕 집어 "너는 내 것이다"라고 말씀하십니다. 하나님의 고백입니다. 어떤 대가를 지불해서라도 원래의 백성으로 되찾고자 하는 하나님의 결단입니다. 이것이 나의 나 됨의 가치입니다. 그 가치가 바로 우리의 감사 고백의 근거입니다.

오늘날 마르둑과 바빌론

벨 신이 고꾸라졌고, 느보 신이 넘어졌다. 짐승과 가축이 그 우상들을 싣고 간 다. 힘겹게 떠메고 다니던 것들이, 피곤한 짐승에게 무거운 짐이 되었다(사 46:1).

눈을 씻고 다시 봤습니다. 만 명도 깜짝 놀랄 일인데 16만, 17만 명…. 몇 번을 확인한 후에야 탄식이 나왔습니다. 지난주 내내 미국에서 발생한 '하루' 코로나 신규 환자 숫자입니다. 미국의 확진 자 누적 수는 서울 시민을, 총사망자는 목포 시민의 숫자를 넘어섰습 니다. 그런데 이상한 것은 확진자 가운데 절반이 안 되는 숫자만이 입원 환자라고 보도됩니다. 이상하지요? 우리는 단 한 명이 확진되어 도 지역사회가 긴장하고 당장 전담 병원에 입원하게 되는데 말입니 다. 그 이유는 미국의 의료 시스템에 있습니다. 미국은 우리와 달리 민간기업이 운영하는 민영화된 의료 시스템입니다. 보험에 가입하기 위한 조건도 까다롭거니와 보험에 가입해 있다고 해도 의료비 문제로부터 자유롭지는 않습니다. 코로나 확진을 받고도 집으로 돌려보내는 나라, 한 사람의 생명보다 그가 감당하는 의료비가 우선인 나라의 실상이 드러난 것입니다.

바빌론의 왕 느부갓네살이 만든 마르둑 신상은 28미터에 달하는 금 신상이었습니다. 바빌론의 창조 신화 '에뉴마 엘리쉬'에 따르면 마르둑은 천지를 창조한 신이며 수많은 신들과 싸워 이긴 최고, 최강의 신이었습니다. 유다인들은 야훼 하나님마저도 마르둑에게 패했다고 생각했습니다. 바빌론 왕들은 신년 축제가 열릴 때마다 신상 앞에 와서 '마르둑의 양손을 붙잡고' 한 해 동안 다스릴 왕권을 받았습니다. 느보신을 비롯한 하위 신들 역시 마르둑에게 와서 충성을 맹세했습니다. 제국은 그 신과 같이 주변의 크고 작은 나라들을 짓밟아 자기들의 발아래 두었습니다. 유다와 같은 작은 나라는 지나가다 밟혀도 모를 미약한 존재였습니다. 그러니 그 속에서 살아가는 사람 하나하나는 말해 무엇하겠습니까? 그런데 바로 그 벨(마르둑)과 느보(마르둑의 아들)가 고꾸라지고 엎어집니다! 세상의 모든 신이 달려와 그 앞에 엎드렸으나, 세상의 모든 왕이 달려와 그 앞에 머리를 조아렸으나 결국 자기들보다 더 강력한 나라와 신 앞에 고꾸라져버리고 만 것입니다.

지금 이 말씀은 포로 신세로 끌려온 유다 민족에게 이사야가 전하는 예언입니다. 그는 그들 앞에 서 있는 저 거대한 신들의 운명을 보여줍니다. 짐승과 가축에 의지하지 않고서는 단 10센티도 옮겨갈 수 없는 무력한 신들의 실상을 보여줍니다. 그러나 많은 유다인들은 눈앞에 보이는 거대한 마르둑 앞에 굴복하였습니다. 야훼를 버리고 그들의 백성이 되었습니다. 오늘 우리 앞에 닥쳐온

바이러스의 침공이 우리로 하여금 누가 참 하나님인지를 가려야 했던 유다 민족의 자리에 서게 합니다. 우리는 지금 생명보다 앞세웠던 물질과 맘몬이 무너지는 것을 보고 있습니다. 벨신과 느보신이 고꾸라지고 엎어지는 것을 보고 있습니다. 그러나 오늘의 마르둑은 그때보다 잔인합니다. 오늘의 바빌론제국은 그때보다 막강합니다. 그 앞에서 야훼의 품을 느낄 수 있을까요?(3-4절) 그 예민한 감각이 깨어 있기를 바랍니다.

하나님의 품

너희가 늙을 때까지 내가 너희를 안고 다니고, 너희가 백발이 될 때까지 내가 너
희를 품고 다니겠다. 내가 너희를 지었으니, 내가 너희를 품고 다니겠고, 안고
다니겠고, 또 구원하여 주겠다(사 46:4).

이사야 46장 1절에 나오는 '우상'이라는 단어의 어원은 '아차브'
라고 하여 '일하다, 형성하다, 형태를 만들다, 고통으로 수고하다,
고생하다, 괴로워하다, 괴롭히다'의 뜻이 있습니다. 1-2절의 내용이
기도 합니다. 피곤한 짐승들에게 무거운 짐이 되어버린 바빌론의
신상들(벨과 느보)처럼 말입니다. 우상의 본질은 그 형상에 있지
않습니다. 우리는 '우상' 하면 어떤 형상을 먼저 떠올리지만, 그
형상에 이르기까지의 우리 안에 일어나는 마음이 바로 우상의
본질입니다. 우선 그것은 자기 내면의 신을 믿지 못하고 외부의
어떤 대상에 의지하는 마음의 결과물입니다. 자기에 대한 믿음이
없을수록 그 힘을 쏟아부을 대상이 필요하고, 그 대상은 점점 더
신의 경지에 이를 만큼 위대한 존재로 변하게 됩니다. 실상은 자기

욕망과 두려움의 반영인 것입니다. 그리고 아이러니하게도 그 우상을 유지하기 위한 노력은 자유 대신 속박과 무거운 짐으로 돌아옵니다.

오늘 본문 3-4절은 이러한 우상과 대조되는 참된 신의 모습을 말해줍니다. 참된 신은 인간에게 자유를 줍니다. 그 안에서, 그 품에서 삶을 누리게 합니다. 태어날 때부터 늙을 때까지 안고 품고 다니시겠다는 약속을 하십니다. 하나님은 우리 모습이 어떻든 안고 품어주시는 우리를 지으신 분이십니다. 우리가 힘겹게 떠메고 다니느라 피곤하고 고통스러워지는 분이 아닙니다. 만약 우리의 섬김의 일이 힘겨워진다면 그것은 우상 숭배의 징후일 것입니다. 오늘 이사야의 이 예언은 포로기의 고통 속에 마치 피곤한 가축 신세가 된 이스라엘에게 주어진 메시지입니다. 어느 때보다 우상이라도 붙잡고 싶은 현실에서 이 말씀은 이스라엘의 내면을 일으켜 세우는 말씀이 됩니다. 그 힘을 지켜낼 수 있다면 그들은 우상의 짐을 지지 않을 것입니다.

십 대 청소년들에게 인기 있는 가수를 '아이돌'(idol)이라고 합니다. 원래는 우상이라는 뜻이지요. 아이돌은 청소년 시기에 매우 중요한 역할을 합니다. 좋아하고 마음을 쏟는다는 것은 삶에 생기를 부여하니까 말입니다. 청소년 시절뿐 아니라 우리 모두에게는 세상을 살아가면서 중요성을 부여하며 추구하는 가치들이 있습니다. 그런데 어느 순간 그것들이 무거운 짐이 되고 속박이 되기도 합니다. 그의 노예가 되는 것이지요. 어떤 것들일까요? 우리가 세상에서 맺고 살아가는 관계 역시 그러합니다. 부부, 부모 자식, 친구, 직장,

신앙생활…, 모든 나와 너들이 무거운 짐이 아니라 자유의 품이
되어줄 때 거기 하나님이 계십니다. 지금 나와 관계 맺은 것들을
살펴보십시오. 그것은 나에게 무거운 짐인가요? 자유와 생명의
하나님 품인가요?

야훼의 종의 노래

내 입을 날카로운 칼처럼 만드셔서, 나를 주님의 손 그늘에 숨기셨다. 나를 날카
로운 화살로 만드셔서, 주님의 화살통에 감추셨다. 주님께서 내게 말씀하셨다.
"이스라엘아, 너는 내 종이다. 네가 내 영광을 나타낼 것이다"(사 49:2-3).

이사야서에는 바빌론의 포로로 고난 받는 이스라엘을 구원할
'야훼의 종의 노래' 4개가 있습니다(42:1-4; 49:1-6; 50:4-11; 52:13-
53:12). 49:1-6은 그 두 번째입니다. 그런데 놀랍게도 구원자인 '나의
종'은 고난 받는 '이스라엘'입니다(3절). 이스라엘을 메시아로 길러
하나님의 구원의 무기로 사용하시고(2절), 뿐만 아니라 이방을 구원
하는 이방의 빛이 되게 하십니다(6절). 그리고 그 이스라엘은 당당하
게 자신이 하나님에 의해 출생부터 부름 받은 존재임을 밝힙니다(1
절). 이것은 이스라엘 자신의 자각을 나타냅니다. 신앙은 하나님에
의해 부름 받은 존재임을 자각하는 것을 뜻합니다. 예수님도 자신의
마음의 하늘에서 "너는 내가 사랑하는 아들, 내가 너를 기뻐한다"(막
1:11)라는 말씀을 듣자 메시아의 삶을 시작합니다.

하나님은 구원의 전사입니다. 그리고 그의 무기는 이스라엘 자신입니다. 고난을 통하여 이스라엘을 '날카로운 칼과 화살'(2절)로 만드십니다. 그리고 고난의 포로기는 이렇게 이스라엘을 단련시키며 동시에 하나님이 이스라엘을 숨기시는 과정입니다. "주님의 손 그늘에 숨기셨다", "주님의 화살통에 감추셨다"라는 표현은 고난의 포로기에 대한 은유입니다. 누가 이스라엘이 다시 일어설 것이라고 생각했겠습니까? 하나님이 이스라엘을 '야훼의 종'으로 삼으신 것은 이스라엘만의 구원이 아닙니다. 더 중요한 일이 있습니다. 그것은 이스라엘을 '뭇민족의 빛'(6절)으로 삼아 다른 모든 나라와 민족들에게도 구원을 베푸는 것이었습니다. 그렇기에 이 두 번째 '야훼의 종'의 노래는 "섬들아, 내게 들으라 먼 곳 백성들아 귀를 기울이라"(1절)라고 시작합니다. 여기 섬들은 이스라엘과 가까운 지중해 연안의 나라들이고 먼 곳 백성은 다른 나라들을 가리킵니다. 이 나라들의 구원을 위해 이스라엘을 쓰시겠다는 것입니다.

코로나19로 전 세계가 힘들어합니다. 그러나 우리는 이 엄중한 상황을 그 어떤 나라들보다 잘 이겨나가고 있습니다. 강대국들을 포함한 많은 나라들이 우리나라의 방역, 의료 시스템과 민주주의를 배우려고 합니다. 이제야 하나님이 우리에게 준 고난의 역사가 우리를 구원의 메시아 '야훼의 종'으로 쓰시려는 하나님의 뜻을 알았습니다. 이 깨달음이 역사의식입니다. 누가 조선이 이런 나라로 도약할 줄 알았겠습니까? 하나님께서는 우리를 '뭇민족의 빛'으로 쓰십니다. 임진왜란, 동학, 3.1운동, 4.19. 5.18, 6월항쟁과 촛불혁명에 이르기까지 이 사건들은 단지 우리 민주주의만을 위해 우리를 단련시키는 과정이었을 뿐만 아니라 전 세계에게 시민이 주인이 되는 모델이 되게 했습니다. 우리 자신이 전사이신 하나님의 무기입니다. "사랑도 명예도 이름도 남김없이…" 지금도 뭇 민족이 부르고 있는 야훼의 종의 노래입니다.

야훼께서 통치하신다!

놀랍고도 반가워라! 희소식을 전하려고 산을 넘어 달려오는 저 발이여! 평화가 왔다고 외치며, 복된 희소식을 전하는구나. 구원이 이르렀다고 선포하면서, 시온을 보고 이르기를 "너의 하나님께서 통치하신다" 하는구나(사 52:7).

북 왕국 이스라엘이 기원전 721년 북방 세력인 앗시리아에 멸망 당한 후에도 135년간 남 왕국 유다는 나라를 지켜냈습니다. 그러나 앗시리아를 정복한 신흥제국 바빌로니아에 의해 남 왕국 유다 역시 기원전 586년에 멸망 당합니다. 바빌로니아는 유다 땅의 예루살렘 성전을 파괴하고 유다의 왕들에게 치욕을 안깁니다. 시드기야는 유다의 마지막 왕으로서 두 아들이 처형당하는 비극을 지켜봐야 했고, 그 후 두 눈이 뽑힌 채로 바빌로니아로 끌려갑니다. 다윗 왕가의 몰락과 영원한 도성 시온이 짓밟히며 예루살렘 성전이 폐허가 되는 것을 지켜본 백성들은 큰 충격을 받았습니다.

다윗 왕가와 맺은 하나님의 언약과 성전은 유다를 지키는 두 개의 기둥이었습니다. 그러므로 이 파괴된 두 기둥을 재건하는 것은 곧 이스라엘 신앙의 회복과 같은 것이었습니다. 바빌로니아에 이은 페르시아 제국의 총독 고레스의 유화 정책에 힘입어 포로로 끌려온 소수민족들은 자기들의 나라로 돌아갈 수 있게 됩니다. 유다 역시 에스라와 느헤미야, 학개 등의 지도자들과 함께 유다 땅으로 돌아옵니다. 그리워하며 돌아가고 싶었던 고향, 고국은 여전히 폐허로 남아 있었습니다. 돌아온 유다 백성은 남아 있던 동포들과 심각한 갈등을 겪지만, 끝내 성벽과 성전을 재건해냅니다. 그러나 다윗 왕조는 다시 회복하지 못합니다. 그러나 남북 이스라엘의 멸망을 경험하며, 70년 포로기를 겪어내며 그들이 깨달은 것이 있었습니다. 그것이 바로 오늘 본문에 표현되어 있습니다.

하나님이 통치하시는 도성 시온, 하나님 나라의 상징인 시온의 회복은 다윗 왕조의 회복이 아니라 하나님의 통치에 있다는 깨달음이었습니다. 다윗 왕조의 몰락을 겪고 성전의 파괴를 눈앞에 지켜본 이스라엘 백성들에게 유일하게 남은 희망은 '하나님의 통치'뿐이었습니다. 그들은 그들의 조상들이 광야에서 왕 없이 하나님과 함께했던 시간을 기억했습니다. 비록 포로의 신세로 모든 것을 잃었지만, 절대 잃어버려서는 안 되는 야훼 하나님, 그 주인된 신을 기억해 냈던 것입니다. 우리가 지키려는 것은 무엇일까요? 성전일까요? 다윗 왕조일까요? 하나님의 통치일까요?

예레미야가 한 말

> 이 책에 기록되어 있는 것은 예레미야가 한 말이다. 그는 베냐민 땅 아나돗 마을의 제사장 출신인 힐기야의 아들이다(렘 1:1).

예레미야서의 첫 절은 제목입니다. 직역하면 "베냐민 땅 아나돗에 있는 제사장 중 예레미야 벤 힐기야의 말들"입니다. '예레미야 벤 힐기야'는 이스라엘 사람의 정식 이름으로 '힐기야의 아들(벤) 예레미야'라는 말입니다. 성서는 보통 하나님의 '말씀'(다바르, 단수)인데 아모스서와 함께('아모스가 전한 말들') 예레미야서는 "예레미야가 한 말들(디브레, 복수)"을 제목으로 갖고 있습니다. 다른 예언서들은 대개 그 제목이 "누구에게 임한 야훼의 말씀"입니다. 그런데 예레미야서는 예레미야가 '한 말들'입니다. 이것이 이상해서인지 헬라어로 번역한 칠십인역에서는 "예레미야에게 임한 하나님의 말씀"이라고 고쳐 번역했습니다. 예레미야서의 실질적인 마지막이라고 할 수 있는 51장 64절 역시 "여기까지가 예레미야의 말(말들,

복수)이다"라고 끝납니다(52장은 후기). 하나님의 말씀이 아니라 예레미야의 '말들'입니다. '예레미야의 말들'로 전체를 감싸고 있습니다.

왜 예레미야서에서는 '하나님의 말씀'이 아니라 '예레미야의 말들'이라고 제목 붙였을까요? 물론 이어지는 2절에 "주님(야훼)께서 예레미야에게 말씀하셨다"라고 되어 있듯이 예레미야의 '말들'이란 예레미야에게 임한 하나님의 말씀입니다. 그럼에도 왜 '예레미야의 말들'이라고 표현한 것일까요? 그만큼 하나님의 말씀이 예레미야 개인의 삶과 밀접하게 관련되어 있다는 것입니다. 예레미야서가 다른 예언서와는 달리 유독 예언자의 개인적인 경험과 심정을 상세히 기록했다는 점도 이것을 뒷받침해 줍니다. 하나님을 떠난 이스라엘의 운명을 자신의 고난과 고뇌로 받아들였다는 것이고, 하여 예레미야를 '눈물의 예언자'라고 부르는 것입니다. 하나님이 내린 심판의 말씀이 단지 예레미야가 전하기만 한 말이 아니라 그 스스로가 겪은 심판의 아픔이었음을 나타내는 것입니다. 그 이름을 보면 더욱 확실히 알 수 있습니다. 예레미야는 히브리 고유명사 '이르메야훼'로 그 뜻에 논란이 있기는 하지만 "야훼께서 일으켜 세우시기를!"을 뜻한다고 합니다. 예레미야는 하나님이 일으켜 세워 이스라엘에게 내린 재앙을 전하고 재앙 한복판에서 재앙을 겪었던 하나님의 사람입니다. '나'라는 뜻의 '야훼'를 예언자 자신을 가리키는 것처럼 산 예언자였던 것입니다.

하나님은 자기 자신을 보내듯 예레미야를 불러 보내신 것입니다. 그리고 그는 패망의 이스라엘을 예언하고 그 예언의 아픔 그대로를 겪은 사람으로 하나님의 일으킴을 받은 사람입니다. 그리고 끝내 그 일으킴은 이스라엘의 구원으로 이어집니다. 그렇기에 예레미야서는 하나님의 말씀이고 동시에 예레미야의 말들입니다. '말들'은 하나님의 말씀이 삶이 된 예레미야로의 성육신입니다.

제사장은 많으나

이 책에 기록되어 있는 것은 예레미야가 한 말이다. 그는 베냐민 땅 아나돗 마을의 제사장 출신인 힐기야의 아들이다(렘 1:1).

예레미야서는 예언자 예레미야가 제사장이었음을, 에스겔처럼 그냥 제사장(겔 1:3)이 아니라 '베냐민 땅 아나돗 마을의 제사장(복수)' 이라는 특정한 집단에 속한 제사장임을 밝히고 있습니다. 그렇게 연결시킴으로써 이 집단이 갖고 있는 역사를 살피게 합니다. 솔로몬은 다윗과 학깃 사이에서 난 아들인 아도니야와 왕위 계승 전쟁을 벌여 이깁니다(왕상 2:26). 이때 아도니야의 편에 섰던 제사장 아비아달을 제사장직에서 파면하고 고향 아나돗으로 쫓아 버립니다. 열왕기상 2장은 이 축출 당한 제사장 아비아달이 블레셋과의 전쟁에서 성소를 어지럽힌 두 아들과 함께 죽은, 실로 성소의 제사장 엘리의 후손임을 알려줍니다(왕상 2:27).

사사 시대 때 엘리 제사장이 아들 홉니와 비느하스를 잘못 키워 하나님의 제단을 더럽힌 것에 하나님의 사람은 엘리에게 엄청난 저주를 내립니다(삼상 2:27-36). 예루살렘 성전의 중심이 되는 가문인 사독과는 달리 아비아달과 그 후손은 주변부 제사장으로 밀려나 아나돗에서 실로 성소의 전통을 이어갔습니다. 예레미야가 아비아달의 후손인지는 확실치 않으나 아나돗의 제사장 집단의 일원으로 분명 그런 역사를 알고 있었을 것으로 보입니다. 그러므로 예레미야서 곳곳(렘 7:12, 14; 26:6, 9)에 나오는 이스라엘의 첫 성소인 실로의 멸망을 예레미야가 알고 있었던 것은 당연합니다. 실로가 언제, 어떻게 파괴되었는지에 대해서는 구약성서에 확실히 나타나 있지 않지만, 블레셋 사람들에 의해 주전 11세기 중반에 파괴된 것으로 보입니다.

아나돗 제사장 그룹에 속한 예레미야는 이스라엘이 굳건하게 믿었던 두 가지 신념이 허망하게 무너진 것을 역사를 통해 깨닫습니다. 하나는 다윗에게 내린 영원한 약속이고, 다른 하나는 성전이 곧 하나님이라는 믿음입니다. "나는, 네가 어디로 가든지, 언제나 너와 함께 있어서, 네 모든 원수를 네 앞에서 물리쳐 주었다. 나는 이제 네 이름을, 세상에서 위대한 사람들의 이름과 같이, 빛나게 해주겠다"(삼하 7:9)라는 영원한 약속이 솔로몬 이후 이스라엘이 남북으로 갈라짐으로 무효화되었으며, 성소 실로가 멸망하였습니다. 영원하리라는 다윗 계약의 붕괴, 하나님 자신과도 같은 성소의 파괴라는 역사를 예레미야는 눈여겨보았던 것입니다. '예레미야가 한 말은 곧 '야훼의 말씀'입니다. 가문도 아니고 성전이라는 건물도 아닙니다. 오직 '말씀'뿐입니다. 말씀을 외면할 때 왕가의 가문도 끝나고 성전도 끝납니다. 오늘 한국교회가 이런 역사의식이 있는지 모르겠습니다. 제사장은 많은 것 같은데 예언자가 보이지 않습니다.

야훼의 뜰

나 주가 말한다. 너는 주의 뜰에 서서, 내가 너에게 전하라고 명한 모든 말을, 유다의 모든 성읍에서 주의 성전에 경배하러 오는 사람에게, 한마디도 빼놓지 말고 일러주어라(렘 26:2).

예레미야 26장에서 예레미야의 수난이 시작됩니다. 요시야의 종교개혁으로 유다가 제대로 세워지나 싶더니 이집트와의 므깃도 전투에서 요시야가 전사하자 개혁은 수포로 돌아갑니다. 이집트는 그의 아들 여호아하스에 이어 역시 요시아의 아들인 엘리아김을 여호야김으로 이름을 바꾸게 하고 왕으로 세웁니다(1절, 왕하 23:34). 그 역시 "조상의 악한 행위를 본받아, 주님께서 보시기에 악한 일을 하였습니다"(왕하 23:37). 여호야김의 통치가 시작될 무렵 하나님은 예레미야에게 예루살렘 성전 뜰에 가서 전하라고 명한 모든 말을 성전으로 예배하러 오는 사람에게 전하라고 하십니다. 장소는 '주의 뜰', 야훼의 뜰, 즉 예루살렘 성전 뜰입니다.

그냥 성전이라고 해도 될 터인데 왜 '야훼의 뜰'이라고 했을까요? 성전이 곧 하나님이라고 여겼기 때문입니다. 여기서 교묘한 착각이 일어납니다. 성전이 자신들을 지켜줄 것이라는 착각입니다. 그래서 성전에서 제사 드리는 것이 신앙의 전부라고 여기며 모든 힘겨운 삶의 문제가 해결될 것이라고 본 것입니다. 돌아보면 우리도 교회에 갔다 오면 마음이 놓입니다. 사람은 바뀌지 않았는데 말입니다. "성전이야말로 유다 백성의 회개와 변화를 가로막는 근본 원인이었습니다"(김근주, 『특강 예레미야』, 79). 성전이 유다 백성을 지켜주지 않습니다. 교회가 교인을 지켜주지 않습니다. 백성이 거룩해져야 거룩할 聖(성), 성전을 지킵니다. 거룩한 지체의 교우들이 모여 거룩한 주님의 몸인 교회를 이룹니다. 예레미야에게 야훼(주)의 뜰에 서라고 하나님은 말씀하십니다. 유다를 향해 심판의 말씀을 전하라고 하십니다(4-6절). 분명 '야훼의 뜰 안에서'입니다.

호랑이를 잡기 위해서는 호랑이 굴로 가야 합니다. 예레미야는 죽음을 각오해야 했습니다(8절). 성전이 야훼라고 여기는 유다에게 그 성전이 무참히 무너질 것이라는 말을 전해야 했습니다. '세상 만민의 저줏거리'(6절)가 되게 하겠다고 말해야 했습니다. 한마디도 빼놓지 말고 일러주라고 하십니다. 사람의 입맛에 따라 적당히 물을 타서는 안 된다는 것입니다. "내가 당신들에게 명령한 말에 한마디도 더하거나 빼서는 안 됩니다"(신 4:2). "누구든지 여기에 무엇을 덧붙이면, 하나님께서 그에게 책에 기록한 재앙들을 덧붙이실 것이요, 또 누구든지 이 예언의 책에 기록한 말씀에서 무엇을 없애 버리면, 하나님께서 이 책에 기록한 생명나무와 그 거룩한 도성에서 그가 누릴 몫을 없애 버리실 것입니다"(계 22:18-19). 수요가 공급을 결정합니다. 듣고 싶은 것을 말하지는 않나요? 결국 가감하게 되지는 않는지요? 우리 산돌교회는 어떤가요?

악한 길에서 돌아선다면

혹시 그들이 그 말을 듣고서, 각자 자신의 악한 길에서 돌아설 수도 있지 않겠느냐? 그러면 내가, 그들의 악한 행실 때문에 그들에게 내리기로 작정한 재앙을, 거둘 것이다(렘 26:3).

운명이란 정해진 것이 아닙니다. 망하기로 되어 있는 운명이란 없습니다. 우리가 생각하는 팔자라는 불변의 것도 없습니다. 아무리 하나님이라도 계획한 것을 바꾸기도 하십니다. 후회하셔서 축복을 재앙으로 바꾸기도 하십니다(창 6:6-7). 전지전능하신 분이 후회도 하시고 계획도 바꾸시다니요, 정말 이해가 되지 않죠? 하나님을 우리는 내 밖, 우리 밖, 저 높은 데 계신 분으로 대상화시켜 마치 위에서 나와 우리 그리고 인류 역사를 통치하는 절대 군주처럼 여깁니다. 하나님을 밖의 존재로 대상화할 때 이미 하나님은 우상입니다. 대상화된 우상은 사람의 욕망을 신으로 투사한 것입니다. 그래서 생긴 것이 금송아지였습니다(출 32장). 만들어진 신입니다(1절). 욕망이 만든 것입니다. 그래서 십계명 제1 계명("내 앞에서 다른 신들을 섬기지 말라")을 직역하면 "너희를 위하여 다른 신들을 내 앞에 있게 하지 말라"입니다. 어떤 신이든 자기 자신을 위하여 존재하는 신은 우상이라는 것입니다. 하나님을 믿는 신앙은 하나님을 위해서입니다.

하나님은 영이십니다(요 4:24). 영(프뉴마)은 마음입니다. 그래서 하나님은 내 안에서 마음으로 만나야 합니다. 마음으로 만난 하나님을 요한은 절대 군주처럼 말하지 않았습니다. '하나님은 사랑'(요일 4:8)이라고 고백했습니다. 그래서 하나님은 자신의 심판을 거두고 싶어 하십니다. 설령 심판을 내려도 사랑으로 내립니다. 우리가 알고 있는 '전능하신 하나님'(엘 샤따이)도 그 뜻은 '여인의 두 젖가슴'입니다. 하나님의 사랑을 뜻하는 '긍휼'(라훔)도 '레헴'(자궁)에서 온 말입니다. 모진 아픔을 이겨내고 생명을 출산하는 모성애 말입니다. 그래서 하나님은 언제나 그 심판을 멈추고 싶어 하십니다. 여기에 전제가 있습니다. "그 말을 듣고서, 각자 자신의 악한 길에서 돌아설 수도 있지 않겠느냐?"입니다. "말씀을 듣고서 돌이킨다면"이라는 전제입니다. 물론 그 말씀은 가감이 없는 하나님의 말씀(2절)입니다.

말씀을 듣고 돌이킬 때 하나님은 악한 행실 때문에 우리에게 내리기로 작정한 재앙을 거두실 것입니다. 원래 작정한 것이었습니다. 그분의 계획이고 뜻이었습니다. 그러나 우리를 위해 그 계획도 뜻도 바꾸십니다. 우리를 마음으로 만나시는 하나님이십니다. 우리가 더러운 영을 떨쳐 버리고 거룩한 마음을 갖고 있다면 그 마음과 삶을 보시고 재앙을 거두시겠다는 것입니다. 코로나 상황에서도 서로를 탓하며 싸우는 것이 우리입니다. 여전히 자연에 대한 욕망의 착취를 중지하지 않고 상대방에게만 탄소를 줄이라고 요구합니다. 코로나를 통하여 우리에게 주신 이 기회에 하나님이 만드신 자연을 잘 보전하라는 말씀을 준수하고 자연에 대한 착취에서 돌이킨다면 하나님은 반드시 모든 재앙을 거두실 것입니다.

예레미야의 쓴 예언

이와 같이 예레미야가 주님의 명대로, 모든 백성에게 주님의 모든 말씀을 선포하니, 제사장들과 예언자들과 모든 백성이 그를 붙잡고 소리를 질렀다. "너는 반드시 죽고 말 것이다. 어찌하여 네가 주님의 이름을 빌려, 이 성전이 실로처럼 되고, 이 도성이 멸망하여 여기에 아무도 살 수 없게 된다고 예언하느냐?" 그러면서 온 백성이, 주님의 성전 안에 있는 예레미야를 치려고, 그 주위로 몰려들었다(렘 26:8-9).

기득권을 가진 권력자들과 늘 편한 쪽을 택하려는 대중이 쓴소리를 받아들이기가 쉬울까요? 개인에게 사소한 습관을 고쳐야 한다고 말하는 것도 쉽지 않은데 멸망의 선포를 말하는 것이라면 말입니다. 아무리 하나님이 하신 거룩한 말씀이라도 말하기가 쉽지 않습니다. 그래서 예수님도 이렇게 말씀하셨습니다. "거룩한 것을 개에게 주지 말고, 너희의 진주를 돼지 앞에 던지지 말아라. 그들이 발로 그것을 짓밟고, 되돌아서서, 너희를 물어뜯을지도 모른다"(마 7:6). 그러나 그 결과가 뻔히 보임에도 불구하고 예언자는 그 본 것을 말해야 합니다. 더욱이 멸망이 눈앞에 있는데 부드럽게 타이를 틈이 없습니다. 철로 길에서 아이가 정신없이 놀고 있다면 달려오는 기차 옆에서 소리 지르지 않을 부모가 없을 것입니다.

예루살렘 도성이 실로처럼 폐허가 될 것이라고 합니다(6절). 실로의 운명은 사무엘상 4장에 기록되어 있습니다. 마지막 사사 사무엘 시대에 블레셋이 쳐들어왔습니다. 첫 전투는 이스라엘의 참패였습니다. 장로들은 이 싸움에 패한 것은 '언약궤'(법궤)가 없었기 때문이라며 실로의 성막에 안치된 '언약궤'를 가지고 옵니다. 법궤가 있으므로 당연히 이길 줄 알고 전의를 불태웁니다. 블레셋 사람들도 긴장할 정도였습니다. 그러나 보병 삼만 명이 죽는 돌이킬 수 없는 패배를 겪고 실로는 사라집니다. 사무엘 시대에 이스라엘이 언약궤가 자신들을 지켜줄 것이라고 생각했듯이, 예레미야 시대에는 성전이 이스라엘을 지켜줄 것이라고 믿었습니다. 그들은 여전히 자기 자신을 보지 못했습니다.

제사장들과 거짓 예언자들(7절)은 성전으로 밥 먹고 사니 성전이 자신들을 지켜줄 것이라고 여긴 모양입니다. 목사들은 교회로 먹고 사니 교회가 자신들을 지켜줄 것이라고 여기는 모양입니다. 교회가 건물인 줄 압니다. 그 건물 안에 들어오면 구원이 있다고 외칩니다. "믿으시기 바랍니다"에 교인들도 믿습니다. 그래서 코로나 상황이 와도 교회에 모여 예배합니다. 교회 예배 사수가 그들 신앙의 전부가 되어 버렸기 때문입니다. 결국 죽음에 이릅니다.

예레미야의 쓴소리에 제사장들과 거짓 예언자들, 우매한 대중들은 예수님의 말씀처럼, 그 거룩한 말씀을 짓밟고 되돌아서서 예레미야를 물어뜯으려고 합니다. 성전 모독, 신성 모독이라고 몰아치고 있는 것입니다. 이스라엘에 대한 예레미야의 쓰디쓴 멸망의 예언은 사실 이스라엘에 유일한 희망의 말씀입니다. "희망도 그렇게 쓰디쓴 향으로 제 속에서 자라는 것"(도종환, 〈희망의 바깥은 없다〉)입니다.

성전이 아니라 말씀

그러자 고관들과 온 백성이 제사장들과 예언자들에게 말하였다. "이 사람에게 는 사형 선고를 받아야 할 만한 죄가 없습니다. 그는 주 우리 하나님의 이름으로 우리에게 말씀을 전하였기 때문입니다"(렘 26:16).

예레미야는 유다의 죄로 예루살렘이 멸망할 것이라는 하나님의 말씀을 전하고 회개를 촉구합니다(4-6절). 제사장들과 예언자들과 온 백성은 그 말씀을 듣고 예레미야를 붙잡고 "너는 반드시 죽고 말 것이다"(8절)라고 말합니다. 그리고 온 백성이 주님의 성전 안에 있는 예레미야를 치려고 그 주위로 몰려들었습니다(9절). 특히 제사 장들과 예언자들은 고관들과 온 백성들에게 "이 사람은 사형 선고를 받아야 마땅합니다. 여러분이 직접 귀로 들으신 바와 같이, 그는 도성이 멸망한다고 예언을 하였습니다"(11절)라고 말합니다. 제사 장들과 예언자들이 예레미야를 고발한 주된 내용은 성전이 멸할 것이라 하여 성전을 모독했다는 것이고, 성전이 곧 하나님이라고 생각해온 유다 사람들에게 이 예언은 신성 모독이라는 것입니다.

왜 제사장들과 예언자들은 이토록 성전 멸망에 예민할까요? 성전에 기반을 둔 그들의 권력과 부 때문입니다. 마찬가지로 예수님이 성전이 허물어질 것을 예언하며 성전 정화를 하자 당시의 성전 권력자들인 대제사장들과 율법학자들 역시 예수님을 죽일 모의를 합니다(마 11:15-18). 결국 예레미야 시대나 예수님 시대나 별반 바뀌지 않았습니다. 과연 오늘은 어떤가를 묻는다면 고개를 떨구지 않을 수 없습니다. 이에 예레미야는 흔들림이 없이 이 예언을 전하라고 자신을 보내신 분은 야훼 하나님이라면서 다시 회개를 촉구합니다(12-13절). 그리고 이어 말합니다. "그러나 이것만은 분명히 알아 두십시오. 여러분이 나를 죽인다면, 자신과, 이 도성과, 이 도성의 주민은 무죄한 사람의 피를 흘린 죄값을 받을 것이니, 이는 이 모든 말씀을 여러분의 귀에 전하도록 나를 보내신 이가 바로 주님이시기 때문입니다"(15절).

다행히도 고관들과 온 백성이 마음을 바꾸며 예레미야를 죽이는 것이 부당하다고 말합니다. 그러나 그들 대중의 말은 교묘합니다. 사형 선고를 받을 죄는 아니라는 것입니다. "죄는 맞지만 사형까지는 아니다"라는 말처럼 들리기도 합니다. 대중은 간사하고 변덕스럽습니다. 예루살렘 입성 때 '호산나' 하던 사람들이 일주일이 채 되기도 전에 예수님을 십자가에 못 박으라고 합니다(막 15:13, 14). 예레미야 때도 그렇습니다. 처음에는 제사장들과 예언자들을 지지하지만(7-8절), 나중에는 예레미야 편을 들기도 합니다(16절). 대중은 불안합니다. 더욱이 성전 권력을 쥐고 있는 대제사장들과 예언자들의 말에 언제 현혹될지 모릅니다. 그러므로 우리 자신을 바로 세울 수 있는 길은 하나님의 말씀에 대한 바른 깨달음뿐입니다.

눈에 보이는 성전이 아니라 보이지 않지만 하나님의 뜻인 말씀에 서 있어야 합니다.

유죄판결

그때에 유다 왕 히스기야와 온 유다 백성이 그를 죽였습니까? 그들이 오히려
주님을 두려워하고, 주님의 은혜를 간구하니, 주님께서도 그들에게 내리겠다고
말씀하신 재앙을 거두시지 않았습니까? 그런데 지금 우리는 그 큰 재앙을 우리
자신들에게 불러들이려 하고 있습니다(렘 26:19).

고관들과 온 백성이 예레미야의 사형 선고를 막자 지방의 장로들
가운데 몇 사람이 서로 다른 사례를 듭니다. 하나는 히스기야 왕
당시의 미가 예언자의 재앙입니다. 미가 역시 유다의 멸망을 예언합
니다. "시온이 밭 갈듯 뒤엎어질 것이며, 예루살렘이 폐허 더미가
되고, 성전이 서 있는 이 산은 수풀만이 무성한 언덕이 되고 말
것이다"(18b절). 이것은 미가서 3장 12절과 일치합니다. 이 말을
듣고 히스기야는 하나님을 두려워하며 그 예언을 받아들이고 참회
함으로 하나님께서 재앙을 거두셨다는 것입니다. 다른 하나는 여호
야김왕 시대의 우리야의 경우입니다. 우리야 역시 예레미야와 같이
이 나라와 성전의 멸망을 예언합니다(20절). 그러자 왕은 우리야를

죽이려 하고 우리야는 이집트로 도망갑니다. 그러나 왕은 사람들을 이집트로 보내어 우리야를 체포하여 예루살렘으로 데려와 왕의 칼에 죽게 하고, 그 시신은 평민의 묘지에 던져집니다(21-23절).

이 두 사례를 든 것은 지금 예레미야를 죽이느냐 마느냐가 중요한 논쟁이 아니라는 것입니다. 히스기야처럼 미가의 예언을 듣고 재앙을 피하느냐 아니면 여호야김처럼 우리야를 죽여 재앙의 길로 들어설 것이냐는 것입니다. 하나님의 법정에서 이미 이 나라 전체가 유죄로 판결이 났음에도 인간의 법정에서는 한 하나님의 예언자, 의인을 두고 사형시키니 마니 하며 형량을 논하고 있다는 것입니다. 결국 예레미야는 사형은 면했지만 그 예언은 거부당한 것이고, 그 결과는 유다의 멸망입니다. 사실 미가의 경우도 재앙을 거두신 것이 아니라 재앙을 연기하신 것임을 사람들은 모르고 있던 것입니다.

문제의 핵심은 힘 있는 자들의 칼에 휘둘려 본질을 못 찾고 있다는 것입니다. 오늘 인류의 모습이고 우리 자신, 나 자신의 모습입니다. 기후변화의 문제가 얼마나 심각한 것인지 이렇게 구체적으로, 그 재앙을 코로나로 보여줘도 우리는 받아들이지 않고 서로 탓을 하며 딴짓을 하고 있습니다. 하나님은 이미 우리에게 유죄 판결을 내렸습니다. 수많은 참 미래학자들인 예언자들이 멸망의 카운트를 세고 있습니다. "그런데 지금 우리는 그 큰 재앙을 우리 자신들에게 불러들이려 하고 있습니다."

엘라단과 아히감의 선택

그러나 예레미야는 사반의 아들 아히감이 보호하여 주었으므로, 그를 죽이려는 백성의 손에서 벗어날 수 있었다(렘 26:24).

예레미야가 유다의 회개를 촉구하는 멸망을 예언하는 중에도 목숨을 부지할 수 있었던 것은 사반의 아들 아히감의 보호가 있었기 때문이라는 이 짧은 구절은 결코 짧은 말씀이 아닙니다. 어느 역사에나 정도를 가는 인물이 있음을 말하는 것이지만, 그 인물은 갑자기 나타난 것이 아닙니다. 악의 뿌리도 깊지만, 못지않게 선의 뿌리도 깊습니다. "예레미야를 보호했던 아히감의 아버지 사반은 종교개혁자 요시아왕의 개인비서였습니다. 그는 새로 발견한 율법책을 가지고 가서 왕에게 읽어 주었고, 이것은 종교개혁으로 이어졌습니다" (왕하 22장; 박동현, 『백주년 성서주석 예레미야 I』, 769). "사반은 요시야 때에 왕의 심부름으로 성전에 갔다가 대제사장 힐기야에게서 율법책을 전해 받아 왕에게 전함으로써 개혁의 불씨를 지핀 율법학자였습니다. 아히감은 아버지 사반과 함께 그 개혁과정에 주도적으로 참여한 인물입니다"(크리스토퍼 라이트, 『예레미야 강해』, 385).

오늘 분문은 우리야가 미가나 예레미야처럼 유다의 멸망을 예언했지만, 끝내는 여호야김왕이 보낸 악볼의 아들 엘라단 등 사람들을 보내 우리야를 체포해서 왕에게로 끌고 가 왕의 칼에 죽게 한 사건(20-23절) 다음에 배치함으로써 두 사건을 대조하고 있습니다. 열왕기하 22장 11절에 다시 악볼과 아히감이 나란히 나옵니다. 악볼의 아들 엘라단은 아히감보다 한 세대 아래에 속한 젊은이였을 것으로 보입니다. 그러나 악볼의 아들 엘라단은 우리야를 구해내지 못했고, 사반의 아들 아히감은 예레미야를 구했습니다.

두 사건의 대조는 두 집안이 걸어온 길 그리고 걸어갈 길을 말해주고 있는 것입니다. 엘라단은 불의한 왕의 명령에 따랐습니다. 그는 눈앞의 유다의 멸망을 보지 못했고 자신이 하는 일이 무엇인지를 몰랐다는 것입니다. 그저 명령을 따랐던 것입니다. 명령에 성실했습니다. 조직의 명령에 충실한 것입니다. 이것이 하나님의 법정에서 통할지는 모르겠습니다. 엘라단과 아히감의 차이는 본질의 차이입니다. 사람을 두고 따를 것이냐 아니냐가 아니라 지금 하나님의 법정에 서 있다는 것입니다. 하나님의 율법에 충실하고 율법으로 유다를 개혁하려 했던 사반과 아히감은 왕의 법정이 아니라 하나님의 법정에 서 있었던 것입니다. 개혁의 본질을 제대로 보는 눈이 필요한 오늘입니다. 오늘 우리는 지금 누구 앞에 서 있나요?

예레미야의 멍에

주님께서 나에게 이렇게 말씀하셨다. "너는 나무 멍에들을 만들어 밧줄을 달고, 그 멍에들을 네 목으로 메어다가, 지금 유다 왕 시드기야를 만나려고 예루살렘에 와 있는 사절들에게 나누어 주어, 그것들을 에돔 왕과 모압 왕과 암몬 사람의 왕과 두로 왕과 시돈 왕에게로 보내어라. 너는 또 그들에게 이렇게 명령하여, 각자 상전에게 전하게 하여라"(렘 27:2-4a).

예루살렘에서 반바빌론 동맹 회의가 열리고 있었습니다. 바빌론의 침공에 연합하여 막자는 회의였습니다. 이 회의에 예레미야는 불청객으로 갑니다. 하나님의 말씀을 전하기 위해서…. 각 나라 대표자에게 각자 나라에 가서 상전(왕)에게 전하라는 말씀입니다. 좋은 이야기가 아닙니다. 예레미야도 별로 전하고 싶지 않았을 것입니다. 이것을 어떻게 이해하겠습니까? 고통을 당하고 멸망을 당해도 이유가 이해되면 견뎌낼 수 있지만 죽으면서도 왜 죽는지 모르고 죽으면 그 죽음이 뭐가 되겠습니까? 그야말로 개죽음입니다. 예레미야라고 편하겠습니까? 하나님은 예레미야에게 멸망의 멍에를 메라고 합니다. 그 절반은 자신이 메고 다른 절반은 각 나라에서 온 대표자에게 나눠 주려는 것입니다. 멸망의 원인은 야훼를 멀리한 이스라엘의 죄 때문입니다. 그 죄가 길고 깊습니다.

이 쓰디쓴 예언을 어떻게 전한다는 말입니까? 위로해도 용기를 가질까 말까 한데 이런 멸망의 예언을 하면 누가 좋아하겠습니까? "내가 입을 열어 말을 할 때마다 '폭력'을 고발하고 '파멸'을 외치니, 주님의 말씀 때문에, 나는 날마다 치욕과 모욕거리가 됩니다"(20:8). 그래서 예레미야는 다시는 주님의 이름으로 외치지 않겠다(20:9a)고 결심하지만 그렇다면 그는 거짓 예언자겠지요. 결국 우리의 예언자는 이렇게 말합니다. "그때마다, 주님의 말씀이 나의 심장 속에서 불처럼 타올라 뼛속에까지 타들어 가니, 나는 견디다 못해 그만 항복하고 맙니다"(20:9b). 해야 할 말을 하고 들어야 할 말을 듣는, 피할 길 없는 멍에입니다.

왕과 귀족들, 고관들은 분명히 책임이 있으니 멸망해도 그 대가를 치러야 하겠지만 아무것도 모르는 백성들은 너무 억울하지 않습니까? 물론 벌의 경중의 차이는 있겠지요. 역사에 대한 책임에서 그 누구도 예외가 될 수는 없습니다. 지금이 아니라 지금을 낳은 긴 과거이기 때문입니다. 신앙은 바로 이 역사의식을 갖는 것입니다. 눈앞의 것만 보는 것이 아니라 긴 과거를 보는 것입니다. 그래야 미래를 보는 예언이 나옵니다. 4.16에서 용산참사를, 용산참사에서 5.18을, 5.18에서 기나긴 군부독재를, 군부독재와 이승만을, 군부독재와 이승만에서 제주 4.3을, 제주 4.3에서 반공으로 세탁된 친일을 보는 것입니다. 악의 뿌리가 생각보다 깊습니다.

하나님의 종 느부갓네살

그러므로 나의 눈에 드는 사람에게 이 땅을 맡기겠다. 지금 나는 이 모든 나라를 나의 종 바빌로니아 왕 느부갓네살의 손에 맡겼으며, 들짐승도 그에게 맡겨서, 그가 부리게 하였다(렘 27:5b-6).

충격이고 어이가 없습니다. 하나님을 믿지 않는 침략자 바빌로니아 왕 느부갓네살을 두고 '나의 눈에 드는 사람'이라고 하며 심지어는 '나의 종'이라고까지 합니다. 그에게 이스라엘 근동 지방 전체를 맡겼다는 것입니다. '나의 종'이라는 말은 사람들이 분개하기에 충분한 말입니다. 그래서 후에 헬라어로 번역한 70인역은 이 단어가 나올 때마다 생략하거나 수정했습니다. 그리고 다른 많은 사본에도 이 구절이 생략되어 있습니다. 모든 민족이 느부갓네살 이후 3대에 걸쳐 지배를 당할 것이라는 7절 초반부의 내용도 70인역에서는 생략되어 있습니다. 나아가 바빌로니아 왕을 섬기지 않는 나라들이 있다면 하나님 자신이 전쟁과 기근과 염병으로 처벌해서라도 바빌로니아 왕의 손에 멸망 당하게 하겠다는 것입니다(8절). 그리고 바빌로니아 왕을 섬기지 않게 될 것이라고 하는 모든 예언을 듣지 말라고까지 합니다(9절). 그 예언은 거짓이기에 그 예언을 따른다면 고향 땅에서 멀리 내쫓아 멸망시키고, 만일 바빌로니아 왕을 섬기면 고향 땅에 남아 농사를 짓게 해주겠다는 것입니다(10-11절). 참으로 이해할 수 없는 하나님의 결정이고 예언입니다.

왜 하필 하나님의 눈에 드는 사람(직역하면 "나의 눈에 올바른 사람")이 느부갓네살인가요? '나의 눈에'는 하나님의 주권을 의미합니다. 그런데 그 주권을 느부갓네살에게 주신다는 것입니다. 물론 느부갓네살의 권력은 일시적입니다(7절 중반부, "물론 바빌로니아도 망하고 느부갓네살도 망할 때가 올 것이다"). 그러나 어째서 이런 바빌로니아의 느부갓네살을 하나님은 '나의 종'으로 삼으실까요? 단순히 하나님의 주권이니 무조건 믿어야 하는 것일까요? 이 이야기는 우리 역사를 떠오르게 합니다. 왜 하나님은 일본이 우리를 강점하게 허락하셨나요? 일본처럼 사악한 사람들에게 말입니다. 동학이 일어났을 때 일본군을 불러들여 제압한 것은 조선의 왕이었습니다. 동학이 그에게 왕좌에서 물러나라고 요구한 것도 아닌데 말입니다. 고종은 스스로 무덤을 팠습니다. 제 나라 백성을 다른 나라의 군대에 의해 유린 당하게 했습니다. 더욱이 해방 후 이승만은 친일을 청산하기는커녕 반공으로 세탁하는 특혜를 베풀었습니다. 이후 이어진 오랜 군부독재는 우리가 당해야 할 당연한 징벌일지 모릅니다.

친일은 지금도 청산되지 않았습니다. 한 나라가 제대로 서자면 그만한 대가를 지불해야 합니다. 이스라엘에 대한 바빌로니아 3대에 걸친 지배는 바빌로니아 느부갓네살에 대한 하나님의 특권이 아니라 이스라엘에 대한 심판입니다. 우리는 35년입니다. 그러나 청산되지 않았습니다. 주어는 이스라엘이고 대한민국입니다. 바빌로니아도 일본도 아닙니다. 두 나라가 제대로 서 있기까지 치러야 할 대가, 그 수단으로 잠시 하나님은 '나의 종'을 이용하고 있을 뿐입니다. 그런데도 아직 부끄러워하지 않습니다. 부끄러워 말씀으로 돌아갈 때입니다.

내가 찾아올 때까지는

참으로 주의 성전과 유다 왕궁과 예루살렘에 남아 있는 그 기구를 두고, 나 만 군의 주, 이스라엘의 하나님이 말한다. 그것들도 바빌로니아로 실려 가서, 내가 찾아올 때까지 그냥 그 곳에 남아 있을 것이다. 나 주의 말이다. 그리고 그 후에 내가 그것들을 이 곳으로 다시 옮겨 올 것이다(렘 27:21-22).

여호야김 왕(1절의 '시드기야'는 대다수 사본에는 '여호야김'으로 되어 있음)에 이어 시드기야왕 앞에서도(12절) 예레미야는 유다의 멸망을 전합니다. 바빌로니아 왕을 섬겨야 살 수 있다(12절)는 예레미야의 발언은 그를 친바빌로니아로 오해하기 딱 맞습니다. 결코 바빌로니아 왕을 섬기지 않게 될 것이라는 거짓 예언자들(14-15절)이 애국자들처럼 보입니다. 이 거짓 예언이 사람들에게는 듣기 좋고 안심이 됩니다. 더구나 거짓 예언자들은 여호야김 시절에 바빌로니아가 가져갔던 주의 성전의 기구들이 곧 되돌아올 것이라고 예언합니다. 예레미야는 이마저도 거짓이라고 선언합니다(16절). 그러면서 거듭 거듭 바빌로니아 왕을 섬겨야 살 수 있다고 말합니다(17절). 참 예언자라면 그나마 남아있는 기구들을 더 이상 빼앗기지 않게 만군의 주께 호소해야 한다(18절)는 것입니다. 예레미야는 제사장들과 백성들의 기대와는 다르게 그리고 거짓 예언자들과는 반대로 남아 있는 성전 기구들도 바빌로니아로 빼앗겨 실려 갈 것이라고 말합니다.

언뜻 보면 예레미야의 발언은 매국적인 모습으로 비칩니다. 나라를 내어주듯이 말입니다. 마치 친일 지도자가 나라를 팔아먹듯이 말입니다. 친일의 행적은 "조선이 독립할 줄 몰랐다"에 근거합니다. 그러나 예레미야에게는 언젠가는 되찾을 나라였습니다. 영원한 섬김이 아닙니다. 이것은 기한이 있는 고통의 섬김입니다. 이른바 바빌론 포로기입니다(7절). 백성이라는 대중은 눈앞의 것만 보기도 합니다. 예레미야의 예언은 영원한 멸망이 아닙니다. 이스라엘이 지은 죄에 대한 징벌의 기간입니다. 겪을 만큼 겪어야 한다는 것입니다. 바빌로니아 왕 삼대에 걸친 지배라는 대가를 치러야 한다는 것입니다. 성전 기구도 마찬가지입니다. "내가 찾아올 때까지"입니다. 그때까지 모진 70년이었습니다. 그러나 이 시기에 이스라엘은 야훼 신앙을 확립할 수 있었고, 결정적으로 성서가 문서화된 시기였습니다.

우리는 밥이라도 굶지 않게 해준다는 친일 매국노의 말에 나라를 내어주었습니다. 교회는 신사참배와 신앙은 별개라며 천황 앞에 머리를 조아렸습니다. 해방 후 모든 정적을 빨갱이로 몰아 친일을 반공으로 세탁하는 것을 묵인하고 동조했으며 그저 가난을 벗게 해준다는 "잘 살아보세"라는 소리에 긴 군부독재 세력에 길을 열어 주었습니다. 그 중심에 어리석은 대중들의 중우정치가 있습니다. 이들을 미혹시키는 권력의 개들이 된 법조계와 언론이 있습니다. "내가 찾아올 때까지" 청산해야 하건만 청산하지 못한다면 대가를 치러야 합니다. 겪을 만큼 겪어야 성숙해집니다. 민주주의란 다수결이 아니라 민의 성숙한 주인의식입니다.

예레미야

예언자 예레미야는 예언자 하나냐에게 말하였다. "하나냐는 똑똑히 들으시오. 주께서는 당신을 예언자로 보내지 않으셨는데도, 당신은 이 백성에게 거짓을 믿도록 하였소. 그러므로 주께서 이렇게 말씀하셨소. '내가 너를 이 지면에서 영영 없애 버릴 것이니, 금년에 네가 죽을 것이다. 네가 나 주를 거역하는 말을 하였기 때문이다.'" 예언자 하나냐가 바로 그 해 일곱째 달에 죽었다(렘 28:15-17).

이스라엘이 바빌로니아에 멸망을 당하고 바빌로니아 왕 삼대에 걸쳐 포로의 고통을 받아야 할 것(27:7)과 함께 예레미야는 이미 바빌로니아가 가져간 성전 기구는 물론 나머지 기구들도 빼앗길 것이고 하나님이 찾아오실 때까지 그 기구들이 바빌로니아에 남아 있을 것(27:22)이라고 예언합니다. 그러자 하나냐라는 예언자가 예레미야와 정반대의 예언을 합니다. 그는 이 예언이 "나 만군의 주, 이스라엘의 하나님"(2절)이 주신 것이라고 말합니다. 예레미야에게 예언을 준 하나님과 같습니다(27:4). 하나냐는 하나님이 유다 왕 여호야김의 아들 여고냐와 바빌로니아로 잡혀간 유다 모든 포로가 돌아올 것이고 2년 이내에 빼앗긴 기구들을 다시 가져올 것이라고 합니다(3절). 정말 은혜로운 예언입니다. '하나냐'라는 이름 뜻인 '야훼는 은혜로우시다'처럼 말입니다.

이에 예레미야는 즉각 반대하지 않습니다. 오히려 공감하며 말합니다. "아멘. 주님께서 그렇게만 하여 주신다면 오죽이나 좋겠소? 당신이 예언한 말을 주님께서 성취해 주셔서… 나도 바라오"(6절)라고 받아들입니다. 이것은 예레미야의 진심입니다. 예레미야는 이스라엘에 평화가 오기를 누구보다도 바란 예언자입니다. 그리고 하나냐가 예언한 평화가 성취되어야 그가 하나님이 보낸 예언자임을 사람들이 인정하게 될 것이라고 말합니다(9절). 이에 하나냐는 예레미야가 바빌로니아를 섬길 것이라는 것을 나타내기 위해 멍에를 빼앗아 꺾어 버렸습니다. 백성들이 보기에 멋있게 보였을 것입니다. 장밋빛 예언은 듣기 좋습니다. 그런데 예레미야는 그 즉시 반박하지 않고 그 자리를 떠났습니다. 이 같은 행동은 청중에게 하나냐가 논쟁에서 승리했다는 생각을 품게 했을 것입니다. 왜 그랬을까요? 상상이지만 하나냐의 하나님과 예레미야의 하나님이 차이, 어쩌면 그의 하나님과 나의 하나님의 차이를 예레미야는 신중하게 생각했을 것입니다.

어쩌면 대중은 평탄한 길을 예언하는 하나님을 원했을 것입니다. 사람들은 때때로 그의 바람을 하나님께 투사합니다. 역시 만들어진 하나님입니다. 예레미야도 그것을 바랐습니다. 그러나 예언은 자기가 바라는 것을 말하는 것이 아닙니다. '예언하다'의 히브리어 '나부'는 '대신 말하다'라는 뜻입니다. 예언은 앞날을 말하는 것이 아니라 하나님의 말을 대신 전하는 것입니다. 사실 예언자가 아니라 대언자여야 합니다. 그러므로 하나님의 뜻 앞에 서야 합니다. 이 뜻 앞에서 그는 하나냐의 예언이 거짓임을 안 것입니다(15절). 그리고 하나냐의 죽음을 봅니다(16절). 죽어서(17절) 죽었겠습니까? 하나님의 뜻이 아닌 자신의 바람을 말한 죽은 생각 때문입니다. "주를 거역하는 말을 하였기 때문"(16절)입니다. 거역해도 안 죽으니 우리는 산 줄 생각합니다. 하나냐의 하나님과 예레미야의 하나님, 두 하나님이 우리 안에 있습니다. 죽음과 삶입니다. 거짓과 참입니다.

복역 기간

너희는 그 곳에 집을 짓고 정착하여라. 과수원도 만들고 그 열매도 따 먹어라. 너희는 장가를 들어서 아들딸을 낳고, 너희 아들들도 장가를 보내고 너희 딸들도 시집을 보내어, 그들도 아들딸을 낳도록 하여라. 너희가 그 곳에서 번성하여, 줄어들지 않게 하여라. 또 너희는, 내가 사로잡혀 가게 한 그 성읍이 평안을 누리도록 노력하고, 그 성읍이 번영하도록 나 주에게 기도하여라. 그 성읍이 평안해야, 너희도 평안할 것이기 때문이다(렘 29:5-7).

주전 597년 바빌론 포로로 처음 간 사람들에게 예언자 예레미야가 하나님의 신탁을 받은 편지를 보냅니다(1-2절). 희망의 편지가 아닙니다. 아예 거기서 눌러살라는 말입니다. 그곳 포로지에서 정착하고 살라는 것입니다. 농사도 짓고, 시집 장가도 가고, 일상의 생활을 하라는 것입니다. 거기서 아들딸 낳아 번성하며 살라는 것입니다. 아예 포로로 잡아간 나라가 번영하도록 하나님께 기도하라고까지 합니다. 한일병탄 이후 조선은 잊고 일본 사람이 되라는 말처럼 들려옵니다. 내선일체(內鮮一體)를 곱게 받아들이라는 것입니다.

실제로 창세기 1장의 창조 배경은 바로 이 시대의 이야기입니다. 당시 포로촌은 유프라테스강과 티그리스강 사이 삼각주 범람 지역이었습니다. 추수 때면 홍수가 넘쳐나던 시절입니다. "땅이 혼돈하고 공허하며, 어둠이 깊음 위에"(창 1:2) 있던 절망의 시절입니다. 그러나 그 홍수를 창세기 기자는 "하나님의 영이 하나님의 영이 물 위에 움직이고 계셨다"(창 1:2)고 말하고 있습니다. 창세기 1장의 창조는 바로 바빌론 포로 시기를 극복해가는 과정입니다. 그리고 아들딸 많이 낳아 "생육하고 번성하여 땅에 충만하여라"(창 1:28)고 합니다. 정말 포로로 그곳에 눌러살아 바빌론 사람이 되라는 말인가요?

아닙니다. 바빌론 포로는 이스라엘의 죄로 인한 하나님의 심판입니다. 뼈아프게 느껴야 합니다. 그 죄를 깨닫고 돌아서기까지 그 심판을 감당해야 합니다. 말하자면 그 포로의 고난과 아픔이 일상이 되어야 한다는 것입니다. 자기네를 포로로 잡아가 잔혹하게 대하는 이방 제국 바빌론의 번영을 위해 기도하라는 것은 원수를 사랑하라는 말이 아니라 참으로 굴욕입니다. 조센징이라는 욕을 먹으면서도 신사참배를 은혜로 여기라는 것과 같습니다. 이 굴욕을 일상처럼 감당하라는 말입니다. 왜 그런가요? 죄를 깨달을 때까지 '복역 기간'(사 40:2)입니다. 이것을 일상처럼 받아들이라는 것입니다. 그래서 때가 되면 돌아오게 하겠다는 것입니다(10절).

코로나는 지난 1년간 우리로 너무나 불편한 일상에 들어서게 했습니다. 이유는 걷잡을 수 없는 인간의 탐욕스런 경쟁 때문입니다.

코로나는 한정된 자원으로 무한 성장을 향해 달려가다 맞은 부메랑입니다. 이 취약점을 보완하는 길은 자연과의 공존 시스템을 구축하는 것입니다. 자연과의 동거가 일상이 되어야 합니다. 이제 그만 자연을 침략하고 동반자로 받아들여야 합니다. 이 불편이 일상이 되도록 인류는 연대해야 합니다. 그런데 백인주의? 종교탄압? 인권침해…? 아직 멀었습니다.

복역 기간(2)

나 만군의 주, 이스라엘의 하나님이 분명히 말한다. 너희는 지금 너희 가운데 있는 예언자들에게 속지 말고, 점쟁이들에게도 속지 말고, 꿈쟁이들의 꿈 이야기도 곧이듣지 말아라. 그들은 단지 나의 이름을 팔아서 너희에게 거짓 예언을 하고 있을 뿐이다. 그들은 내가 보낸 자들이 아니다. 나 주의 말이다(렘 29:8-9).

왜 예레미야는 주전 597년 바빌론 포로로 처음 간 사람들에게 하나님의 신탁을 받은 편지를 보내고 있나요? 포로들이 조만간 풀려나 예루살렘으로 돌아올 것이라는 달콤한 소리에 미혹 당하지 말라는 것입니다. 혹시 돌아오는 꿈이라도 믿지 말라는 것입니다. 점쟁이의 점, 꿈쟁이의 꿈 이야기는 물론 하나님의 이름을 판 거짓 예언자들의 예언에도 속지 말라고 편지를 보내고 있는 것입니다. 우리는 듣기 좋은 이야기만이 하나님이 보내주신 이야기라고 생각하고 싶어 합니다. 오히려 악마의 소리입니다. 겪을 것은 겪어야 합니다. 하나님의 공의로움입니다.

"나 주가 분명히 말한다. 너희가 바빌로니아에서 칠십 년을 다 채우고 나면, 내가 너희를 돌아보아, 너희를 이 곳으로 다시 데리고 오기로 한 나의 은혜로운 약속을 너희에게 그대로 이루어 주겠다"(10절). 겪을 것은 겪어야 희망이 보입니다. 그냥 얻어지는 해방과 평화는 없습니다. 예레미야는 이스라엘이 겪을 포로 70년을 전함으로 커다란 곤혹을 겪습니다. 특히 아직 포로로 잡혀가지 않은 시드기야와 왕족들이 예루살렘 성에 있었기에 이스라엘은 거짓 예언자들의 예언에 미혹 당하고 정직한 예언의 예레미야를 공격합니다. 이에 예레미야는 편지를 통해 예루살렘에 남아 있는 사람들이 몰락할 것이라는 하나님의 말씀을 예언하고 있습니다(16-22절). 그리고 다시 남아 있는 이들의 죄를 열거합니다(23절).

물론 이런 징벌과 저주는 재앙이 목적이 아닙니다. 이것은 이스라엘에게 구원과 번영의 기회입니다. "너희를 두고 계획하고 있는 일들은 오직 나만이 알고 있다. 내가 너희를 두고 계획하고 있는 일들은 재앙이 아니라 번영이다. 너희에게 미래에 대한 희망을 주려는 것이다. 나 주의 말이다"(11절). 70년 고난의 복역 기간이 끝나면 하나님의 백성을 그들의 땅에서 돌려보내실 뿐 아니라, 그들을 위한 하나님의 전체적인 생각이 재앙(라, 악)이 아니라 번영(샬롬, 평화)이며 그들에게 주려는 것은 '미래에 대한 희망'입니다. 그러므로 나를 부르고 나에게 와서 기도하라는 것입니다(12절). 다른 신에게로, 다른 우상에게로 달려가지 말고 '나' 야훼를 온전한 마음으로 찾고 만나라는 것입니다(13절). 그렇게 할 때 포로 생활에서 벗어나 고향으로 돌아올 것이라고 약속하십니다(14절).

코로나는 저주가 아닙니다. 심판이 목적이 아닙니다. 코로나로 해변 봉쇄령이 내려지고 인간의 활동이 움츠려지면서 멸종 위기의 바다거북이 돌아오고 있습니다. 멕시코에서, 브라질 해변에서 기록적인 부화를 보여주고 있습니다. 코로나의 역설입니다. 심판의 역설입니다. 심판이 아니라 주님은 우리에게 끝내 샬롬을 주고자 하십니다.

듣지 않아서

나 주의 말이다. 이것은, 내가 그들에게 나의 종 예언자들을 서둘러서 보내어 나의 말을 전하였으나, 그들이 나의 말을 듣지 않아서 내리는 벌이다. 그들이 듣지 않았기 때문이다. 나 주의 말이다(렘 29:19).

이스라엘의 멸망은 그들의 죄에 있습니다. 그리고 하나님은 그들의 죄를 고발하는 예언자들을 끊임없이 보냈습니다. 그럼에도 이스라엘은 듣지 않았습니다. 결국 그 벌이 이스라엘의 멸망입니다. '듣지 않아서'입니다. 그들은 듣기 좋은 것만 들으려고 했습니다. 거짓 예언자들의 듣기 좋은 소리에만 귀를 기울였습니다. 하나냐와 스마야 같은 거짓 예언자들의 달콤한 소리만을 들었습니다. 빼앗긴 성전의 기구들을 2년 안에 되찾을 것이고(28:3), 바빌로니아에 잡혀간 포로들이 돌아올 것이고(28:4), 2년 안에 바빌로니아 느부갓네살 왕의 멍에를 모든 민족의 목에서 벗겨내겠다(28:11)는 것입니다. 얼마나 통쾌한 소리입니까? 시원한 소리입니다. 힘이 나고 위로가 됩니다. 그러나 진실이 아닙니다. 거짓입니다.

누구든 듣고 싶은 것만 듣습니다. 쓴소리는 듣기 싫습니다. 良藥(양약)은 쓰다지요? 쓴소리를 달게 들을 수 있는 귀가 있어야 합니다. "들을 귀가 있는 사람은 들어라"(막 4:9). 진실과 거짓의 소리를 구별할 수 있는 것이 신앙입니다. 그렇기에 예레미야의 70년간의 포로 심판을 재앙으로 여깁니다. 사실 그것은 재앙이 아니라 번영(샬롬)이고 미래의 희망입니다(11절). 하나님은 예레미야를 통해 거짓 예언자들이 하나님의 이름을 팔아 거짓을 전하고 있다고 말하면서 그들의 멸망을 말합니다(21-23절). 거짓 예언자 스마야를 향해 말합니다. "나는 그를 예언자로 보내지 않았는데, 그는 마치 자기가 예언자라도 되기나 한 것처럼 예언하였고, 너희에게 그 거짓 예언을 믿게 하였다. 그러므로 나 주가 말한다. 스마야가 그들에게 나 주를 거역하게 하는 말을 하였으니, 그는 자손을 보지 못할 것이다. 이 백성과 함께 어울려 살 자손이 없을 것이다. 또 내가 지금 내 백성에게 베풀 복을 마련하고 있지만 그의 자손 가운데는 그 복을 누릴 사람이 없을 것이다. 나 주의 말이다"(30-32절).

32절의 마지막도 그러하지만 19절 본문의 앞뒤에 있는 "나 주의 말이다"라는 말이 가슴 깊이 다가옵니다. 내 안의 주님의 음성입니다. 그것은 주의 말씀을 듣는 '나'의 의식에 달려 있기 때문입니다. 이 말 저 말에 휘둘리는 그런 천박한 의식의 '나'가 아니라 언제나 한결같이 '나'인 나의 성숙함, 거룩함이 참과 거짓을 가리기 때문입니다. 아무리 쓰디쓴 말씀일지라도 "나 주의 말"을 들을 수 있는 영적인 귀를 갖췄다면 오늘 교회가 이렇게까지 나락으로 떨어지지는 않았을 것입니다. 십자가 아래에 세워진 교회인데 놀랍게도 십자가는 사라지고 온통 기복, 성공, 출세, 물욕의 추하고 더러운 욕망들의 집합체인 맘몬만이 득시글거리게 되었습니다. 이젠 세상 사람들의 분노조차 사라질 것입니다. 분노도 기대가 있을 때 있습니다.

복역 기간이 끝났다

주님께서 예레미야에게 말씀하셨다. "주 이스라엘의 하나님이 말한다. 너는 내가 너에게 한 말을 모두 책에 기록하여라. 나 주의 말이다. 보아라, 반드시 그때가 올 터이니, 그때가 되면, 내가 포로로 잡혀 간 나의 백성을 다시 이스라엘과 유다로 데려오겠다. 나 주가 말한다. 내가 그들의 조상에게 준 땅으로 그들을 돌아오게 하여, 그들이 그 땅을 차지하게 하겠다"(렘 30:1-3).

"유다의 멸망은 피할 수 없는 일이었다. 유다 왕실을 중심으로 바빌론에 패망 당하지 않으려 애를 쓰지만, 유다의 멸망은 국력 약화 때문이 아니라 그들의 죄로 인한 하나님의 심판이기에 돌이킬 수 없었습니다. 다만 그런 상황에서의 심판은 죄를 벌하심으로써 이스라엘을 회복시키시는 하나님의 주시는 은혜의 또 다른 표현입니다"(김근주,『특강 예레미야』, 161). 가령 부모가 아이를 야단치는 것은 아이를 사랑하여 바른길로 가도록 자극을 주는 것입니다. 어쩌면 이럴 때 혼을 내는 것은 잘해서 칭찬하는 것보다 더 큰 사랑입니다. 그러므로 심판을 전하는 예레미야서가 심판 이후에 임할 이스라엘의 회복, 구원을 말하는 것은 당연한 것입니다. 30-31장은 예레미야의 예언이 심판을 말하면서도 그 속에 구원과 회복이 있는 '위로의 책'이라고 말합니다. 하나님은 이것을 책으로 기록하라고 말씀하십니다.

여기서 조심해야 하는 것은 유다의 멸망은 유다라는 나라의 약함 때문이 아니라 유다의 죄 때문이라는 것입니다. 조선의 멸망 역시 조선이 약해서가 아니라 조선의 죄 때문이라는 것이 『뜻으로 본 한국 역사』를 쓴 함석헌 선생의 고백입니다. 사실 조선의 약함만 보면 조선은 다시 독립될 수 없었습니다. 그래서 영화 <암살> 마지막에서 조국을 배신하여 동지들을 죽였던 염석진은 동지들에게 심판의 저격을 당하며 왜 동지들을 배신했냐는 질문에 "조선이 독립할 줄 몰랐다"고 답한 것입니다. 그러나 조선은 약함 때문이 아니라 사대부의 당파 싸움의 죄, 조선을 바로 세우려는 민중의 개혁을 왕권에 대한 위협으로 보고 탄압한 죄, 더욱이 그 탄압을 외국 군대의 힘을 빌려 했었다는 데 결정적인 멸망의 원인이 있는 것입니다. 결국 그 외국의 힘에 의존함으로 그 힘에 지배 당한 것이 일제 병탄으로 이어진 것입니다.

이스라엘 왕족들과 귀족들은 어떻게든 나라의 멸망을 막고 싶었을 것입니다. 왜냐하면 그들의 기득권을 지키고 싶을 것이기 때문입니다. 그러나 하나님의 심판은 그들이 백성에게 가한 죄에 있었습니다. 그들이 누린 부귀영화와 기득권은 백성의 고혈을 짠 죄에서 나온 것임을 하나님은 분명히 기억하셨던 것입니다. 포로 70여 년 이후 돌아온다는 것은 이스라엘이 그만큼 강해졌다는 것이 아닙니다. 그것은 이스라엘의 죄로 인한 복역 기간이 종료되었기 때문입니다. 그래서 그 주어가 '나 주'입니다. 이사야는 이것에 대해 "이제 복역 기간이 끝나고, 죄에 대한 형벌도 다 받고"(사 40:2)라고 선언합니다. 이 선언은 국제사회의 역학 관계의 결과가 아닙니다. 하나님의 주권이라는 것이 바로 이 '책'의 내용입니다. 사실상 복귀는 주어진 선물입니다. 광복 역시 선물입니다. 그리고 기회입니다. 다만 그 기회를 무산시킨 죄의 값이 분단으로 기다리고 있었습니다.

고난을 채워야

슬프다, 그날이여! 무엇과도 비교할 수 없는 무서운 날이다. 야곱이 당하는 환난의 때이다. 그러나 야곱은 구원을 받을 것이다. 나 만군의 주가 하는 말이다. 그날이 오면, 내가 그의 목에서 멍에를 꺾고, 그의 사슬을 끊어서, 이방 사람들이 그를 더 이상 종으로 부리지 못하게 하겠다(렘 30:7-8).

"그러나 야곱은 구원 받을 것이다." 어찌되었든 이스라엘은 구원 받을 것이라는 말입니다. 바빌론 포로에서 돌아올 것이라(3절)는 말입니다. 거짓 예언자들이 했던 말과 다르지 않습니다. 겉으로는 그렇게 보입니다. 그러나 그 차이는 너무나 큽니다. 포로기라는 고난의 과정이 예레미야의 예언의 중심에 있기 때문입니다. "유다의 멸망이 기정사실임을 전하는 예레미야에 비해 하나님이 보내지 않은 거짓 예언자들(이들은 스스로 하나님의 보낸 자라고 말한다)은 심판이 임하기 전에는 줄기차게 평화만을 전했습니다. 막상 심판이 다가왔을 때도 현실을 직시하지 않고 헛되고 허황된 기대를 품도록 백성을 호도했습니다. 그리고 심판을 받아들이고 바빌론에 정착할 것을 권면하는 예레미야를 핍박하기 위해 편지까지 보내 감옥에 넣으려 한 것입니다"(29:30-32; 김근주, 『특강 예레미야』, 163).

'긍정의 신앙'은 대중을 기만하기도 합니다. 물이 반밖에 없다고 하지 않고 물이 반이나 있다고 합니다. 적극적 긍정의 사고가 사람에게 희망을 준다고 합니다. 거짓 예언자들이 그러합니다. 이들은 축복을 남발하고 장밋빛 미래를 비춥니다. 거기까지도 좋습니다. 과정을 슬그머니 감춥니다. 고난의 과정 말입니다. 환난의 때가 구원의 때임을 모릅니다.

70년 포로기의 고난을 채워야 합니다(29:10). "여기 '칠십 년'은 물리적인 시간이 아닐 수 있습니다. '7'이라는 숫자가 구약에서 차지하는 위치를 생각할 때 '칠십 년'은 하나님의 모든 온전하신 뜻이 이루어지는 시간을 상징한다고 할 수 있습니다"(같은 책, 162). 무서워서 울부짖는 시간, 평화는 없고 폭력뿐인 시간, 남자도 해산하는 통증의 시간입니다. 무엇과도 비교할 수 없는 무서운 날을 일상처럼 겪어야 합니다. 그래서 집을 짓고 정착하고, 시집 장가 보내며 살라고 한 것입니다(29:5-6). '무서운 날들'로 된 일상이라는 말입니다. 거짓 예언자들에게는 바로 이것이 빠져 있는 것입니다. 고난 없는 영광, 십자가 없는 부활, 예수의 십자가에 편승하느라 '자기 십자가'가 없습니다.

겪을 만큼 겪은

나의 종 야곱아, 너는 두려워하지 말아라. 이스라엘아, 너는 무서워하지 말아라. 나 주의 말이다. 보아라, 내가 너를 먼 곳에서 구원하여 데려오고, 포로로 잡혀 있는 땅에서 너의 자손을 구원할 것이니, 야곱이 고향으로 돌아와서 평안하고 안정되게 살 것이며, 아무런 위협도 받지 않고 살 것이다. 내가 너에게로 가서 너를 구원하겠다. 나 주의 말이다. 내가 너를 쫓아 여러 나라로 흩어 버렸지만, 이제는 내가 그 모든 나라를 멸망시키겠다. 그러나 너만은 멸망시키지 않고, 법에 따라서 징계하겠다. 나는 절대로 네가 벌을 면하게 하지는 않겠다(렘 30:10-11).

'나 주'라는 말이 30장에서는 꽤나 많습니다(3, 5, 8, 9, 10, 11절 등). 새번역과 공동번역의 특징입니다. 새번역, 공동번역 성경 등은 야훼를 단지 '주'나 '야훼'라고 번역하지 않고 '나'를 덧붙여 '야훼'의 의미를 강조합니다. 왜일까요? 번역자들의 오버일까요? 아닙니다. 야훼 안에 이미 '나'라는 뜻이 들어 있기에 가능한 번역입니다. '주'는 하나님의 이름을 함부로 부르지 않는다는 히브리 전통을 따라 '야훼' 대신에 쓴 호칭입니다. 그런데 왜 '주'나 '야훼' 앞에 '나'를 붙여 번역했을까요? 예언의 말하는 주체가 '야훼'이시기도 하기에 틀린 번역은 아닙니다. 물론 '나'를 붙이지 않는 경우도 많습니다만 그냥 "주(야훼)가 말한다" 혹은 "주(야훼)의 말"이라고 해도 될 것에 '나'를 붙이는 이유는, 물론 추측입니다만, 하나님의 말씀을 전하는 예언자 자신의 내면의 울림이기에 야훼의 뜻과 하나된 예언자 자신인 '나'의 고백이라는 말은 아닐까요? 예언서에 서 예언자는 대언자이며, 실제로 그 말의 주인은 야훼 하나님입니다.

하나님의 말씀은 어떻게 듣는가요? 예언자들이 들었기에 우리에 게 전하는 것이 아닌가요? 예언자들은 자신 안에 계신 '나의 하나님' 이시기에 내면의 울림으로 듣지 않겠는가요? 그렇기에 '야훼'라는 말에 '나'라는 뜻이 있는 것이 아닌가요? 그리고 '나'이신 야훼의 말씀을 들을 수 있기에 그 '나'는 하루에도 몇 번씩 변하는 '거짓 나'가 아니라 한결같은 '참 나'가 아닌가요? 그리스도로 말하자면, 사도 바울이 "나는 그리스도와 함께 십자가에 못 박혔습니다. 이제 살고 있는 것은 내가 아닙니다. 그리스도께서 내 안에서 살고 계십니 다"(갈 2:20a)에서 말한 '그리스도'와 같은 것은 아닐까요? 이제는 내가 작은 예수로, 그리스도로 살아갑니다. 예수님의 세례 경험에 비추어 말한다면 이제부터는 '하나님의 사랑하는 아들'(막1:11)로 살아간다는 말이 아닌가요?

그렇기에 깨닫습니다. 지난 자신의 죄와 그에 따른 심판을 기꺼 이 수용합니다. 그 심판의 아픔을 겪을 만큼 겪어야 한다는 것을 압니다. 70년 복역 기간을 인정합니다. 그리고 그것이 구원의 길입니다. 그래서 멸망을 기꺼이 받아들입니다. 법에 따른 징계는 당연한 것입니다. 그러나 이것이 완전한 멸망은 아닙니다. 이 멸망을 받아들인 이에게 주는 역설의 구원이 있다는 것입니다. 그래서 "그러나 너만은 멸망시키지 않겠다"는 것입니다. 70년 포로기의 멸망을 겪었기에 멸망으로부터 구원하겠다는 것입니다. 겪을 만큼 겪는 역사의 아픔이 있어야 성숙한 백성이 됩니다. 그렇기에 하나님은 말씀하십니다. "나는 절대로 네가 벌을 면하게 하지는 않겠다." 고난의 역사를 겪은 우리 대한민국의 이야기는 아닌가요? 겪을 만큼 겪은, 멸망과 같은 고난이 있었기에 이만큼 성숙한 나라가 된 것은 아닐까요? 성서는 이 고난의 결실입니다.

이스라엘의 죄

그래서 너를 사랑하던 사람들은 모두 너를 잊고, 더 이상 너를 찾아오지 않는다. 네 죄악이 크고 허물이 많기 때문에, 내가 원수를 치듯이 너를 치고, 잔악한 자를 징계하듯이 너를 징계하였다. 그런데 어찌하여 너는 상처를 입었다고 부르짖고, 고통이 가시지 않는다고 호소하느냐? 네 죄악이 크고 허물이 많아서, 내가 이런 벌을 너에게 내린 것이다(렘 30:14-15).

이스라엘을 고향으로 돌아오게 하겠다는 것의 '돌아오다'(슈브)는 회개입니다. 이스라엘이 고향으로 돌아오는 구원은 하나님께로 돌아오는 회개를 전제합니다. 하나님과의 관계의 회복입니다. 여기에 신명기계 역사관이 예언서의 중심이 됩니다. 신명기계 역사관은 '죄→징벌→회개(부르짖음)→구원'의 도식입니다.

그렇다면 여기 '회개'란 무엇일까요? 단순히 하나님께 부르짖고 호소하는 것입니까? 아닙니다. 하나님과의 관계 회복, 하나님과의 화해입니다. 그 누구와도 아닙니다. "너를 사랑하는 어떤 사람들은 모두 너를 잊고, 더 이상 너를 찾아오지 않는다"에서 '너를 사랑하는 어떤 사람들'은 유다가 한때 의지했던 동맹국들입니다. 더 이상 찾아올 동맹국도 없다고 합니다. 결코 그들이 해결해주지 못하기 때문입니다. "나 주가 말한다. 네 상처는 고칠 수 없고, 네가 맞은 곳은 치유되지 않는다. 네 송사를 변호하여 줄 사람이 아무도 없고, 네 종기에는 치료약이 없으며, 너는 절대로 치유되지 않는다"(12-13절). 결코 동맹국이 치료해주지 못합니다. 아니 오히려 그들에게 의지한 것이 이스라엘의 죄악입니다.

한미동맹이 우리 역사를 절대로 정상으로 바꿔주지 않습니다. 누구 때문에 일제강점기를 맞이했고, 누구 때문에 남북분단과 전쟁을 당했습니까? 그런데도 아직도 한미동맹인가요? 전시작전권도 빼앗는 동맹이 있나요? 한미동맹이 아니라 미한 종속일 뿐입니다. 아직 우리의 죄를 모른다는 말입니까? 이스라엘이 멸망한 것은 힘이 없거나 동맹을 맺지 못한, 외교를 잘못한 데 있었던 것이 아닙니다. "네 죄악이 크고 허물이 많기 때문"입니다. 그래서 내린 벌입니다. 그 죄악이 무엇입니까? 그저 여기저기 강대국의 힘만 좇아가느라 하나님의 뜻을 저버린 죄악입니다. 일제 강점이 일본이라는 동맹을 끌어들여 자기 백성을 치게 한 죄에 따른 징벌이라는 것을 모른다는 말입니까? 아직 남북 화해에 미국의 승인을 받아야 합니까? 동맹은 결코 치료약이 아닙니다. "너는 절대로 치유되지 않는다"(13절). 성주의 사드는 전쟁의 강력한 타깃이 될 것입니다. 그리고 한미군사연합훈련은 제 형제에게 칼을 꽂는 죄악을 연습하는 것입니다.

하나님의 이름인 '엘로힘'을 '하나님'이라고 번역한 것은 어쩌면 다행히도 하나님의 은총이고 해법일 것입니다. 우리말 '하나님'은 그 이름이 '하나'입니다. 하나님께로 돌아와 하나되는 화해입니다. 둘이 아닙니다. 분단이 아닙니다. 남북이 하나되는 것이 하나님의 뜻입니다. 남북 화해, 남북 통일이 하나님의 명령이고 우리를 향한 승인입니다. 남북의 '하나됨'이 우리로 '하나임'을 이루게 하고 우리는 비로소 '하나님'을 믿는 사람이 될 것입니다.

감히 목숨을 걸고

> 그들의 지도자가 같은 겨레 가운데서 나오고, 그들의 통치자가 같은 민족 가운데서 나올 것이다. 내가 그를 부를 때에, 그는 나에게 가까이 올 것이다. 그렇지 않으면 누가 감히 목숨을 걸고, 나에게 가까이 올 수가 있겠느냐? 나 주의 말이다(렘 30:21).

하나님(주님, 야훼)께서는 바빌론 포로로 가 있는 이스라엘이 구원 받아 고향으로 돌아올 것이고, 예전처럼 회복될 것이고, 이스라엘을 괴롭혔던 원수들이 오히려 포로로 잡혀갈 것이고, 강대국에 삼킴을 당할 것이라고 말씀하십니다(16절). 그 구원의 약속이 확실하게 긴 절로 이어집니다(17-20절). 그리고 같은 겨레, 같은 민족인 이스라엘에서 통치자가 나올 것이라고 합니다. 하나님이 부르실 때 그 지도자는 하나님께 가까이 올 것이라고 합니다. 하나님 앞에 어떻게 가까이 올 수 있나요?

　"사람들은 하나님께 부름 받고 붙잡히게 될까 봐 내심 두려워합니다. 그래서 우리는 하나님과 적당한 거리를 유지하려고 합니다"
(김근주,『특강 예레미야』, 169-170). 적당히 바라만 보는 하나님입니다.
높은 데 계신 하나님을 바라보고 그에게 기도하는 것을 경건이라고
합니다. 경건이 아니라 위선입니다. 사실 예배 때만 거룩하고 깨끗하
게 보입니다. 삶은 더럽습니다. 마치 가다가 불량배를 만난 사람을
보면 피하듯이 말입니다. 강도 만난 사람을 지나쳐버린 제사장,
레위인처럼 말입니다. 그들은 잘 믿는다는 사람들입니다. 하나님의
부르심에 하나님께 가까이 갈 때는 '감히 목숨을 걸고' 가까이 가야
합니다. "감히 목숨을 걸고, 나에게 가까이 올 수가 있겠느냐?"는
직역하면 "자신의 마음을 걸고 서약하며 가까이 오겠느냐"입니다.
성도나 성직자는 서약한 거룩의 사람입니다. 그러므로 자신의 마음,
자신의 목숨을 걸고 하나님의 뜻을 행하겠다는 약속을 한 사람입니
다. 예레미야 역시 자신의 삶을 내어놓았기에 하나님의 말씀을
전할 때마다 '나 주'라고 '나'를 주와 일치시키고 있습니다.

그런데 그 대담함은 어디서 나온 힘일까요? 구원에 이르기 위해
갖춰야 하는 고난의 힘이 있다는 것을 상기시키고 있습니다. 구원은
하겠지만 그 구원에 이르기 위해 쌓아야 할 삶이 있습니다. "내가
너에게로 가서 너를 구원하겠다"(11a절). 하지만 "나는 절대로 네가
벌을 면하게 하지는 않겠다"(11c절). 여기에 바로 목숨을 건 힘이
나오는 것입니다.

다윗은 밧세바 스캔들로 엄청난 죄를 지었습니다. 자신의 범죄
를 덮기 위해 충성스런 부하 우리아를 전쟁터 깊이 보내 죽였습니
다(삼하 11장). 하나님은 예언자 나단을 통해 죄를 고발하고 다윗은

죄를 시인합니다(13절). 이에 하나님은 용서를 베풀어 줍니다. 그러나 벌을 면하지는 않습니다. 다윗 평생 이 벌이 따라다닙니다(삼하 12:10-12). 그러나 이것이 그가 하나님의 뜻을 목숨을 걸고 행하게 되는 힘입니다. 죄에 대한 벌 자체가 신앙의 힘입니다. 기꺼이 벌 받으십시오. 기꺼이 죄에 대해 벌 받는 사람, 그가 주님이 부르시는 지도자입니다.

참된 위로

주님께서는 마음속에서 뜻하신 바를 시행하고 이루실 때까지, 그 맹렬한 진노를 그치지 않으신다. 마지막 날에야 너희가 이것을 깨달을 것이다(렘 30:24).

예레미야 30장과 31장은 '위로의 책'으로 불립니다. 이것은 2절 "주 이스라엘의 하나님이 말한다. 너는 내가 너에게 한 말을 모두 책에 기록하여라"에 근거합니다. 바빌론에 멸망 당하고 있는 이 시점에서 나온 '위로의 책'의 내용은 이스라엘이 회복된다는 것입니다. "반드시 그때가 올 터이니, 그때가 되면 내가 포로로 잡혀 간 나의 백성을 다시 이스라엘과 유다로 데려오겠다. 나 주가 말한다, 내가 그들의 조상에게 준 땅으로 그들을 돌아오게 하여, 그들이 그 땅을 차지하게 하겠다"(3절). 이어지는 30장 대부분의 내용이 이스라엘이 포로로부터 돌아올 것이라는 말입니다.

하나님의 놀라운 은혜입니다. "역시 하나님이시구나" 하는 생각이 듭니다. 사랑의 하나님이 그리하실 리가 없을 것이라고 생각하며 위로를 받습니다. 그러나 달라진 것은 없습니다. 언제나 용서하시는 하나님, 사랑하시는 하나님이라고 말하며 위로받습니다. 이것이 인간의 위로입니다. 위로 자체일 뿐입니다. 이스라엘의 거짓 예언자들도 하나님이 시온을 지키시며 보호하신다는 오래된 신앙 전승에 근거하여 예루살렘에 임할 평화와 회복을 예언하며 위로하고 위로 받았습니다. 막연한 기대의 위로입니다. 그리고 "너희는 나의 백성이 되고, 나는 너희의 하나님이 될 것이다"(22절)라는 하나님의 말씀이 나옵니다. 이것은 출애굽 시내산 계약 선언입니다. 사람의 기대에 맞게 완전한 이스라엘의 회복입니다.

그런데 웬일입니까? 이어지는 23절과 24절은 청천벽력입니다. 두 절은 이스라엘의 회복과는 다른 너무나 거친 불협화음입니다. 오히려 지금까지 말한 이스라엘의 회복을 뒤집는 이야기입니다. 위로가 아닙니다. 징벌과 심판을 확인합니다. 그리고 나서 시내산 계약 선언이 또다시 나옵니다. "너희는 나의 백성이 되고 나는 너희의 하나님이 될 것이다"(31:1). 무슨 말입니까? 하나님의 위로는 사람의 위로와는 전혀 다릅니다. 징벌과 재앙을 통한 위로입니다. 심판을 통해 얻는 변화의 위로입니다. 이스라엘은 치유되지 않았습니다(12-13절). 이스라엘의 죄는 용서 받을 길이 없습니다. 그만큼 죄악이 크고 허물이 많기 때문입니다(14절).

하나님의 위로는 징벌을 통한 용서요, 심판을 통한 회복입니다. 고난을 통해 깨달음에 이르고 변화의 힘을 기릅니다. 재앙과 심판의 두 절(23, 24절)을 시내산 계약 선언이라는 두 구절(30:22; 31:1)이 감쌉니다. 축복으로 심판을 감싸는 꼴입니다(크리스토퍼 라이트, 『예레미야강해』, 428). 심판 속에 축복이 있습니다. 하나님은 징계를 통하여 치유하고 심판을 통하여 회복시킵니다. 변화의 힘은 바로 거기에서 나옵니다. 이것이 하나님의 위로입니다. 그러므로 무너지듯 힘겹게 가고 있다면 그대는 지금 하나님의 위로를 제대로 받고 있는 것입니다.

광야에서

나 주가 말한다. 전쟁에서 죽지 않고 살아 남은 백성이, 광야에서 은혜를 입었다. 이스라엘이 자기의 안식처를 찾아 나섰을 때에, 나 주가 먼 곳으로부터 와서 이스라엘에게 나타나 주었다. 나는 영원한 사랑으로 너를 사랑하였고, 한결같은 사랑을 너에게 베푼다(렘 31:2-3).

하나님의 위로는 광야에서 시작되었습니다. 그리고 구원과 해방은 광야에서 익어갑니다. 그러나 광야는 길 없는 거친 곳이며, 목마름과 배고픔이 있고, 맹수와 적들이 도사리고 있고, 가시덤불과 구덩이가 있는 위험한 곳입니다. 그러나 출애굽에서 하나님의 해방 선포는 광야를 향한 것이었습니다. 하나님은 모세에게 장로들과 함께 바로에게 가서 "'히브리 사람의 주 하나님이 우리에게 나타나셨으니, 이제 우리가 광야로 사흘길을 걸어가서, 주 우리의 하나님께 제사를 드려야 하니, 허락하여 주십시오' 하고 요구하여라"라고 말씀하십니다.

가나안이 아니라 광야로 가라는 것이 하나님의 해방의 첫 선포였습니다. 그 험한 광야로 가라는 것입니다. 모세가 이스라엘 백성을 이끌고 하나님을 만난 곳이 광야였으며, 거기서 십계명을 받았습니다(출 19장). 예언자 엘리야가 절망 가운데서 하나님을 만난 곳도 광야였습니다(왕상 19장). 예수님이 공생애를 앞두고 성령의 인도로, 유혹을 받은 곳도 광야였으며, 바로 그 속에서 하나님이 보내주신 천사의 보호를 받았습니다(마 4장). 마가복음의 첫 장면은 '광야의 소리'(막 1:3)로 시작합니다.

광야는 삶의 현실입니다. 야훼 신앙은 인생 광야의 길에서 시작됩니다. 고난의 광야를 통해 하나님은 우리에게 소망을 주고 삶의 진실한 성취를 줍니다. 광야의 진통이 없이 가나안의 영광은 없다는 것입니다. 광야는 야훼 신앙의 고향이자 우리 삶의 뿌리입니다. "그러므로 보라! 나는 그녀를 꾀어내는 자다. 그래서 나는 그녀를 광야로 데리고 가서 그녀의 가슴에 속삭여 주리라. 거기서 나는 그녀에게 포도원을 마련해 주고 아골 골짜기를 희망의 문으로 만들어 주리니 거기서 그녀는 한창 피어나던 때처럼 에집트에서 올라오던 때처럼 나를 따르리라"(호 2:14-15, 공동번역).

여기 '그녀'는 이스라엘입니다. 하나님은 이스라엘을 이집트에서 광야로 유혹하여 노예가 주인으로 해방되는 은혜를 베푸십니다. 바빌론 포로 70년이 바로 이스라엘의 광야였습니다. 이 광야에서 이스라엘은 하나님의 약속인 말씀을 기록하기 시작했습니다. 오늘의 구약성서입니다. 광야(미드바르)에서 말씀(다바르)이 기록되었습니다. 우리의 인생 빈들(광야)에서 우리는 말씀을 깨닫고 성숙해집니다.

단 한 명의 아벨까지

> 내가 그들을 북녘 땅에서 데리고 오겠으며, 땅의 맨 끝에서 모아 오겠다. 그들 가운데는 눈 먼 사람과 다리를 저는 사람도 있고, 임신한 여인과 해산한 여인도 있을 것이다. 그들이 큰 무리를 이루어 이 곳으로 돌아올 것이다(렘 31:8).

31장은 북 왕국 이스라엘의 구원에 관한 이야기입니다. 시대적으로 맞지 않습니다. 이미 앗시리아에 기원전 721년에 북이스라엘은 멸망 당하고 역사에서 사라졌기 때문입니다. 그러나 예레미야가 받은 신탁에서는 아직 사라지지 않았습니다. 하나님의 구원의 대상은 사라진 역사에게까지 찾아갑니다. 어떤 경로를 통하건 하나님의 구원의 대상에서 제외되는 것은 없습니다. 죽은 아벨의 피는 하나님에게는 들립니다. 억울한 죽음의 신음 소리를 하나님은 들으십니다. "너의 아우의 피가 땅에서 나에게 울부짖는다"(창 4:10). '부르짖음-들으심-약속의 기억-해방', 이것이 구원의 도식입니다.

억울한 채, 한을 품은 채 끝나버리는 삶과 역사의 이야기는 없습니다. 근대 제국주의에 의해 사라져간 아메리카, 아프리카 원주민들의 억울한 죽음의 신음 소리를 하나님은 들으십니다. 조선인 관동 대학살, 위안부 성노예의 참상이 그냥 묻히지 않습니다. 예레미야는 역사에서 사라져 간 사람들, 바로 북이스라엘 왕국의 사람들을 구원하겠다는 것을 "북녘 땅에서 데리고 오겠으며, 땅의 맨 끝에서 모아 오겠다"고 말하고 있는 것입니다. 시대를 넘어서 사람들의 관심에서 저 끝, 저 주변으로 밀린 사람들을 하나님은 기어이 불러내신다는 것입니다. 그렇기에 사라져간 북 왕국 이스라엘 사람들을 구원하는 것, 그 구원의 대상을 '이스라엘의 남은 자'(7절)라고 말하고 있는 것입니다.

여기에는 사람들이 주변으로 밀어낸 "눈먼 사람과 다리를 저는 사람도 있고, 임신한 여인과 해산한 여인도 있을 것"입니다. 이들은 한 사회에서 가장 연약한 이들을 대표합니다. "성서는 곧잘 그 사회의 가장 취약한 집단을 열거함으로써 하나님의 구원의 온전함과 광범위함을 표현합니다. 여기에는 고아, 과부, 나그네 같은 이들이 있는가 하면 본문처럼 시각 장애인이나 다른 신체적 장애가 있는 사람들이 언급되기도 합니다. 하나님이 이스라엘을 돌이키시는 그날은 이렇듯 한 공동체 내의 연약한 구성원 모두에게 구원과 회복이 미치는 날입니다. 그날에 소외되지 않을 것이며 함께 큰 무리를 이루어 돌아올 것입니다"(김근주, 『특강 예레미야』, 172).

한 사회의 건강함은 이들을 주변으로 밀어내지 않고 중심에 세울 때 이루어집니다. 이것은 좌건 우건 이념으로 규정할 수 있는 것들이 아닙니다. '사회적 약자' 하나하나에 이르기까지, 역사 속에서 사라져간 단 한 명의 아벨까지 하나님은 구원의 터전으로 데려오실 것입니다. 그러므로 생명 하나하나 하나님이 기억하시고 구원하시는 소중한 존재임을 깊이 알아야 합니다. 그들의 하나님이 우리를 주시하고 있습니다.

이제는 울음소리가 그친다

나 주가 말한다. 라마에서 슬픈 소리가 들린다. 비통하게 울부짖는 소리가 들린다. 라헬이 자식을 잃고 울고 있다. 자식들이 없어졌으니, 위로를 받기조차 거절하는구나. 나 주가 말한다. 이제는 울음소리도 그치고, 네 눈에서 눈물도 거두어라. 네가 수고한 보람이 있어서, 네 아들 딸들이 적국에서 돌아온다. 나 주의 말이다. 너의 앞날에는 희망이 있다. 네 아들딸들이 고향 땅으로 돌아온다. 나 주의 말이다(렘 31:15-17).

통곡의 상수리나무 알론바굿은 리브가의 유모 드보라가 죽어 지은 비극의 이름이기도 하지만(창 35:8), 이어지는 또 하나의 비극은 야곱과 그 가족 일행이 베델을 떠나 가까운 에브랏에 이르기 전에 라헬이 해산하며 아이를 낳다가 극심한 고통 속에 숨진 곳이기도 합니다. 산고에 시달리면서 라헬은 아이 이름을 '베노니'로 지으라고 합니다. 그 이름의 뜻은 '내 슬픔의 아들'입니다. 이 이름 역시 야곱으로부터 나온 북 왕국 이스라엘의 참혹한 멸망을 예견합니다. 오죽했으면 야곱이 이 이름을 '오른손의 아들'이라는 뜻의 '베냐민'

으로 바뀝니다(창 35:18). 라헬이 죽어 에브랏 곧 베들레헴으로 가는 길에 묻혔습니다(창 35:20).

아이로니컬하게도 생명을 살리려고 애를 쓴 두 여인의 죽음 사이에 어울리지 않게 하나님은 야곱에게 엄청난 축복을 내립니다. "나는 전능한 하나님이다, 너는 생육하고 번성할 것이다, 한 민족과 많은 갈래의 민족이 너에게서 나오고 너의 자손에게서 왕들이 나올 것이다"(창 35:11b). 그런데 여기에 베델과 베들레헴을 잇는 길에 있는 에브랏 근처에 라마가 있다는 것입니다. 가까운 에브랏과 라마를 두고 예레미야는 라헬과 한나(삼상 1:19)를 연결시키고 있습니다. 라헬과 한나는 무자녀로 인해 심한 고통을 받아온 공통점이 있습니다. 라마의 슬픔과 베델과 에브랏의 울부짖음이 연결됩니다. 결국 이것도 북 왕국 이스라엘의 멸망과 연결되어 있습니다.

그런데 베델-에브랏-라마의 연결이 북이스라엘의 멸망을 말해 주는 것임에도 그 사이에 야곱에 대한 엄청난 축복이 있고, 바로 이 비극의 장소 한가운데 베들레헴이 있다는 것을 주목해야 합니다. 베들레헴은 후에 예수님이 태어난 곳이고 그로 인해 헤롯의 탐욕의 칼이 두 살 아래의 아이들을 대량 학살하게 한 장소입니다. 마태복음 2장 18절은 본문 15절을 인용합니다. 왜 예수 탄생에 의한 아기 학살을 두고 라마의 슬픔과 라헬의 통곡을 인용하는 것일까요?

그리고 이어지는 본문은 반전을 말합니다. 눈물을 거두라는 것입니다. 그들이 돌아온다는 것입니다. 멸망한 북 왕국 이스라엘 백성들이 돌아온다는 것입니다. 희망이 있다는 말을 서슴지 않으면서 그들이 고향 땅으로 돌아온다는 것입니다. 그리고 "나 주의 말이라"고 못을 박습니다. 마태는 예수 그리스도의 탄생을 이들이 돌아오는 메시지로 보았는데, 이것은 유다와 함께 통합되는 '새언약'(31절, 신약)은 아닐까요? 그래서 북이스라엘의 수도 "사마리아에서 그리고 마침내 땅 끝에까지 이르러 내 증인이 될 것이다"(행 1:8)라고 말씀한 것은 아닐까요? 이렇게 북 왕국은 돌아온다는 것이 아닐까요? 지나친 희망일까요?

눈먼 시드기야의 시대

또 바빌로니아 왕은 시드기야의 아들들을 그가 보는 앞에서 처형하고, 역시 리블라에서 유다의 고관들도 모두 처형하였다. 그리고 바빌로니아 왕은 시드기야의 두 눈을 뺀 다음에, 쇠사슬로 묶어서, 바빌론으로 끌고 가서, 그가 죽는 날까지 감옥에 가두어 두었다(렘 52:10-11).

예레미야의 예언은 51장에서 끝납니다. 마지막 52장에는 더 이상 예레미야가 등장하지 않습니다. 아마도 원래의 문서도 51장이 끝이었을 것입니다. 52장은 그가 예언한 모습 그대로 유다 예루살렘의 처참한 멸망을 보여주고 있을 뿐입니다. 예레미야는 마지막 왕 시드기야에게 야훼께 돌아갈 것을 거듭거듭 말했습니다. 그렇지 않을 경우 어떤 말로가 오는지를 여러 차례 확실하게 말해주었습니다. 결국 그는 도망가다 바빌로니아 군대에게 잡혀(8절) 바빌로니아 왕에게 끌려가 신문을 받습니다(9절). 바빌로니아 왕은 시드기야의 아들들을 그가 보는 앞에서 처형하고 그곳에 있었던 유대 고관들도 모두 처형했습니다(10절). 그리고 마침내 시드기야 자신도 두 눈을 잃고 쇠사슬에 묶여 죽는 날까지 감옥에 갇힙니다.

　자식을 잃고 자신의 두 눈을 잃은 것입니다. 즉, 다음 세대를 기약할 수 없고 미래는 보이지 않는다는 것입니다. 참 예언자의 예언은 하나님의 눈으로 본다는 말입니다. 시드기야는 여전히 돌이키지 못했습니다. "그는 여호야김이 하였던 것과 똑같이, 주님께서 보시기에 악한 일을 하였습니다"(2절). 여전히 그 전의 왕들처럼 강대국들의 힘을 저울질하며 어디에 빌붙어야 내 자리를 지킬 수 있을까만을 생각하며 그토록 권력에 눈이 멀더니 미래를 제대로 볼 수 없었습니다. 차라리 "눈먼 사람들이라면, 도리어 죄가 없었을 것이요. 그러나 지금 본다고 말하니 죄가 그대로 남아 있다"(요 9:41)는 말입니다. 한 나라의 지도자가 이렇게 눈뜬장님이라면 그 나라의 운명과 그 백성의 고통은 불을 보듯 뻔합니다. 우리는 구한말 돈과 권력에 눈이 먼 시드기야들 때문에 바빌로니아 아니 일제에 강점당했다는 것을 기억하나요? 지금도 여전히 전시작전권인지 평시작전권인지조차 없어 이집트 아니 미국의 눈치를 보고 있는 눈뜬장님입니다.

　돈에 눈먼 의사들, 권력에 눈먼 검사들과 언론인들이 과연 역사의식이나 있는지, 눈먼 누군가의 말 그대로 사람에 충성하지 않고 조직에 충성하여 조폭들만 판을 치는 세상 같습니다. 그들에게 생명은 보이지 않습니다. 사람 사는 세상이 아니라 합법적인 조폭이 사는 세상입니다. 거기다가 재물의 세습을 신앙의 세습이라고 위장할 정도로 재물에 눈이 먼 교회들은 더욱 가관입니다. "너는 이 큰 건물들을 보고 있느냐? 여기에 돌 하나도 돌 위에 남지 않고

다 무너질 것이다"(막 13:2). "보고 있느냐?"고 주님이 물으십니다. 보입니까? 안 보입니까? 그렇다면 산돌부터 무너뜨리십시오. 사실 무너진 예루살렘 성전 그리고 바빌론 포로는 유일한 희망입니다. 비로소 하나님의 말씀으로 일시적이나마 돌아갔고 말씀에 눈을 떴기 때문입니다. 혹 우리는 자본 독재에 눈이 멀어 우리 자식을 피비린내 나는 경쟁의 사지에 몰아넣은 시드기야들이 아닌가요? 그 경쟁에서 이기기를 기도하는 산돌을 무너뜨리십시오. 그래야 희망이 있습니다.

파수꾼

※

> 사람아, 내가 너를 이스라엘 족속의 파수꾼으로 세웠다. 그러므로 너는 내가 하
> 는 말을 듣고, 나를 대신하여 그들에게 경고하여라. 가령 내가 악인에게 말하기
> 를 '너는 반드시 죽을 것이다' 할 때에, 네가 그 악인을 깨우쳐 주지 않거나, 그
> 악인에게 말로 타일러서 그가 악한 길을 버리고 떠나 생명이 구원 받도록 경고해
> 주지 않으면, 그 악인은 자신의 악한 행실 때문에 죽을 것이지만 그 사람이 죽은
> 책임은 내가 너에게 묻겠다(겔 3:17-18).

본문의 배경은 이미 이스라엘이 바빌론제국에 망하고 포로로
잡혀간 시절입니다. 그런데 하나님은 에스겔을 파수꾼으로 세우겠
다는 것입니다. 원래 파수꾼은 전쟁 중에 적의 침입을 미리 경고하여
사람들이 피난처로 대피할 수 있게 하는 역할을 하는 사람입니다.
그런데 이미 전쟁에서 패하여 포로로 잡혀간 이스라엘 백성의
파수꾼이 되라는 것입니다. 하나님의 눈에는 아직 끝나지 않은
전쟁입니다. 이 전쟁의 패배가 바빌론이 강하고 이스라엘이 약해서

진 전쟁이 아니라 이스라엘의 죄로 인한 것이기 때문입니다. 만일 이스라엘이 죄에서 돌이켜 하나님께로 간다면 이스라엘을 다시 회복할 수 있다는 것입니다.

먼저 파수꾼은 하나님의 말씀을 듣고 이스라엘에게 전해야 합니다. 전하지 않아서 악인이 깨우치지 않아 악한 길에서 돌이키지 않을 때, 그 악인은 물론 전하지 않은 파수꾼의 책임도 묻겠다는 것입니다. "그 사람이 죽은 책임은 내가 너에게 묻겠다"는 말은 직역하면 "그(악인)의 피는 내가 너의 손으로부터 찾으리라"는 말입니다. 전하지 않은 죄를 물어 파수꾼을 죽이겠다는 것입니다. 그러나 파수꾼이 하나님의 말씀을 전했어도 그 악인이 돌이키지 않았다면 그 악인은 죽을 것이고 파수꾼은 살 것이라고 합니다(19절).

의인도 마찬가지입니다. 의인이 지금까지 걸어온 올바른 길을 벗어나 악한 일을 할 때 의인 역시 죽음의 심판을 면치 못할 것입니다. 본문은 "하나님이 그 앞에 올무를 놓아 그 의인을 죽게 할 것이다"(20절)라고 기록되어 있습니다. 심판의 주체는 하나님이고, 올무에 대한 판단은 의인에게 달려 있습니다. 만일 파수꾼이 그 의인에게 하나님의 말씀을 전하지 않아 그 올무에 걸려 범죄한다면 의인도 파수꾼도 죽음을 면치 못할 것입니다. 그러나 의인이 듣고서도 그 올무에 걸려 범죄한다면 그 의인은 죽고 그가 전에 행한 의도 기억되지 않을 것이라는 말입니다. 정상참작은 없습니다. 하지만 그가 그 올무가 잘못된 것임을 깨달아 범죄하지 않는다면 그는 파수꾼의 경고를 달게 받았기에 의인도 살고 파수꾼도 살 것입니다(21절).

본문은 "사람아"로 시작됩니다. 단지 에스겔만의 이야기가 아니라는 것입니다. 사람인 우리 모두가 파수꾼입니다. 하나님의 말씀을 들었다면 전해야 하는 것이 파수꾼인 우리의 목숨을 건 책무입니다. "그대는 말씀을 선포하십시오. 기회가 좋든지 나쁘든지, 꾸준하게 힘쓰십시오. 끝까지 참고 가르치면서, 책망하고 경계하고 권면하십시오"(딤후 4:2).

하나님의 사랑

그때에야 비로소 여러 민족은, 이스라엘 족속도 죄를 지었기 때문에 포로로 끌려 갔다는 것을 알게 될 것이다. 그들이 나를 배반하였기 때문에 내가 그들을 모른 체 하고 그들을 원수의 손에 넘겨 주어, 모두 칼에 쓰러지게 했다는 것을 알게 될 것이다(겔 39:23).

이스라엘이 바빌론의 포로로 끌려가 70년 치욕의 세월을 보낸 일은 하나님이 무능해서 일어난 일이 아니었습니다. 오히려 하나님은 자기 백성을 엄격히 대하여 그 죄로부터 벗어나게 하는 능력을 만방에 보여 주셨습니다. 이들이 겪어낸 70년은 이스라엘이 참 이스라엘이 되게 하는 시간이었습니다. 그렇게 함으로써 야훼 하나님이 공평과 정의의 참하나님임을 증명하셨습니다. 이스라엘은 완전히 버려졌습니다. 그리고 포로로 온갖 수치와 부끄러움을 겪어 내야 했습니다. 그들은 자신들의 민낯을 있는 그대로 직면했습니다. 자신들의 범죄의 실상을 보았고, 새로운 세상의 원칙을 세울 수 있었습니다. 이스라엘이 바빌로니아 70년을 겪으며 찾아낸 새로운 가치가 바로 토라(모세오경) 안에 그대로 담기게 된 것입니다. 그 가치는 지금까지 인류를 이끄는 최고 최상의 가치입니다.

결국 이스라엘이 70년의 세월을 통해 깨달은 것은 첫째로 하나님과 올바른 관계를 맺는 것, 둘째로 하나님의 창조 세계와 새로운 관계를 맺는 것이었습니다. 이것은 그 후 500년쯤이 더 흘러 예수 그리스도에게서 다시 한번 확증되었습니다(막 12:33). 오늘 우리가 지나가고 있는 코로나 시대는 어쩌면 다시 한번 인류에게 주어진 훈육의 시간인지 모르겠습니다. 우리는 우리의 잘못을 깨달아야 하며, 그 잘못에 대한 책임을 분명히 감당해야 합니다. 하나님께서 더 큰 형벌로 인류를 치시기 전에 깨달아야 합니다. 하나님의 사랑은 결코 무조건 감싸고 덮어주는 사랑이 아닙니다. 아니, 그것은 사랑이 아니라는 것을 자기 백성 이스라엘에게 이미 보이셨습니다. 용서는 책임에 따르는 은혜입니다. 거저 주는 용서는 오히려 자녀를, 세상을 망치는 일입니다. 자식의 맨살에 회초리를 대던 부모의 아픈 마음이 하나님의 사랑입니다.

늘 하듯이

> 다니엘은, 왕이 금령 문서에 도장을 찍은 것을 알고도, 자기의 집으로 돌아가서,
> 다락방으로 올라갔다. 그 다락방은 예루살렘 쪽으로 창문이 나 있었다. 그는
> 늘 하듯이, 하루에 세번씩 그의 하나님께 무릎을 꿇고 기도하며, 감사를 드렸다
> (단 6:10).

바빌론 포로기를 거쳐 페르시아가 중동 지역을 장악하고 있을 때 탁월하고 성실한 다니엘은 제국의 세 정승 가운데 하나가 됩니다 (2-3절). 다니엘의 적대자들은 다니엘에게서 실책이나 허물을 찾으려고 했으나 그 어떤 것도 찾을 수 없었습니다(4절). 결국 적대자들인 다른 총리들과 방백들은 다니엘이 믿는 하나님을 걸어 그를 제거하려고 합니다. 임금 외에는 다른 신이나 사람에게 무엇을 간구하는 사람은 누구든 사자 굴에 집어넣기로 하고 다른 신과 사람을 섬기지 않아야 한다는 금령을 내려주시도록 요청하고, 왕은 허락합니다 (7-9절). 다니엘은 이 사실을 알았지만 늘 하듯이 자기의 집 다락에

올라가 예루살렘을 향하여 그의 하나님께 하루 세 번 기도를 드리고 감사를 드렸습니다(10절). '늘 하듯이', '하루 세 번씩'이 마음에 다가옵니다. 단지 세 번이 아니라 한결같다는 말입니다.

결국 그는 고발되어 사자 굴에 들어가게 되었습니다. 임금은 다니엘을 신뢰하기에 안타까웠지만 금령에 따라 할 수 없이 다니엘을 사자 굴에 넣으라고 했습니다(14-16절). 이튿날 동이 틀 때 다니엘 걱정으로 밤새 잠을 못 잔 임금은 사자 굴로 갔습니다(19절). 그런데 다니엘이 살아있는 것이었습니다. 오히려 왕의 만수무강을 빌어 줍니다(21절). 그리고 그가 살아있게 된 이유를 말합니다. "나의 하나님이 천사를 보내셔서 사자들의 입을 막으셨으므로"(22절) 살게 되었다는 것입니다. 여기서 다니엘이 살아있었다는 것은 무슨 의미할까요? 단지 육적인 목숨이 보존되었다는 의미일까요? 그렇다면 목숨을 잃는 순교는 하나님의 실패가 되는 것일까요? 문제는 육적인 목숨이 살았느냐 죽었느냐가 중요한 것이 아닙니다.

문자를 넘어 영적 해석을 하자면, 어쩌면 다니엘은 사자에게 먹혔을지도 모릅니다. 정작 살아있었던 그것은 다니엘의 믿음이었던 것입니다. 그의 한결같은 믿음, 한결같은 신앙에서 '늘 하듯이', '하루에 세 번씩', 죽으나 사나 하나님을 향한 한결같은 마음의 기도가 살아있습니다. 그 어떤 것도, 그것이 배고픈 사자라 할지라도 그의 믿음을 잡아먹을 수는 없습니다. 오히려 그 믿음이, 그 한결같은 마음의 기도가 그 사자의 입을 막아 버립니다. 하나님을 향한 그의 믿음과 기도가 사자보다 더 무섭습니다. 오히려 사자를 잡아먹어 버립니다. 죄 없음과 죄 있음을 가르는 기준은 한결같은, 굴종하지 않는 믿음입니다. 그 믿음이 죄 없음을 증명합니다(22절). 바로 그 믿음이 사자 굴 같은 우리의 현실에서도 우리를 꿋꿋하게 살릴 것입니다.

나의 하나님

> 나의 하나님이 천사를 보내셔서 사자들의 입을 막으셨으므로, 사자들이 나를 해
> 치지 못하였습니다. 그것은, 하나님 앞에서 나에게는 죄가 없다는 사실이 드러
> 났기 때문입니다. 임금님, 나는 임금님께도 죄를 짓지 않았습니다. 왕이 매우 기
> 뻐하면서, 다니엘을 굴에서 끌어올리도록 명령하니, 사람들이 다니엘을 굴에서
> 끌어올렸다. 그가 자기 하나님을 신뢰하였기 때문에, 그에게서는 아무런 상처도
> 찾아볼 수 없었다(단 6:22-23).

하나님이 누구시기에 하나님을 향한 한결같은 믿음과 기도가
다니엘을 살렸을까요? 하나님은 관념의 하나님이 아닙니다. 막연한
모두의 하나님이 아닙니다. 구체적인 '나의 하나님'(20절)입니다.
많은 경우 고백하는 자의 하나님이라고 하나님 앞에 소유격이
붙는다는 것을 놓쳐서는 안 됩니다(너의 하나님, 그의 하나님, 너희 하나
님, 우리 조상의 하나님, 너희 조상의 하나님 등). 하나님은 이렇게 구체적으
로 누구의 하나님으로 관계 맺고 있다는 것을 잊어서는 안 됩니다.
'나의 하나님', 우리에겐 너무나 익숙한 호칭입니다. 그렇습니다.

예수님도 마지막 십자가의 절규에서 외친 호칭입니다. "나의 하나님, 나의 하나님, 어찌하여 나를 버리셨습니까?"(막 15:34) 마지막 죽음의 절망 속에서도 막연한 하나님이 아니라 오직 나와의 구체적인 관계를 맺고 있는 하나님을 찾습니다. 그리고 믿음도 바로 나와의 관계에서 살아계신 나의 하나님에 대한 믿음입니다.

다니엘은 바로 '자기 하나님'(나의 하나님과 '엘라히'로 히브리원문이 같다)을 신뢰했습니다(23절 중반부). 그로 인해 그는 상처 하나 입지 않았다고 합니다(23절 후반부). 단지 육체적인 상처일까요? 오히려 '자기 하나님'(나의 하나님)에 대한 한결같은 믿음이 상처받지 않았음을 말하려는 것은 아닐까요? 사실 결과는 무엇이라도 좋습니다. 죽음의 십자가를 심판, 끝이라고 말하는 신앙인은 없습니다. 그것은 부활로 이어지기 때문입니다. 부활은 영광입니다. 상처뿐인 고난의 영광입니다. 마지막 십자가상에서 '나의 하나님'이라고 부르짖은 예수님 역시 그 고난과 죽음을 넘어서 부활을 보았기에 '자기 안의 하나님', '나의 하나님'에게서 찾았던 것입니다. 만일 그 하나님이 우리 역사와 관련되어 있다면 '우리 조상의 하나님'(신 26:7)입니다. 설령 죽더라도 한결같은 믿음으로 사자의 먹이로 죽어가는 것이 아니라 오히려 하나님의 사람으로 살아있는 것입니다. 왜냐하면 하나님은 죽어도 죽지 않는 영원히 '살아계신 하나님'(20절)이시고, 그 하나님은 내 안에 계셔 살아있는 '나의 하나님'이시기 때문입니다.

사도 바울의 말을 빌리자면 "나는 그리스도와 함께 십자가에 못박혔습니다. 이제 살고 있는 것은 내가 아닙니다. 그리스도께서 내 안에서 살고 계십니다"(갈 2:20)라는 고백입니다. 나는 죽고 내

안의 그리스도 살아있어 내가 살아있는 것입니다. 이것이 '나의 하나님'의 정체입니다. 예수 그리스도만의 하나님이 아닙니다. 주님 의 못 자국에 자기 손을 집어넣으므로 십자가 고난의 부활을 자신 안에서 깨달은 도마 역시 "나의 주님, 나의 하나님!"(요 20:28)이라고 고백합니다. 하나님은 막연하지 않습니다. 관념이 아닙니다. 그러므 로 '나의 하나님'을 구체적으로 만지고 볼 때 죽음의 사자 굴 같은 현실에서도 살아남을 것입니다. 하나님은 '나의 하나님'이실 때만이 나를 살립니다.

나의 빛이신 주님
광주민주화운동 41주년

내 원수야, 내가 당하는 고난을 보고서, 미리 흐뭇해 하지 말아라. 나는 넘어져도 다시 일어난다. 지금은 어둠 속에 있지만, 주님께서 곧 나의 빛이 되신다(미 7:8).

빛고을 광주의 비극이 민주화의 꽃으로 피어난 지 41년을 맞습니다. 이 꽃 한 송이를 피우려고 수많은 목숨이 땅의 거름이 되고 역사가 되었습니다. 지금도 광주 망월동 민주묘지에 가면 시신을 찾지 못한 무덤들이 한편에 있습니다. 이름을 찾지 못한 시신이 아니라 시신을 찾지 못한 이름들입니다. 단 열흘 동안 얼마나 많은 이들이 목숨을 빼앗겼으며 또 어디에 버려진 것입니까? 힘으로 폭력으로 권력으로 백성을 짓밟고 죽이기까지 했던 자들은 단 한 번도 인간의 모습을 하지 않았습니다. 그들은 지금도 자신들이 행했던 만행을 반성하지도 사죄하지도 후회하지도 않습니다. 그날이나 지금이나 백성의 평범했던 하루를 비웃고 백성의 정의로운 외침에 총을 겨눕니다.

그렇지만 오늘 우리는 그날 그들이 목메어 외쳤던 '자유와 민주와 정의'의 나라에서 살고 있습니다. 그들의 용기와 희생이 오늘 우리를 일어서게 합니다. 무덤조차 갖지 못한 채 이 땅 어딘가에 버려졌을 귀중한 생명들은 그렇게 죽임당한 것이 아니라 지금 이 땅 어딘가에서 꽃으로 풀로 나무로 그리하여 우리가 매일 마시는 숨으로 되살아나고 있습니다. 그리고 이렇게 말하고 있습니다. "내 원수야, 내가 당하는 고난을 보고서, 미리 흐뭇해 하지 말아라. 나는 넘어져도 다시 일어난다. 지금은 어둠 속에 있지만, 주님께서 곧 나의 빛이 되신다." 광주민주화운동 41주년, 빛고을 광주로부터 뻗어 나온 한줄기 '민주'의 빛이 온 나라, 온 세상의 어둠을 깨뜨리고 있습니다.

미얀마에서 들려오는 <님을 위한 행진곡>을 듣습니다. 벌써 104일째 민주화 시위를 이어가고 있고, 수많은 희생을 치러내고 있습니다. 이 미얀마 시민들이 광주를 보면서 포기하지 않고 용기를 내고 있습니다. 그들이 견디어 낸 시간만큼 더 깊이 민주의 뿌리가 깊어지고 더 멀리 민주의 꽃씨가 날아갈 것입니다. 지금은 저들이 비웃지만, 넘어져도 다시 일어날 것입니다. 지금은 어둠 속에 있지만 기어이 빛의 나라로 다시 일어설 것입니다. 41년 전 용감했던, 정의로웠던 광주, 그 이름이 오늘 우리 앞에 빛을 비춥니다. 감사합니다.

지혜서 묵상

욥기

시편

잠언

전도서

인과응보가 아니라

갑작스러운 재앙으로 다들 죽게 되었을 때에도, 죄 없는 자마저 재앙을 받는 것을 보시고 비웃으실 것이다. 세상이 악한 권세자의 손에 넘어가도, 주님께서 재판관의 눈을 가려서 제대로 판결하지 못하게 하신다. 그렇지 않다고 하면, 그렇게 하는 이가 누구란 말이냐?(욥 9:23-24)

욥기는 총 42장으로 된 구약의 지혜문학에 들어가는 성경입니다. 우리는 이 긴 이야기 중에서 1-2장의 욥의 고난과 마지막 장의 욥의 신원 회복에 대한 이야기만을 자세히 알고 있습니다. 욥에 대한 소개의 말을 보면 그는 "흠이 없고 정직하며 하나님을 경외하고 악을 멀리하는 사람"이었습니다. 그런 사람이 잿더미 위에 앉아 기와 조각으로 자기 몸을 긁어야 하는 고통을 겪게 되는데(2:8), 재산과 자식을 잃고 나서도 하나님을 원망하지 않았던 욥이 이 고통마저도 이겨내는(?) 경지에 이르자 그의 아내는 그를 비난하지만, 이 이야기를 성경으로 읽는 후대의 사람들은 그의 믿음과 경건에

경탄을 금치 못합니다. 그리고 마지막 42장, 다시 모든 것이 회복되는 욥에게로 훌쩍 뛰어넘어 가서 그가 입술로 하나님께 죄를 짓지 않은 것에 대한 보답이라고 믿게 됩니다.

그러나 욥기는 사실 그런 이야기가 아닙니다. 3-41장은 앞뒤의 장과 달리 그 형식에서도 다른 형태를 띠고 있는데, 1-2, 42장은 산문으로, 3-41장은 시의 형식으로 되어 있습니다. 친구들은 원래 고난에 처한 욥을 위로하기 위해 찾아왔습니다. 그러나 욥과 대화를 나누다 그만 욥을 비난하고 공격하는 쪽으로 입장이 바뀌어 버립니다. 왜냐하면 욥이 친구들의 생각과 주장을 그대로 수용하지 않았기 때문입니다. 욥의 친구들은 그가 당하는 모든 고난에는 원인이 있으니, 그 원인이 되는 자신의 잘못을 인정해야 한다고 주장한 반면에 욥은 끝까지 자신의 의를 주장하면서 의로운 자에게마저도 고난을 주시는 하나님을 모독에 가깝도록 비난하였기 때문입니다. 오늘 본문이 그것이 드러난 대표적인 구절입니다.

이 3-41장에 드러나는 욥의 모습은 모범적인 신앙인의 모습, 즉 흠이 없고 정직하며 하나님을 경외하는 신앙인의 모습이 아니라 고난 가운데서 질문하고 의심하고 대드는 사람입니다. 친구들의 인과응보 사상을 부정하며 시종일관 의인의 고난에 대해 의문을 제기합니다. 즉, 의인에게 은혜를 악인에게 벌을 내리시는 신만이 아니라 인간 사회의 조리와 부조리를 초월한 존재로서 신을 욥은 발견하고 있었던 것입니다. 이러한 생각의 배경에는 이 작품이 쓰여진 시대적 경험이 있습니다. 바빌론 포로 경험입니다. 그 경험에 대한 일종의 해답으로서 욥기는 쓰여졌고, 지혜문학으로 남게 된 것입니다. 예루살렘 성전이 무너지고 야만족의 포로로 끌려가는 비극 앞에서 그들은 "야훼는 어디에 계시는가?"(욥의 이름 뜻: "아버지는 어디 계시는가?") 하고 탄식했습니다. 그리고 포로기 70년을 지나며 그들이 깨달은 하나님의 뜻은 그 비극에 어떤 원인이 있다는 것이 아니라 그 일을 하나님이 하셨다는 것이었습니다! 38장 이후 야훼의 등장으로 욥의 의문에 대한 대답이 펼쳐집니다.

까닭 없이? 까닭 없이!

내가 땅의 기초를 놓을 때에, 네가 거기에 있기라도 하였느냐? 네가 그처럼 많이 알면, 내 물음에 대답해 보아라(욥 38:4).

욥의 이야기는 고대 중동 지역에서 흔한 이야기였습니다. 욥이 살았던 지역도 '우스'라는 이스라엘 경계 밖의 지방이었습니다. 당연히 욥과 그의 친구들 역시 이스라엘 사람은 아닙니다. 그러나 욥기에 '야훼'의 이름이 등장합니다(1-2장; 12:9; 38-42장). 잠언이 고대 중동, 이집트 등의 지혜들을 모은 것에 '야훼 경외 사상'으로 질적 변화를 도모한 것처럼, 욥기 역시 그러한 시도의 결과물로 보입니다. 중동의 민담을 가져와 야훼의 개입과 등장으로 당시 온 세상에 두루 편만했던 지혜에 대해 반론을 제기하고 있는 것입니다. 즉, 그 지혜는 선을 행하면 은혜를 입고 악을 행하면 벌을 받는다(인과응보 원리)의 수준을 넘어 지혜 그 자체이신 야훼께서 인간 세상에서 벌어지는 모든 일의 근원이자 주체이심을 밝히는 것입니다.

욥기 38장에 이르러 야훼께서 등장합니다. 야훼께서 폭풍 속에서 대답하십니다. 그 대답은 오히려 욥에게는 질문으로 던져졌는데, 지금까지 긴 시간 동안 욥과 친구들, 엘리후까지 가담하여 벌인 '지혜 논쟁'에 대한 원천적인 질문이었습니다. 그들이 나눈 말들을 '부질없는 말', '무지하고 헛된 말'이라 칭하면서 그 지혜의 근본을 창조의 시간으로 돌립니다(38:4). 이때 욥기의 기자는 '지혜'란 단지 토라를 아는 것이 아니라 불가사의한, 알 수 없는 창조 세계에 대한 묵상으로부터 온다는 것을 말하고자 했던 것입니다. 38-41장까지 야훼의 질문이자 답은 욥으로 하여금 '재와 먼지'(창조의 재료)로 돌아가게 만듭니다(42:6).

사실 그 고난의 시작이 천상의 회의와 '사탄'의 계략으로부터 시작되었다는 것에 이미 답이 들어 있습니다. 즉, 욥의 고난이 욥의 죄 때문이 아니라는 것입니다. 그것은 인간의 생각과 논리와 지혜로는 알 수 없는 창조자의 섭리이며 헤아려 알 수도 없는 미지의 영역이라는 결론에 이르게 됩니다. 그러므로 고통 없는 삶이 하나님의 은혜인가라는 질문에 이르고, 고난은 하나님의 징벌인가 하는 질문에 고개를 젓게 만드는 것입니다. 죄 없이 죽으신 예수 그리스도는 우리 신앙의 핵심에 자리하고 있습니다. 우리 삶 역시 그 연장선상에 있는 것입니다. 사탄이 하나님께 욥의 시험을 제안할 때 던진 말을 기억해 보십시오. "그가 까닭 없이 하나님을 경외하겠습니까?"(1:9)입니다. 이유가 있어야 하나님을 경외한다는 생각, 그것이 바로 사탄의 생각입니다. 신앙은 그 까닭을 넘어 하나님의 섭리 앞에 살아가는 것입니다. 오늘 이유 없는 고난에 처해 계십니까? 하나님의 섭리 가운데 있는 증거이니 욥처럼 하나님의 위로를 받으시기 바랍니다(42:6, '회개'에 해당하는 히브리어 '낙함'=위로 받다).

티끌과 잿더미

그러므로 저는 제 주장을 거두어들이고, 타끌과 잿더미 위에 앉아서 회개합니다
(욥 42:6).

한 완전한 의인의 무고한 고난에 대한 이야기로 시작한 욥기는
그 의인의 '회개'와 '신원 회복'으로 마무리됩니다. 그런데 이 말은
서로 모순입니다. 회개는 죄를 인정하는 것이고 신원 회복은 무죄를
인정하는 것이기 때문입니다. 욥은 자신을 위로하러 왔다가 비난하
기에 바쁜 세 친구와 한 젊은 후배에 대항하여 자신의 죄 없음을
변론합니다. 세 친구는 결과론적으로 욥의 죄를 고발하고 있는데,
그들 역시 욥에게 닥친 비극을 눈앞에서 보자 '죄'가 아니고서는
설명할 길이 없었던 것입니다. 차라리 죄의 결과라고 해야만 이
비참한 현실을 받아들일 수 있었기 때문입니다. 그러나 욥기가
말하고자 하는 죄는 친구들이 고발한 그 죄의 행위들과는 다릅니다.
그것은 욥기가 시작부터 욥을 '죄 없는 자', '흠 없는 자'로 상정한
데서 이미 그렇습니다.

친구들과 서너 차례에 걸친 공방과 젊은 후배 엘리후의 비난이 끝난 후 야훼께서 등장합니다. 38장 이후입니다. 그러나 뜬금없게도 야훼 하나님이 욥에게 던지는 질문은 우주와 창조에 대한 것입니다. 공의와 권능에 대한 것입니다. 야훼 하나님은 욥에게 질문을 던져 그로 하여금 답, 즉 진리에 이르게 하십니다. 자기 자신의 고통에 사로잡힌 욥, 자기 의에 매몰돼 있는 욥으로 하여금 온 우주를 보게 하고 하나님의 의에 대해 생각하게 합니다. 처음에 욥은 "손으로 입을 막고"(40:4) 아무 대답도 할 수 없음을 고백합니다. 그러나 그런 그에게 하나님은 말씀하시죠 "이제 허리를 동이고 대장부답게 일어서서, 내가 묻는 말에 대답하여라"(40:7). 그리고 폭풍처럼 몰아치는 야훼의 질문 끝에 그가 대답합니다. 오늘 본문입니다.

욥의 대답에는 다시금 '질문'이 들어 있습니다. 하나님께 다시 여쭙는 것이었습니다. 그리고 그의 마지막 말은 자신의 주장을 거두어 들이고 티끌과 잿더미 위에 앉아서 회개하겠다는 것입니다. 여기서 '회개'는 히브리어로 '낙함'입니다. '뉘우치다, 후회하다'는 뜻도 있지만 '편안해지다, 위로를 받다'는 뜻도 있습니다. 삶의 방향을 돌리는 회개를 뜻할 때는 '슈브'를 사용합니다. 여기서는 마음의 변화, 마음에 찾아든 평안에 가까운 회개라고 볼 수 있습니다. 하나님 앞에 회개할 때, 우리의 죄를 고백할 때, 그때 찾아오는 평안 말입니다. 그가 평안을 느낀 자리는 창조의 원점이었습니다. 티끌(아파르)과 잿더미(에페르)는 인간 창조의 재료들입니다(창 2:7). 근원으로 돌아감, 그 의미는 하나님께로 돌아감에 있습니다. 그리고 그것이 인간이 지닐 수 있는 최선의 의로움입니다. 하나님을 잊는 것, 근원을 잊는 것이 죄입니다. 우리는 오늘도 우리의 근원을 보기 위하여 말씀 앞에 섭니다.

제 주장을 거두어들이고

그러므로 저는 제 주장을 거두어들이고, 타끌과 잿더미 위에 앉아서 회개합니다
(욥 42:6).

그렇게 당당하기만 하던 욥이 한순간 이렇게 입장을 바꾸는 것을 보면서 "앞에서 무슨 일이 일어난 것일까, 뭐지?" 하며 놀라 다시 성경의 앞을 뒤져보게 됩니다. 욥은 앞(5절)에서 "주님이 어떤 분이시라는 것을 지금까지는 귀로만 들었는데, 이제 자기 눈으로 보게" 되었기 때문에 지금까지의 자기의 주장을 거두어들이겠다고 말하고 있는 것입니다. 욥이 그동안 귀로만 듣던 것을 직접 눈으로 보며 알게 된 것은 38장부터 시작되는 야훼의 등장과 질문 그리고 그 질문에 대한 야훼 자신의 대답에 들어 있습니다.

야훼 하나님이 욥 앞에 나타나셔서 그에게 던지신 질문은 "내가 땅의 기초를 놓을 때에 네가 어디 있었느냐? 네가 깨달아 알았거든 말할지니라"(38:4, 개역개정)입니다. 이 질문은 욥을 억만년 전의

과거로 데리고 갑니다. 그러나 인생은 길어야 120년으로 제한돼 있으므로 우리가 태초의 시간으로 가서, 그때 내가 어디에 있었는지를 아는 것은 불가능한 일입니다. 즉, 우리가 '안다'는 것은 말할 수 없이 초라하고 보잘것없고 무의미한 것입니다. 욥이 티끌과 잿더미 위에 앉아 자신의 주장들을 후회한 것은 결국 '모른다'는 것을 알게 된 지혜자의 면모를 보인 것입니다.

"귀로만 듣던 것을 눈으로 보게 되었다"는 것이 뜻하는 것은 자기의 경험과 지식에 갇혀 있다가 그 바깥으로 나가게 되었다는 의미입니다. 하나님께서 폭풍 가운데 나타나셔서 욥에게 말씀하신 '땅의 기초를 놓을 때'(38-41장)의 이야기들은 욥의 지식과 경험 그리고 그것으로부터 나오는 주장의 한계를 벗어나게 만들었습니다. 즉, 인간중심주의를 벗어나게 된 것입니다. 욥기가 지혜문학에 속하는 이유가 바로 여기에 있습니다. 우리는 욥을 통하여 고난의 이야기만이 아니라 내가 '안다고 하는 것'의 한계를 인정하는 겸손의 지혜를 배웁니다. 오늘도 내가 알고 있는 것, 단지 거기에 갇혀 있지는 않은지 성찰하며 욥처럼 폭풍 가운데 들려오는 야훼 하나님의 질문, 아니 초청의 음성을 듣기 바랍니다.

복과 악과 죄

복 있는 사람은 악인의 꾀를 따르지 아니하며, 죄인의 길에 서지 아니하며, 오만한 자의 자리에 앉지 아니하며(시 1:1).

시편은 복 받은 자에 대한 찬양으로 시작합니다. "복 있는 사람은"은 직역하면 "얼마나 행복한가!"입니다. 1절은 하지 말아야 할 것을 하지 않음으로써 행복해지는 법을, 2절은 해야 할 것을 함으로써 행복해지는 법을 말합니다. 행복은 하지 말아야 할 것을 하지 않고 해야 할 것을 하는 데서 옵니다. 복은 히브리어로 '아쉐레'로 '올바르다'라는 뜻을 가지고 있습니다. 복은 행운이 아니라 올바른 삶에서 옵니다.

모든 삶은 생각에서 시작됩니다. '꾀'는 생각입니다. '악인의 꾀'는 나쁜 생각입니다. 왜 나쁜 생각이 죄냐고 묻습니다. 나쁜 행동, 나쁜 삶을 살지 않았는데 말입니다. 모든 행동과 삶의 시작은 생각입니다. 죄의 시작은 악한 생각, 악한 꾀입니다. 여기 '악인'은 단수가 아니라 복수입니다. 악인들의 꾀입니다. 집단의 악이 것입니다. 여러 명이 생각하면 죄책감도 없습니다. 그것이 죄인의 길에 들어서게 합니다. 나쁜 생각(꾀)이 쌓여 나쁜 행동(죄)을 일으킵니다. 그러니 내 생각, 내 마음을 시시때때로 돌아봐야 합니다. 나쁜 것은 생각이라도 멈추어야 합니다. 그렇지 않으면 죄인의 길에 들어서는 것입니다. 죄인을 히브리어로 '하타임'이라고 하는데, 이 말은 '길을 잃다'라는 뜻의 동사 '하타'에서 온 말입니다. 사람됨의 길을 잃고 잘못된 길에 들어서는 것입니다.

죄인도 복수입니다. '죄인들의 길'입니다. 그래서 죄인들이 사는 교도소에서 오히려 범죄를 배웁니다. 범죄자들이 조직을 이룬 조폭 세계에서는 별이 몇 개냐가 훈장입니다. 그들도 처음에는 '이번 한 번만'이라고 했을 것입니다. 그러나 한 번이 두 번이 되고, 여러 번이 되어 익숙해집니다. 그리고 남들도 다 그렇다고 생각하면서 죄에 익숙해져 갑니다. 그러니 죄인의 길에 들어서지 않도록 조심해야 합니다.

죄가 습관이 된 자리, 아예 죄에 주저앉은 자리, 그 자리가 오만한 자리입니다. '오만한 자'는 히브리어로 '레침'이라고 하는데, 이 말은 '조롱하다', '비웃다'는 뜻의 동사 '리츠'에서 온 말입니다. 오만한 사람들은 선을 비웃습니다. 이웃을 돕자고 하면 너나 잘하라고 합니다. 오만한 사람은 자기밖에 모릅니다. 나뿐인 사람, 그래서 나쁜 사람입니다. 죄인의 길에서 죄가 익숙해져 아예 죄가 그의 마음에 자리를 잡습니다. 죄의 습관에 젖어 죄가 일상이 되어버린 것입니다. 불가에서는 이것을 두고 훈습(薰習)이라고 합니다. 죄에 젖을 대로 젖은 것입니다. 그러므로 여기까지 이르지 않도록 길을 보고 자리를 봐야 합니다. 길이 아니면 가지 말아야 하고 자리가 아니면 앉지 말아야 합니다. 자리가 사람을 만들지 않습니다. 사람이 자리를 만듭니다. 사람됨이 자리다운 자리로 만듭니다.

　나쁜 꾀에서 죄의 길로, 죄의 길에서 오만한 자리로 가는 이 과정은 점층적인 과정입니다. 사무엘 스마일즈는 그의 저서 『자조론』에서 말합니다. "생각을 심으면 행동을 낳고, 행동을 심으면 습관을 낳고, 습관을 심으면 성격을 낳고, 성격을 심으면 운명을 낳는다." 나쁜 생각이 운명이 될 때까지 그리 멀지 않습니다. 그러므로 복 있는 사람은 생각과 삶의 길과 앉을 자리를 살핍니다.

토라

복 있는 사람은 악인의 꾀를 따르지 아니하며, 죄인의 길에 서지 아니하며, 오만
한 자의 자리에 앉지 아니하며 오로지 주님의 율법을 즐거워하며, 밤낮으로 율법
을 묵상하는 자로다(시 1:1-2).

1절과 2절은 서로 필요충분입니다. 악인의 꾀, 죄인의 길, 오만한
자의 자리를 물리침이 없이 율법을 즐거워하거나 묵상할 수 없습니
다. 역으로 율법을 즐거워하거나 묵상함이 없이 악인의 꾀, 죄인의
길, 오만한 자의 자리를 물리칠 수 없습니다. 율법을 히브리어로
'토라'라고 하는데, 크게는 구약성서 전체를 말하고 작게는 오경(창
세기, 출애굽기, 레위기, 민수기, 신명기)을 말합니다. '토라'는 '가르치다',
'가리키다'라는 뜻의 '야라'에서 온 말입니다. 가르침이기에 배워야
합니다. 가리킴의 방향은 자기 자신입니다. 이런 의미에서 율법은
자신을 비추는 거울과 같습니다.

토라는 자신을 보는 거울과 같습니다. 토라는 나 자신을 있는

그대로 비추는데, 누구나 그 비춘 그대로 보는 것은 아닙니다. 악인의 꾀, 죄인의 길, 오만한 자의 자리에서는 있는 그대로의 나를 볼 수 없습니다. 백설 공주에 나오는 사악한 왕비는 절대로 거울을 보면서 자기 자신의 추한 모습을 보지 못합니다. 그리고 거울을 볼 때마다 묻습니다. "거울아, 거울아! 이 세상에서 누가 제일 예쁘니?" 거울을 보면서 사악한 왕비는 남과 비교하고 시기와 질투로 봅니다. 겸허히 자기 자신을 보지 못하고 다툼과 허영으로 봅니다. 그 시기와 질투, 허영이라는 생각(꾀)이 살인이라는 죄의 길로 들어서게 하고 마침내 오만한 자의 자리에 앉아 자신을 마녀로 변신시켜 독이 든 사과를 만들어 기어이 공주를 죽입니다. 그리고 왕비의 비참한 말로가 있습니다. 당연한 심판입니다. 거울 속의 자신을 보지 못했기 때문입니다.

율법의 거울은 자신의 죄를 비춥니다(롬 3:20). 이로 인해 죄로부터 벗어날 수 있었습니다. 알고 보니 은혜였습니다. "죄가 많은 곳에, 은혜가 더욱 넘쳤습니다"(롬 5:20). 주님은 의인이 아니라 죄인을 부르십니다(막 2:17). 죄사함의 부르심입니다. 하나님은 마라의 쓴 물을 단물로 바꾸시려고 "나무 한 그루를 보여 주십니다"(출 15:25). 여기 '보여주다'가 '가리키다'의 '야라'입니다. 이 동사는 마라의 쓴 물에 던져 넣은 나무가 '토라'(율법)였음을 은근히 암시하고 있습니다"(『일점일획 말씀묵상(2)』, 247). 율법은 쓴 인생을 달게 만들고 병든 이를 고칩니다. 치료하는 하나님이십니다(출 15:26). 이것을 깨달은 사람은 율법을 즐거워합니다. 그래서 밤낮으로 율법을 묵상합니다. 죄를 깨닫게 하고 죄를 알기에 은혜를 베푸십니다.

'묵상하다'는 히브리어로 '하가'입니다. 이는 입으로 중얼거리는 것을 말하는데 하루 종일 입으로 되뇌어야 한다는 말입니다. 그것도 즐겁게 말입니다. 나의 쓰디쓴 죄를 보고 삶을 달게 만드시는 주님의 은총을 깨닫기 때문입니다. 깨달을수록 즐겁습니다. 병을 알아야 치유할 수 있습니다. 죄를 알아야 구원받을 수 있습니다. 율법을 밤낮으로 되뇌어야 그 거울은 선명하게 우리의 죄를 가리켜 하나님의 깊은 구원의 은총에 들어가게 합니다.

하는 일마다

그는 시냇가에 심은 나무가 철따라 열매를 맺으며 그 잎이 사들지 아니함 같으니, 하는 일마다 잘 될 것이다. 그러나 악인은 그렇지 않으니, 한낱 바람에 흩날리는 쭉정이와 같다(시 1:3-4).

율법은 실천하지 않으면 아무 의미가 없습니다. 열매가 없는 나무와 같습니다. 실천이 없는 묵상은 그저 중얼거림에 불과합니다. 말과 앎은 깨달음이 아닙니다. 실천에 이르러야 깨달음입니다. 그렇지 않으면 그 인생은 시들어 버립니다. 단 하나라도 실천하는 것이 수만 가지를 알고 말하는 것보다 중요합니다. 그것은 순간순간 악인과 의인을 가릅니다(6절).

중국 전한(前漢) 말기의 학자 유향(劉向)의 『신서』(新序) 「잡사(雜事)편」에 실린 이야기입니다. 여기에 '곽씨지허'(郭氏之墟)라는 말이 있습니다. 폐허가 된 곽씨 집을 말합니다. 제나라 환공이 들로 사냥을 나갔다가 망국의 옛 성인 곽씨의 폐허를 보게 되었습니다(見

亡國故城 郭氏之墟[견망국고성 곽씨지허]). 환공은 한 촌로에게 곽씨가 어떤 사람인지 물었더니 선을 좋아하고 악을 미워한 사람이라 답합니다. 이에 환공은 의아해하며 선을 좋아하고 악을 미워하는 사람의 집안이 어찌 폐허가 되었는지를 물었습니다. 촌로는 환공에게 "선을 좋아하기는 했지만 실행에 옮기지 못했고, 악을 미워하기는 했지만 제거하지는 못했습니다"(善善而不能行 惡惡而不能去[선선이불능행 악악이불능거])라고 대답합니다.

선을 실행하고 악을 제거하는 것이 실천입니다. 실천이 없으면 그 인생은 폐허가 됩니다. 이것이 실천하는 '그'와 다른 것입니다. 실천하지 않는 사람을 '악인'으로 규정합니다. "그렇지 않으니"는 히브리어로 '로-켄'인데 "그렇지 않다!"라는 짧지만 단호한 표현입니다. 악인은 누구인가요? 알면서도 실천하지 않은 사람입니다. 말하면서도 행동하지 않은 사람입니다. 이 악인을 '시냇가에 심은 나무'와 대조하여 '바람에 나는 쭉정이'와 같다고 합니다. 율법이라는 시냇가에 심기지 않으면 쭉정이처럼 다른 곳으로 날려 가버린다는 것입니다. 시냇가가 아닌 나쁜 곳에 심기는 것입니다. 다윗은 시편 35편 5절에서 이런 사람들을 두고 "그들을 바람에 날리는 겨처럼 흩으시고, 주님의 천사에게서 쫓겨나게 하여 주십시오"라고 기도합니다.

세상 바람에 이리저리 휘둘려 알면서도 말로만 주절대는 사람은 쭉정이처럼 가벼운 사람입니다. 말의 무게가, 삶의 무게가 너무 가볍습니다. 돈 몇 푼에 휘청거리고, 남 얘기에 이리저리 흔들거리고, 자리에 연연하거나 굽실거리며, 이기심에 스스로 농락당하는 소인배인 자기 자신을 보고 있습니까? 오랜 신앙생활에도 세상 바람에 흔들리고 있습니까? 말씀으로 돌아가십시오. 그래서 처음부터 시인은 악인의 꾀(생각)조차 말고, 죄인의 길에 들어서지도 말고, 오만한 자의 자리에 주저앉지 말라고 했던 것입니다. 그리고 율법에 뿌리박은 실천, 즐거움에 이르는 깨달음을 가지라고 노래합니다. 오늘도 '하는 일마다 잘 되는' 푸른 인생을 사시기 바랍니다.

악인은 그 몸조차 가누지 못하며

그러므로 악인은 심판받을 때에 몸을 가누지 못하며, 죄인은 의인의 모임에 참여하지 못한다. 그렇다. 의인의 길은 주님께서 인정하시지만, 악인의 길은 망할 것이다(시 1:5-6).

사람을 악인과 의인으로 갈라놓을 수 있나요? '심판'이라는 말로 보아 최후 심판대에서는 악인과 의인으로, 염소와 양(마태복음 25장)으로 분리된다는 말처럼 들리기도 합니다. 칼로 베듯이 악인과 의인으로 나뉠 수 있는 것인가요? 시시각각으로 다른 것이 사람 아닌가요? 괜찮은 사람이었다가 순간 나쁜 마음을 품기도 하고, 그 마음으로 악한 행동을 하기도 하고, 그러다가 곧 후회하고 돌이키기도 하고, 다시 악해지기도 하는, 왔다 갔다 하는 것이 사람 아닌가요? 본문의 '심판'이 최후 심판이라면 좀 너무하다 싶습니다. 오히려 저 '심판'은 자기 자신에 대해 준엄한 자세로 보라는 경고의 문구는 아닐까요? 자신의 말과 행동에 대해 심판대에 서 있는 것처럼 엄중하게 생각하고 행동하라는 말이 아닌가요?

그 엄중함이란 꾀(악한 생각)에 머무르지 말라는 것, 그 악한 생각을 넘어 죄라는 행동의 길로 들어서지 말라는 것 그리고 아예 죄가 습관이 된 오만한 자리에 앉지 말라는 것(1절)입니다. 그러나 이렇게 해서 죄의 薰習(훈습)에 빠진 오만한 사람은 죄로 인한 고통을 견디지 못한다는 말입니다. 심판은 최후 심판이라기보다 죄로 인해 겪는 징벌과 같은 고난을 말하는 것은 아닐까요? '몸을 가누다'라는 말은 히브리어로 '쿰'인데 '일어서다'라는 뜻입니다. 이 말을 헬라어로 번역한 칠십인역을 보면 '아니스테미'인데 이것은 초대교회 부활 용어입니다. 그러니 이미 죄에 젖을 대로 젖은 오만한 자리에 주저앉게 되면 다시 일어서는 것이 불가하다는 말입니다. 정말 불행한 일입니다. 그래서 그 이전에 율법(토라)에 심겨져(시냇가에 심겨진 나무처럼) 율법을 묵상하며 즐겁게 기꺼이 실천하라는 것입니다. 이 율법을 즐기고 밤낮으로 묵상하면 악한 생각(꾀)이 들다가도 뉘우쳐지고, 죄의 길에 들어서다가도 돌아서고, 오만한 자의 자리에 앉다가도 그 자리를 박차고 일어선다는 것입니다. 그래서 다시 시들지 않는 푸른 인생을 살 것이라는 말입니다.

이 시는 '복 있는 사람'으로 시작합니다. '복'은 하늘에서 뚝 떨어지는 것이 아닙니다. 전에 말했듯이 히브리어로 '아쉬레'인데 그 뜻은 '올바르다'입니다. 올바른 사람에게, 즉 義人(의인)에게 주어지는 복입니다. 그리고 그 올바름은 하나님의 말씀인 율법을 즐겨 실천하고 밤낮으로 묵상하는 사람의 삶입니다. 이런 의인을 하나님은 인정하신다는 것입니다. 그는 잘못된 생각과 죄에 빠져 오만한 자리에 앉더라도 다시 돌아서고 일어설 수 있는 사람이라는 것입니다. 그러나 갈 데까지 간 사람의 길은 망한다고 말씀하십니다.

그 기준은 잘 먹고 잘사는, 높은 자리에서 떵떵거리며 사는 데 있는 것이 아니라 올바르게 사는 데 있습니다. 내가 올바른지 그른지, 의인인지 악인지 그 기준은 율법에 있다는 것입니다. 오늘도 하루 종일 말씀을 되뇌십시오.

그의 마음속에

어리석은 사람은 마음속으로 "하나님이 없다" 하는구나. 그들은 한결같이 썩어서 더러우니, 바른 일을 하는 사람이 아무도 없구나(시 14:1).

시인은 어리석은 사람은 하나님이 없다고 생각한다고 말합니다. 여기서 하나님이 없다고 생각하는 사람은 현대인인 우리가 흔히 생각하는 무신론자가 아닙니다. 옛사람들은 객관적으로 "하나님이 없다"고 하나님의 존재를 부정한 것이 아닙니다. 그래서 '마음속으로'입니다. 히브리어로 '벨리뽀'인데 직역하면 '그의 마음 안에서'라는 말입니다. 그의 마음 안에 하나님이 없다는 말입니다. 말하자면 하나님이 있긴 있는데 안중에 없습니다.

'어리석은 자'는 지성이 모자란 사람이 아닙니다. 어리석은 사람은 하나님의 존재를 부정하는 사람이 아니라 무슨 일에든지 하나님을 제쳐 놓고 생각하는 사람입니다. 인간사에 하나님의 영향이 없다는 것입니다. 하나님이 계시긴 계시지만 아주 멀리 넓은 하늘

어느 곳에 있어 사람의 일에 대해 전혀 모른다고 생각하는 사람입니다. 그래서 시편 10편 11절도 "하나님은 모든 것에 관심이 없으며, 얼굴도 돌렸으니, 영원히 보지 않을 실 것이다"는 악인의 말을 들려줍니다. 그리고 시편 73편 11절에서도 시인은 "하나님인들 어떻게 알 수 있으랴? 가장 높으신 분이라고 무엇이든 다 알 수 있으랴?" 하는 악마의 말을 전합니다. 하나님은 계시지만 아무 영향이 없으신 분이라는 것입니다. 남의 이야기가 아닙니다. 우리 자신의 이야기입니다. 우리 그리스도인이 그렇지 않을까요? 하나님을 믿는다면서도 하나님이 안중에 없는 사람 말입니다.

그러니 사람이 힘만 있다면 무슨 일이든 못하겠습니까? 권력과 재력이 있는데 무엇이 두렵겠습니까? 차라리 주먹을 믿을 것입니다. 주먹은 가깝고 법은 멉니다. 그 법도 권력과 재력이라는 주먹 앞에 맥을 못 춥니다. 그리고 한두 번 범죄를 저질렀는데도 아무렇지도 않습니다. 그런 사람들은 밥 먹듯이 백성을 먹습니다(4절). 부당한 판결을 내려도, 불의한 비리를 저질러도 아무런 책임을 묻지 않으면 떡 먹듯이 죄 없는 백성을 탄압합니다. 이런 사람들뿐이겠습니까? 오늘 그리스도인인 우리는 어떤가요? 혹시 교회에서 하나님을 찬양하고 하나님께 예배하고 기도하면서도 하나님이 계시지 않는 것인 양 살아가고 있지는 않습니까?

지금 자신의 '마음속'에 하나님이 계신가요? 믿는 자도 그러하니 누가 하나님의 사람인가요? "바른 일을 하는 사람이 아무도 없구나" "착한 일을 하는 이 하나도 없구나"(3절). '마음속에' 하나님이 계신 사람, 즉 그 의인이 없어 행악자가 설치는 것입니다(5절). 우리가 의인이 되지 못할 때 우리 편을 들 하나님도 없다는 것입니다. 문제는 나의 의인됨입니다. 의인만이 하나님이 머무시는 유일한 그릇입니다.

하나님께 맡긴다는 것의 의미

주님만 의지하고, 선을 행하여라. 이 땅에서 사는 동안 성실히 살아라. 네 갈 길을 주님께 맡기고, 주님만 의지하여라. 주님께서 이루어 주실 것이다(시 37:3, 5).

어떤 목사님에게서 들은 이야기입니다. 어느 날 교회 화단 앞에서 한 여자아이가 개미를 계속 죽이고 있더랍니다. 아이가 만든 개미 무덤이 새카맣게 쌓여 있었다고 하는군요. 목사님이 그 아이에게 왜 개미를 죽이느냐 물었더니 아이가 한 대답이 "개미가 꽃을 괴롭혀서요"였답니다. 이 이야기를 듣고 첫 번째 든 생각은 '기특하다'였습니다. 작은 아이 눈에 꽃을 괴롭히는 개미라는 존재가 나빠 보였다는 것이고, 나름 자기가 할 수 있는 방법으로 정의를 실천한 것으로 생각됐기 때문입니다. 자연생태계의 질서를 한눈에 보지 못하는 아이에게는 그렇게 하는 것이 매우 옳은 행동이었을 것입니다.

그런데 그날 밤 가만히 그 아이의 행동 속에서 어른이라고 하는 우리의 모습이 보이기 시작했습니다. 약자를 보호하는 일은 옳은 일입니다. 강자에게 맞서는 일 역시 매우 용감하고 정의로운 일이죠. 그런데 한 걸음 더 나가서 그 강자를 내가 벌준다는 것은 올바른 일일까, 정의로운 일일까 생각하게 되었습니다. 여러분 생각은 어떠세요? 시편 37편의 말씀은 어쩌면 이 질문 앞에서 잠깐 멈칫하는 우리에게 대답이 될 것 같습니다. 먼저 1-2절에서는 그 '악을 행하는 자'들에 대해 우리가 보통 갖는 마음과 그 마음을 대하는 우리의 태도에 대해서 말씀하고 있습니다. 그 어린 소녀에게 있어서 꽃을 괴롭히는 개미들에 대해 그 아이가 가져야 하는 마음이기도 합니다. 1-2절입니다. "악한 자들이 잘 된다고 해서 속상해하지 말며, 불의한 자들이 잘 산다고 해서 시새워하지 말아라. 그들은 풀처럼 빨리 시들고, 푸성귀처럼 사그라지고 만다."

무슨 뜻일까요? 그들의 본질에 대한 말씀입니다. 우리 눈에는 그들이 '잘 되는 것', '잘 사는 것'만이 크게 보이기 때문에 거기에 대해 분노합니다. 분개하고 어떻게든 벌을 주고 싶어 합니다. 왜냐하면 악인이 잘 되고 잘 사는 것은 옳지 않기 때문입니다. 그런데 시편은 그들의 본질이 '풀' 같고 '푸성귀' 같다고 말하고 있습니다. 가만히 두어도 절로 금세 사라지는 것이라는 뜻입니다. 그러므로 본론, 3-5절까지 가닿아야겠습니다. 주님만 의지하고 선을 행하고, 사는 동안 성실히 살고, 기쁨과 소원은 오직 주님께만 바라는 것입니다. 우리의 마음의 방향이 세상의 악한 이를 벌주고 심판하는 곳으로 향하는 대신 자기 삶을 사는 데 집중할 것을 요구하는 것이죠. 우리의 시간을 선을 행하고 참을 추구하는 데 집중하는 것입니다. "성실히 살아라" 히브리어 본문을 직역하면 "참, 진실을 양식 삼아라"입니다.

우리는 쉽게 "하나님께 맡긴다"는 말을 사용합니다. 이 말의 의미는 하나님이 운영하시는 질서의 힘을 안다는 의미입니다. 내가 직접 그 누구도 단죄할 수 없습니다. 내가 그 어떤 존재에게도 신 노릇을 해서는 안 됩니다. 나도 그 피조 세계의 일원이라는 것을 알아야 합니다. 나도 자연과 더불어 살아가는 구성원임을 아는 것이 바로 겸손이자 신앙입니다. 이것을 망각하고 함부로 인간이 신처럼 세상 위에 군림하였기에 자연이 이렇게 파괴되었습니다. 인간 사회에 계급이라는 것이 발생했고, 전쟁이 정당화되어 왔습니다. "주님만 의지하고 선을 행하라." 이 고백의 무게를 깨닫는 오늘이 되시길 바랍니다.

오히려 악으로 기울어질 뿐

전 일본 수상 아베 신조가 총격으로 사망했습니다. 어쩌면 많은 사람들이 속으로 쾌재를 불렀을지 모릅니다. 누군가의 죽음에 대해 쾌재를 부른다는 것에 아주 잠시 죄책감을 느끼면서도 말입니다. 그의 죽음을 진심으로 애도하는 사람은 사실 그렇게 많지 않을 것입니다. 특히나 대한민국 국민이라면 말입니다. 그의 육신은 21세기에 있으나 그의 영혼은 마치 20세기 군국주의자의 부활로 보였습니다. 그가 '일본군 위안부'와 관련해서 했던 망언들은 우리를 분노케 했죠. 그것은 역대 일본 정부의 '일본군위안부'에 대한 입장에서 매우 후퇴한 발언인데다가 겉으로 그가 취하는 태도와 달리 그의 본색과 본질은 치밀하게도 역사 왜곡과 날조에 최선을 다했기 때문입니다. 야스쿠니 신사참배(2013), 혐한 발언, 식민 역사 부정, 평화헌법(헌법 9조) 폐지 시도 등 아시아의 평화를 위협하는 인물로, 단순히 자기 집안(그의 조부, 외조부는 A급 전범)의 명예 회복 이상의 욕망의 현현이었습니다.

이런 인물이 세계에 존재한다는 것, 게다가 망상가가 아니라 실제로 일본이라는 강대국의 실세라는 점은 세계평화를 위해 불행한 일입니다. 그러나 그 악인의 최후가 누군가의 분노와 사적인 보복에 의해 이루어진다면, 그것에 대해서는 그 누구도 "잘했다"고 말할 수 없다는 것입니다. 아무도 그에게 그 권한을 위임하지 않았기 때문이고 그것은 명백히 살인 행위이기 때문입니다. 그리고 그렇게 맞이한 죽음에 대해서 속으로야 어떤 마음을 갖든지, "같이 축하하자"고 해서도 안 된다는 것입니다. 시편 37편은 포로기 이후에 형성된 악인과 의인에 대한 보응과 보상 사상 등의 전통적인 신앙을 반영한 격언 모음집입니다. 거기에 "다윗의 시"라는 제목을 붙여 권위를 부여한 것이죠. 그것은 아마도 사울에게 사적인 복수를 하지 않은 다윗의 삶이 이 격언들에 어울린다고 생각했기 때문입니다.

악인에게 분노하는 것은 옳은 일입니다. 그러나 그를 정죄하고 처단할 권한은 그 누구도 가지지 않습니다. 이슬람 극단주의 무장단체인 IS도 신의 이름으로 테러를 자행합니다. 퇴임한 대통령 집 앞에 와서 밤낮 소동을 벌이는 극우 유튜버들도 그 일이 너무나 정당하다고 생각합니다. 사실인가요? 아니요, 그건 그들의 의일 뿐입니다. 부당한 방법이 오히려 정당한 주장을 더럽힐 수 있습니다. 그래서 악인의 처단은 하나님 손에 맡기는 것입니다. 아베의 죽음으로 악이 소멸했을까요? 아베의 죽음으로 아베가 속한 정당은 선거에서 이겼고, 아베가 정치를 시작한 목적인 '평화헌법' 개헌 가능성은 더 높아지고 말았습니다. "노여움을 버려라. 격분을 가라앉혀라. 불평하지 말아라. 이런 것들은 오히려 악으로 기울어질 뿐이다"(8절). 하나님께 맡긴다는 말의 무거움 앞에 다시 한번 침묵하게 됩니다.

감사를 아는 사람

감사하는 마음으로 제물을 바치는 사람이 나에게 영광을 돌리는 사람이니, 올바른 길을 걷는 사람에게, 내가 나의 구원을 보여 주겠다(시 50:23).

23절 앞 절에는 악인에 대한 심판의 내용이 있습니다. 하나님은 그들에게 침묵하셨으나 때가 되어 그들의 죄가 드러나게 하시고 그에 대하여 심판하십니다. 그리고 그들을 일컬어 '하나님을 잊은 자들'이라고 합니다. 이와 대조하여 나오는 사람들이 바로 '감사로 제사 드리는 자들'입니다. 동시에 '올바른 길을 걷는 사람'입니다. 그들에게서는 죄악이 아니라 하나님의 영광이 드러나고 하나님의 구원이 드러납니다. 이 말씀의 뜻을 좀 더 깊이 이해하기 위해서는 이 '감사'의 어원을 아는 것이 큰 도움이 됩니다. 우리가 평소에 사용하는 감사, 고마움에 이런 뜻이 있다는 것을 알면 우리의 삶도 좀 더 깊어질 것입니다. 우선 감사의 히브리어부터 볼까요?

감사를 뜻하는 명사 히브리어는 '토다'입니다. 토다의 원형은

'야다'인데 그 뜻은 '찬양하다'입니다. 야곱의 셋째 아들 이름이 '유다'인데 그 이름의 뜻이 바로 이것입니다. 히브리어에서 '감사하다'는 동사는 바로 '찬양하다', '높이다'의 사역형입니다. 사역형이니 직역하면 '찬양하게 하다'일 것입니다. 그런데 찬양의 대상은 사람이 아니라 '하나님'이라는 것을 아시지요? 찬양은 하나님께만 합니다. 사람을 찬양한다고는 말하지 않습니다. 그러나 감사는 다릅니다. 하나님께도 하지만, 사람에게도 자연에게도 미물에게도 우리는 '감사'합니다. 무슨 뜻일까요? 모든 존재에 깃든 하나님(신)께 감사한다는 뜻입니다. 감사를 통해 그것들을 귀하게 높인다는 뜻이 되겠습니다.

두 번째 살펴볼 말은 우리말입니다. '감사'(感謝)는 한자어이니, 순우리말 '고맙다'로 봅시다. 고맙다는 '고마'에 'ㅂ다'가 붙은 말인데 '고마'의 뜻은 '존귀함, 높임'입니다. 히브리어 '야다'의 원래 뜻인 '찬양하다, 높이다'의 뜻과 같습니다. 이 말이 감사의 뜻으로 뜻이 바뀌어 나갔던 것입니다. 히브리어처럼요. '고마'의 어근은 '곰'인데 '곰', '검', '감' 등의 단어들이 고대인들에게 모두 '신'을 뜻했고, '고맙다'는 말은 본래 '신을 향한 감사'를 의미했다는 것입니다. 우리가 서로에게 "고맙습니다"라고 인사할 때마다 사실은 그 안에 "당신은 신입니다"라는 의미를 담고 있는 것이죠(국어어원사전 참고).

감사 절기가 다가옵니다. 하나님을 잊은 자들에게는 감사가 없습니다. 우리는 감사를 통해 하나님을 기억합니다. 우리에게 오는 모든 것의 근원을 생각하기 때문입니다. 하나님을 잊은 자들이 가는 길은 악인의 길입니다(17-20절). 감사를 아는 사람은 옳은 길로 행합니다. 신을 향해 걸어가는 사람이기 때문입니다.

정직, 자신을 보는 힘

실로, 나는 죄 중에 태어났고, 어머니의 태 속에 있을 때부터 죄인이었습니다(시 51:5).

다윗은 우리아의 아내 밧세바를 범한 후 그것이 들통날까 봐 우리아까지 전장에 보내 죽게 합니다. 그 후 그를 찾아온 예언자 나단의 신랄한 비판 앞에 그 어떤 변명도 하지 않고 "내가 주님께 죄를 지었습니다"(삼하 12:13) 하고 죄를 인정합니다. "주님께 죄를 지었다"는 말이 무슨 뜻입니까? 나를 환히 알고 계시는 주님 앞에 서 있었다는 말입니다(시 139:1). 나보다 나를 더 잘 아시는 나의 주인이십니다. 나를 만드셨습니다. 늘 그분 앞에 서 있어 정직합니다. 환히 나를 비추시는 분 앞에 벌거벗은 자기를 보았습니다. 다윗은 어떤 변명도 없었습니다. "하필이면 그 여자가 그때에 목욕하는 바람에", "그 요사스런 여자 때문에", "그때 제가 너무 피곤해서", "낮잠 자다 깨어 정신이 멍한 상태에서"(삼하 11:2), "술김에", 이런 일체의 말이 없었습니다. "내가 죄를 지었습니다." 주어가

'나'입니다. 죄의 주체가 '나'라는 것을 즉시 인정합니다. 주인이신 하나님 앞에서 서 있었기에 정직합니다.

'죄 중에' 태어났다고 합니다. "어머니의 태 속에 있을 때부터 죄인이었습니다." 무슨 말입니까? 직역하면 "보라. 내가 죄 중에 태어났다. 그리고 나의 어머니가 나를 죄의 징벌 중에 나를 가졌다" 입니다. 이 말은 죄가 밖에서 온 것이 아니라 내 안에 이미 있다는 것입니다. 죄의 원인이 밖에 있는 것이 아니라는 말입니다. 죄의 원인이 그 여인에게 있다는 것이 아니라 오직 내 안의 음심에 있다는 것입니다. 이것은 변명의 여지가 없다는 다윗의 정직함을 보여주는 것입니다. 이때 다윗은 자신의 비참함을 보게 됩니다. '성군'이라고 추앙받는 다윗의 실체가 무엇인지를 보게 됩니다. 그는 성군으로 자신을 포장하지 않았습니다. 첫 살인자 가인에게도 동생을 죽이기 전 이미 죄를 작정한 그의 마음을 하나님이 말씀하십니다. "죄가 너의 문에 도사리고 앉아서, 너를 지배하려고 한다. 너는 그 죄를 잘 다스려야 한다"(창 4:7). 자신의 제물을 받지 않은 것은 하나님 탓이 아닙니다. 자기 다음에 태어난 동생 탓이 아닙니다. 자기 자신이 문제입니다.

예배는 하나님과 그의 말씀이라는 거울 앞에 서는 것입니다. 주의하십시오! 다른 사람을 비추는 거울이 아닙니다. 내 자신입니다. 내 모습만 보면 됩니다. 수십 년 교회를 다니면서도 하나님의 말씀의 거울에 비친 자신의 모습은 보지 못하고 남의 모습만 본다면 그 사람은 불행한 사람입니다. 비교할 것도 없습니다. 남의 비판에 흔들릴 필요도 없습니다. 남의 칭찬에 우쭐할 것도 없습니다. 그래야 정직한 영을 회복할 수 있는 것입니다. 그래야 그 어떤 이의 이야기에도 흔들리지 않는 '견고한 심령', '정직함'을 가질 수 있습니다.

마음속의 진실

마음속의 진실을 기뻐하시는 주님, 제 마음 깊은 곳에 주님의 지혜를 가르쳐 주셨습니다. 우슬초로 나를 정결케 해주십시오. 내가 깨끗하게 될 것입니다. 나를 씻어 주십시오. 내가 눈보다 더 희게 될 것입니다(시 51:6-7).

죄의 근원이 밖이 아니라 내 안에 있음을 깨닫고 눈물로 죄를 고백하는, 슬픈 참회의 기도는 죄를 쏟아 놓는 우리에게는 슬픔이지만 하나님에게는 기쁨입니다. 그리고 내 안에 계신, 기뻐하시는 하나님을 통해 우리 역시 그 기쁨 안에 놓이게 됩니다. 그래서 죄를 고백하면 후련합니다. 내가 잘못한 사람에게 용서를 구하면 후련합니다. 그렇지 않은 사람은 항상 피해 살고 숨어 살아야 합니다. 스스로에 대해 변명하며, 꼬리를 무는 변명 끝에 급기야는 자신을 거짓 나로 세탁합니다. 내가 사라집니다. 자아 상실입니다. '마음속의 진실'이 온데간데없어졌습니다. 그러므로 마음속의 진실에서 참회하는 사람은 잃어버린 자기를 찾는 사람입니다.

그렇기에 시인은 "주님께서 베푸시는 구원의 기쁨을 내게 회복시켜 주시고, 내가 지탱할 수 있도록 내게 자발적인 마음을 주십시오"(12절)라고 기도합니다. 여기 '자발적인'이라는 말은 히브리어로 '나디브'로 동사 '나다브'에서 온 말입니다. 그 뜻은 '자신을 바치다'는 제사적 의미를 가지고 있습니다. 스스로 죄를 내어놓고 하나님 앞에서 태우는 것입니다. 죄를 숨기지 않고 드러내어 자신을 숨기지 않는 그 자발적인 마음으로 잃어버린 자신을 회복합니다. 거기에 '구원의 기쁨'이 있다는 것입니다. 자기를 찾은 기쁨 말입니다.

시인은 지금 주님께 지혜를 간구하고 있습니다. 죄를 씻는, 죄를 태우는 지혜를 간구합니다. 우슬초로 정결케 해달라고 기도합니다. "'우슬초'(에좁)는 유월절에 사용하는 다발 모양을 한 박하 종류의 관상용 식물인데 정결의식의 정화에서 사용되는 것입니다. 정결의식에서 문둥병에서 고침을 받은 사람들(레 14:4 이하)이나, 시체와 접촉하였으므로 부정하게 된 사람들(민 19:18)에게 우슬초를 적신 다발을 흔들어 뿌렸습니다"(『국제성서주석 시편 (1)』, 547). 이로써 죄를 씻는, 즉 깨끗하게 되었다고 여긴 것입니다. 우슬초는 지혜를 표상합니다. 우슬초로 씻는다는 그 내용은 지혜를 배우는 것입니다. 지혜는 여기에서 말씀입니다. 말씀으로 치유되는 것입니다. "예수께서는 말씀으로 귀신을 쫓아내시고, 또 병자를 모두 고쳐 주셨다"(마 8:16). 말씀은 주님이 씻겨주시는, 그래서 깨끗하게 하시는 세례입니다. 시인 구상은 <말씀의 실상>에서 우리를 씻겨주시는 지혜이신 말씀을 노래합니다.

영혼의 눈에 끼었던
무명(無明)의 백태가 벗겨지며
나를 에워싼 만유일체(萬有一切)가
말씀임을 깨닫습니다.

노상 무심히 보아오던
손가락이 열 개인 것도
이적(異蹟)이나 접하듯
새삼 놀라웁고

창밖 울타리 한 구석
새로 피는 개나리 꽃도
부활(復活)의 시범(示範)을 보듯
사뭇 황홀합니다.

창창(蒼蒼)한 우주(宇宙), 허막(虛莫)의 바다에
모래알보다 작은 내가
말씀의 신령한 그 은혜로
이렇게 오물거리고 있음을
상상도 아니요,
상징(象徵)도 아닌
실상(實相)으로 깨닫습니다.

말씀으로 정직한 자신을, 나를 부활시키십시오.

정직한 마음

아, 하나님, 내 속에 깨끗한 마음을 창조하여 주시고 내 속을 견고한 심령으로
새롭게 하여 주십시오(시 51:10).

'견고한 심령'은 히브리어로 '루악흐 나콘'인데 '루악흐'는 '심령',
'영'이며, '나콘'은 분사로 '견고한', '바로 세워진', '정직한', '곧은'의
형용사로 쓰고 있습니다. 정직한 사람이 되는 것에 대해서는 그가
신앙인이냐 아니냐는 것과 관계없습니다. 그것은 사람됨의 중요한
덕목이라고 모두들 생각합니다. 그러나 무엇이 정직한 것이냐를
생각할 때 그 대답은 그리 쉽지 않습니다. 예상외로 '정직'에 대해
오해가 많습니다.

먼저 정직을 '솔직'으로 오해할 때가 있습니다. 자신의 감정,
생각을 있는 그대로 말하고 그대로 행동하는 것이 정직한 것이라고
여깁니다. 이것은 정직이 아니라 솔직입니다. 우리가 학생 시절에
공부하기 싫을 때가 많았습니다. "그래 공부하기 싫은 것이 지금의

내 솔직한 심정이다." 그러니까 공부하지 않는 것이 정직한 행동이라고 여깁니다. 과연 그런가요? 공부하기 싫은 것이 솔직한 심정이라고, 그래 공부하지 않는 것이 정직한, 곧은 행동입니까? 아니라는 것을 너무나 잘 알 것입니다. 공부하기 싫은 것이 솔직한 심정이지만 정직한 마음은 아닙니다. 이때 정직한 마음은 자신의 게으름을 아는 것입니다.

나아가 더 깊이 생각해서 남이 알아주든 말든 공부의 과목 외에 다른 재능이 있음을 깨달아 그 길을 가게 된다면 그것도 자신의 앞날을 위한 정직입니다. 정직은 자신을 있는 그대로 보는 자기 성찰에 기초합니다. 그래서 자기를 질타할 줄 압니다. 자기의 잘못을 바로잡을 줄 압니다. '솔직함'이라는 말은 감정적인 말입니다만, '정직함'이라는 말은 감정적인 말이 아닙니다. 깊은 자기 성찰에서 나온 '진실'을 담고 있을 때 비로소 우리는 '정직'이라는 말을 쓸 수 있습니다. 그래서 정직은 오랜 성찰 끝에 '우러나오는' 깊은 심성입니다.

진정한 참회는 '정직'에서 나옵니다. 이 시는 교회가 오래전부터(6세기로 추정) 정하고 있는바 시편 7개의 참회의 시(6, 32, 38, 51, 102, 130, 143편) 중 하나입니다. 이 시 표제 "다윗의 시" 옆에 "지휘자를 따라 부르는 다윗의 노래, 다윗이 밧세바와 정을 통한 뒤에, 예언자 나단이 그를 찾아왔을 때 뉘우치고 지은 시"라는 해설이 있습니다. 나단이 죄를 지적하자 다윗은 즉시 "내가 주님께 죄를 지었습니다"(삼하 12:13)라고 말합니다. 주님께 죄를 지었다는 고백은 하나님 앞에서 정직했다는 것을 말해줍니다. 내로남불처럼 자신의 죄를 '낭만'으로 포장하지도 않았고 권력으로 다시 누르지도 않았습니다. 쉽지 않은, 정직한 고백입니다. 긴 호흡의 성찰 끝에 '우러나온' 정직(곧음)입니다.

죄, 정직함의 고백

아, 하나님, 내 속에 깨끗한 마음을 창조하여 주시고 내 속을 견고한 심령으로
새롭게 하여 주십시오(시 51:10).

우리의 신앙은 너무나 즉자적(卽自的)입니다. 감성적이고 즉흥
적입니다. 생각 없이 "아멘" 합니다. 이것이 좋은 믿음이라고 여깁니
다. "아멘"이라는 말은 함석헌 선생님에 의하면 "암! 그렇고 말고"라
는 뜻을 가지고 있다고 합니다. 그러나 우리는 "아멘" 한 대로
살아가고 있습니까? 우리는 생각 없이 그냥 습관적으로 "아멘"이라
는 말을 쓰고 있지는 않습니까? 우리는 너무나 큰 거짓말을 하는
데에 익숙해 버리지는 않았는지 모르겠습니다. "아멘"은 결코 즉자
적인, 즉 바로 나오는 말이어서는 안 됩니다.

신앙은 대자적(對自的)인 것입니다. 자기를 떼어놓고 객관적으
로 보는 것입니다. 자신을 거리를 두고 보는 것입니다. 아멘은
우리 마음속에서 생각하고 또 생각하고, 기도하고 또 기도한 끝에

우러나오는 말인 것입니다. 역시 그렇게 수행해야 나오는 '견고함', '정직함'입니다.

그리스도인 철학자 키에르케고르는 숨을 거둔 1855년에 쓴 "나는 무엇을 원하는가"라는 글을 "단순하다. 나는 정직을 원한다"라고 시작합니다. 그는 이 글에서 이렇게 말하고 있습니다. "나는 호의적인 사람들이 생각해 주듯 관대한 기독교인에 반대되는 의미의 기독교인이 아니다. 결코 그렇지 않다. 나는 관대파도 엄격파도 아니다. 나는 인간적 정직파다. 정직이 있는 곳이라면 어디든지 나는 가담할 수 있다."

이것은 우리 그리스도인들이 꼭 들어야 할 중요한 말입니다. 습관적인 신앙의 언어들은 우리로 위선과 가식의 사람으로 만듭니다. 치열한 정직 끝에 나오는 결론이 '죄인'이라는 고백입니다. 그리스도의 영을 내 안에 비춰 내가 어떤 사람인가를 보고, 비뚤어지고 왜곡된 나를 볼 수 있는, 정직한 나로 출발할 때 비로소 신앙의 중심에 들어설 수 있습니다. 그래서 기독교 교리 속에 "인간은 죄인이다"가 앞에 나와 있는 것입니다. 자신의 일그러진 모습을 감추지 않고 보기 때문입니다.

참회는 죄를 전제합니다. 죄에 대한 인식이 없이 나오는 참회는 가식과 위선입니다. 죄란 오랜 자기 성찰이 준 정직함의 고백입니다. 다윗은 "나의 반역을 내가 잘 알고 있으며, 내가 지은 죄가 언제나 나를 고발합니다"(3절)라고 고백합니다. 정직하지 않으면 자기가 자기를 고발할 수 없습니다.

민족의 고난

하나님은, 마음이 정직한 사람과 마음이 정결한 사람에게 선을 베푸시는 분이건
만, 나는 그 확신을 잃고 넘어질 뻔했구나. 그 믿음을 버리고 미끄러질 뻔했구나
(시 73:1-2, 아삽의 시).

시편 73편은 아삽이 쓴 시로 구분됩니다. 아삽이 썼다기보다는
그가 수집한 시입니다. '아삽의 시'(미쯔모아 레아삽), 저는 이것을
왠지 '아삽에게 주어진 시'라고 읽고 싶습니다. "시가 아삽에게
왔다"고 말입니다. 아삽은 레위 지파 성전 성가대원들의 씨족장
가운데 한 사람입니다(대상 6:31, 39; 25:1-2). 족보가 있는 집안의
족보가 있는 시(찬송)라는 말입니다. 공인된 찬송입니다. 공인된
찬송시치고는 매우 인간적인 고뇌를 담고 있습니다. 1절의 "마음이
정직한 사람"은 히브리성서에서는 "이스라엘"로 되어 있습니다.
즉, 직역하면 "하나님은 이스라엘에게 참으로 좋고, 그리고 마음의
깨끗한 자에게도 좋다"는 말입니다. 하지만 2절은 '그러나'로 시작합
니다. 현실은 그렇지 않다는 말입니다. 신앙이 무너지는 경험을
했다는 것입니다. 흔히 말하는 악인의 번영과 의인의 고난을 보았다

는 것이죠.

왜 보통 사람들인 개개인이 아니라 먼저 이스라엘이라는 민족을 말한 것일까요?(1절) 그들의 역사 때문입니다. 하나님을 믿는다는 이스라엘의 고난 때문입니다. 이방의 강대국들은 번영하고 있는데 왜 이스라엘은 강대국에 당하기만 하고 결국 포로로 잡혀가 그 고생을 하고야 마는 것일까요? 우리 현실과도 다르지 않습니다. 오히려 이제는 엄청난 돈을 내가며 괴롭힘을 당하고 있습니다. 모든 이들에게 널리 유익한 홍익인간의 이념을 갖고 있는 우리가 무슨 죄가 있어 이토록 당하고만 살고 있을까요? 정말 너무하다 싶습니다. 강대국의 위협에 휘둘려 온 우리의 역사입니다. 잘살게 되면 좀 괜찮으려니 생각했습니다만 오히려 예전보다 더 뜯기고 있습니다. 세상에 이토록 오랫동안 외국의 군대가 주둔한 나라는 우리밖에 없습니다. 내 형제와 총부리를 겨누기 위해 다른 나라와 전쟁 연습을 하는 나라도 우리밖에 없습니다.

일방적인 분단에 대한 엄청난 상처를 입은 우리가 '분단금'을 받아내도 성이 차지 않는데 적반하장 나라를 지켜줄 테니 '분담금'을 내라니 이것이 말이나 되는 이야기입니까? 더욱이 그 나라가 기독교 국가라니 말이 안 나옵니다. 시인의 고백이 그러합니다. "나는 그 확신을 잃고 넘어질 뻔했구나. 그 믿음을 버리고 미끄러질 뻔했구나." 이유는 간단합니다. "나는 나다"(출 3:14)이시며 노예 히브리를 해방시킨 하나님이시기 때문입니다.

신앙은 주체적인 나를 찾는 것입니다. 강대국의 하나님이 아니라 나의 하나님을 찾아야 미끄러지지 않고 나의 길, 우리의 길, 독립의 길을 갈 수 있습니다. 아직도 성조기가 광화문에서 펄럭입니다.
내 나라 사람의 손에서….

악인의 형통 앞에서

하나님은, 마음이 정직한 사람과 마음이 정결한 사람에게 선을 베푸시는 분이건만, 나는 그 확신을 잃고 넘어질 뻔했구나. 그 믿음을 버리고 미끄러질 뻔했구나. 그것은, 내가 거만한 자를 시샘하고, 악인들이 누리는 평안을 부러워했기 때문이다(시 73:1-3, 아삽의 시).

현실 세계는 因果應報(인과응보)나 勸善懲惡(권선징악)이 이루어지지 않습니다. 시인은 현실 세계에서는 하나님이 마음이 정직한 사람과 마음이 정결한 사람에게 선을 베푸시지 않는다고 여겨서 몹시 흔들렸습니다. 신앙의 상식이 통하지 않는다는 것을 안 것입니다. 오히려 하나님은 악인에게 선을 베푸시는 것처럼 보입니다. 오히려 악인이 평안을 누리고 있는 것이었습니다. 시인은 악인의 평안을 열거합니다. 평안, 우리가 잘 아는 '샬롬'입니다.

"그들은 죽을 때에도 고통이 없으며, 몸은 멀쩡하고 윤기까지 흐른다"(4절). 직역하면 "죽음에까지도 속박당하지 않고, 그들의 힘은 왕성하다"입니다. 고통은 없고 재앙은 멉니다(5절). 오히려 그들은 당당합니다. "오만은 그들의 목걸이요, 폭력은 그들의 나들이옷"(6절)입니다. 그들은 일상이 악으로 치장되고 악으로 옷 입습니다. 오히려 사람들을 비웃고 그 사람들이 잘못 살아온 것처럼 "악의에 찬 말을 쏟아붙이고 거만한 모습으로 폭언하기를 즐깁니다"(8절). 眼下無人(안하무인)입니다. 하나님마저도 안중에 없습니다. "입으로는 하늘을 비방하고, 혀로는 땅을 휩쓸고 다닙니다"(9절). "하나님인들 어떻게 알 수 있으랴? 가장 높으신 분이라고 무엇이든 다 알 수가 있으랴?"(11절) 하고 말합니다.

시인은 충격을 받아 말합니다. "그들은 모두가 악인인데도 신세가 언제나 편하고 재산은 늘어만 가는구나"(12절). 그리고 시인은 바르게 살아온 자신의 삶을 허망하게 돌아봅니다. "이렇다면 내가 깨끗한 마음으로 살아온 것과 내 손으로 죄를 짓지 않고 깨끗하게 살아온 것이 허사라는 말인가?"(13절) 악과 선이 전도됩니다. 오히려 깨끗하게 살아온 자신이 벌을 받고 있었습니다(14절). "하나님의 백성마저도 그들에게 홀려서, 물을 들이키듯, 그들이 하는 말을 그대로 받아들입니다"(10절). 마침내 "나도 그들처럼 살아야지"(15절)라는 생각이 들 정도까지 갑니다.

이제 시인의 신앙은 넘어지고 미끄러질 위기입니다. 심각한 시험입니다. 문제는 가치의 전도입니다. 오히려 악인들을 부러워하는 것입니다. 그러나 시인은 이 시험의 원인을 악인이 아니라 자신에게서 발견합니다. "그것은, 내가 거만한 자를 시샘하고. 악인들이 누리는 평안을 부러워했기 때문이다"(3절)라고 말입니다. 결정적으로 주어는 '나'입니다. 그렇습니다. 악의 샬롬을 보며 악에 빨려 들어가는 자신을 보는 자기 성찰이 있어야 합니다. 원인은 나의 시기, 나의 부러움에 있습니다.

악인의 샬롬

"나도 그들처럼 살아야지" 하고 말했다면, 나는 주님의 자녀들을 배신하는 일을 하였을 것입니다. 내가 이 얽힌 문제를 풀어 보려고 깊이 생각해 보았으나, 그것은 내가 풀기에는 너무나 어려운 문제였습니다. 그러나 마침내 하나님의 성소에 들어가서야, 악한 자들의 종말이 어떻게 되리라는 것을 깨닫게 되었습니다(시 73:15-17).

악인의 평안(샬롬)과 의인의 고난이라는 현실은 한 시대의 가치를 뒤집어 놓습니다. "나도 그들처럼 살아야지." 나도 악하게 살아야겠다는 말입니다. 악하게 살아도 언제나 편하고, 재산까지 늘어납니다(12절). 양심의 꺼림도 없이 오히려 당당합니다. 그러니 굳이 깨끗한 마음으로 살 필요가 있나요? 유전무죄, 무전유죄의 세상이라면 수단 방법을 가리지 않고 '그들처럼'(악인들처럼) 돈을 벌어야 하지 않나요? 악인들의 당당함을 보면서 "하나님의 백성마저도 그들에게 홀려서"(10절) 악의 세계에 빠집니다. 시인도 그들처럼 살아 악인들에 홀릴 뻔했습니다. "나도 그들처럼 살아야지 하고 말했다면" 하나님을 함께 믿는 이스라엘 신앙 공동체의 자녀들을 쉽게 배신했을 것입니다.

죄를 짓지 않고 깨끗한 마음으로 바르게 사는 것이 오히려 하나님께 벌을 받는 것(13절)이라면 혼란은 극도에 도달합니다. "깊이 생각해 보았으나", 아무리 이해하려고 해 보았으나 "내가 풀기에는 너무나 어려운 문제였습니다." 이런 세상을 이해할 수가 없었습니다. 그러나 분명히 보이는 모순의 현실입니다. "너는 그렇게 교회도 열심히 다니고 기도도 많이 하면서 왜 그렇게 힘들게 사니? 나는 신앙 같은 거 안 가져도 이렇게 잘 사는데." 안 믿는 언니가 믿는 동생에게 한 말입니다. 무엇이라고 답하겠습니까? 물론 언니가 악한 것은 아니겠지요 그러나 동생인 믿는 자에겐 심각한 시험입니다. 하물며 악한 사람의 평안은 더욱 이해되지 못합니다.

그런데 대전환이 일어납니다. 이 어려운 문제는 이 시인이 하나님의 성소에 들어가서야 풀립니다. 하나님의 성소에는 하나님이 계십니다. 성소로 들어가 시인은 하나님을 만납니다. 예배입니다. 하나님은 말씀으로 만납니다. 말씀은 그분의 뜻입니다. 하나님 앞에서 예배를 드리고 나서야, 그 말씀을 듣고서야 "마침내 악한 자들의 종말이 어떻게 되리라는 것을 깨닫게 되었습니다." '종말'은 히브리어로 '악하리트'인데 '끝'을 말합니다. 평안의 끝입니다. 거짓 샬롬의 끝입니다. 악한 사람들의 끝이 있음을 깨닫게 된 것입니다. 우리는 십자가 앞에서 예배를 드립니다. 십자가 없는 영광은 없습니다. 십자가 없는 영광은 악인의 영광일 뿐이고 그 끝은 분명합니다. 우리 신앙이 성숙하지 못하고 시험에 든 것은 십자가 없는 영광을

부러워했기 때문입니다. "아! 악인들이 누리는 평안을 부러워했구나!"(3절)

탄식이 아니라 지혜

그러나 마침내 하나님의 성소에 들어가서야, 악한 자들의 종말이 어떻게 되리라 는 것을 깨닫게 되었습니다(시 73:17).

시편 73편은 얼핏 하소연처럼 들립니다. 부조리한 세상에 대한 탄식으로 보입니다. 시인이 거만한 자와 악인을 보자 하니 사람들이 누구나 당하는 재앙도 피해 가고, 흔히 경험하는 고통도 가벼운 감기처럼 지나가는 것 같습니다. 그러니 그들이 보이는 오만함, 그들이 끝까지 부리는 패악을 보면 시인이 탄식하듯이 "하나님의 백성마저도 그들에게 홀려서, 그들이 하는 말을 그대로 받아들여, 덩달아"(10-11절) 그들처럼 말하는 것이 이해 못 할 일도 아닙니다. 세상은 어쩌면 그런지, "그들은 모두가 악인인데도 신세 가 언제나 편하고, 재산은 늘어만"(12절) 갑니다. 시인처럼 오늘날 우리도 이렇게 탄식합니다. "이렇다면, 내가 깨끗한 마음으로 살아온 것과 내 손으로 죄를 짓지 않고 깨끗하게 살아온 것이 허사라는 말인가?"(13절)

보통은 여기서 우리는 믿음을 버리거나 결국 올바르게 사는 것에 대해 회의에 빠져 버립니다. 혹은 어쩔 수 없는 현실로 받아들여 세상과 타협하게 됩니다. 신앙은 신앙이고 현실은 현실이다, 이런 식으로 말이죠. 그래서 세상에서는 세상의 논리대로 살고 교회에 와서는 잘못했다, 죄를 지었다고 고백하며 용서를 빕니다. 양다리, 아니 사실은 그 세상에 몸을 담근 채 말입니다.

이리저리 궁리하다 난관에 부딪힌 시인에게 명쾌한 해답이 들려오는데, 바로 하나님의 성소에 들어가서 악한 자들의 종말이 어떻게 되리라는 것을 깨닫게 되면서입니다. 하나님의 성소에 들어가 예배를 드릴 때, 하나님의 말씀을 들을 때 비로소 답을 찾게 되는 것입니다. 그 답은 "주님께서 그들을 미끄러운 곳에 세우시며, 거기에서 넘어져서 멸망에 이르게 하신다"(18절)는 것입니다. 그러나 하나님의 성전에서 하나님의 말씀을 통해 이 진실을 듣게 된 후에도 오히려 악인의 길을 따라가는 삶들이 있습니다. 그들에게 삶의 가치는 하나님의 말씀이 아니라 악인들이 누리는 안녕과 늘어가는 재산에 있기 때문입니다. 오늘날 최소한 재물과 하나님 사이에 양다리를 걸치는 신앙인들은 사실상 믿음을 저버린 사람들입니다.

시편 73편은 악인의 성공 앞에 좌절하는 연약한 인간의 하소연이 아니라 그 악의 성대함 앞에서도 흔들림 없는 믿음의 힘, 믿는 자의 강건함에 대해 말하고 있습니다. 그러므로 시편 73편은 탄식시가 아니라 악 앞에서 어떻게 살아야 하는지에 대한 지혜시인 것입니다. 악인의 종말을 안다면 당장의 그들의 재물과 거만함과 평안이 결코 축복이 아니라는 것을 알 것입니다. "주님께서 깨어나실 때에,

그들은 한낱 꿈처럼, 자취도 없이 사라집니다"(20절). 이것을 아는
것이 지혜입니다.

말씀으로 돌아가는 것

나는 너희를 이집트 땅에서 이끌어 낸 주 너희의 하나님이다. 너희의 입을 크게 벌려라. 내가 마음껏 먹여 주겠다 하였으나, 내 백성은 내 말을 듣지 않고, 이스라엘은 내 뜻을 따르지 않았다(시 81:10-11).

'너희'라고 번역한 히브리어 '카'는 복수가 아니라 단수 '너'입니다. 의도적입니다. 이스라엘 백성 하나하나를 두고 말하듯이 한 것입니다. 집단을 향해 한 말이 아닙니다. 집단은 관념적이거나 선동적입니다. '너'라고 함으로써 이스라엘 백성 개개인이 갖고 있어야 할 역사의식을 일깨웁니다. 그래서 '너희의 하나님'이 아니라 '너의 하나님'입니다. 우리 입장에서는 '나의 하나님'입니다. '너의 하나님'은 '나'를 주체로 삼은 분이 '나'를 '너'라고 하며 내 안에서 말씀하십니다. 성서 안에서 하나님은 대부분 소유격을 앞에 붙여 표현합니다. '나의 하나님', '너의 하나님', '우리의 하나님', '그의 하나님', '너희의 하나님', '그들의 하나님', '우리 조상의 하나님' 등입니다. '하나님'이라고 하면 됐지 왜 다양한 소유격을 붙이는 것일까요? 하나님은 각각의 소유격 안에서 내재하기 때문입니다.

본문은 이스라엘을 단수화시켜 '너'라고 말씀하시며 출애굽을 상기시키고 광야에서 이스라엘과 맺은 계약 앞에 서게 합니다. 하나님의 말씀인 율법을 받아들이면 축복하지만 율법을 받아들이지 않으면 심판하겠다는 계약입니다. 그러나 '내 백성' 이스라엘은 하나님의 말을 듣지 않았고 하나님의 뜻을 따르지 않았습니다. 그야말로 반역의 역사였습니다. 마침내 하나님은 이스라엘을 바빌론에 멸망 당하게 하시고 포로로 잡혀가게 하십니다. 이 포로 기간 동안 이스라엘은 하나님과의 관계를 다시 생각합니다. 그리고 그분과의 계약을 생각하며 처음으로 계약의 내용을 문자화합니다. 이것이 바로 구약성서입니다. 신앙을 갖는다는 것은 그의 말씀을 받아들이는 것입니다. 하나님은 말씀으로만 자신을 계시하십니다. 문제는 그 말씀을 얼마나 절실히 받아들이냐는 것입니다.

TV 동물 다큐에서 어미 새가 새끼를 먹이는 장면을 보면 새끼 입만 보입니다. 제일 크게 입을 벌린 새끼부터 먹이를 줍니다. 이미 받아먹은 새끼도 입을 벌립니다. 그러나 어미는 잘 압니다. 다른 놈을 먹입니다. 사실 이미 먹은 놈은 입을 많이 벌리지 않습니다. 병든 놈은 입을 크게 벌리지 못합니다. 입을 벌리지 못하면 죽습니다. 그런 놈은 내버려 둡니다. 말씀도 마찬가지입니다. 절실하면 크게 벌립니다. "내가 마음껏 먹여 주겠다"고 하십니다. 그러나 말씀에 절실하지 않은, 그분의 뜻을 따르지 않는 사람에 대해서는 "그래서 나는 그들의 고집대로 버려두고, 그들이 원하는 대로 가게 하였다"고 심판의 말씀을 전하십니다. 말씀은 죽고 사는 생명의 문제입니다. 예루살렘으로 귀환하는 게 아니라 말씀으로 돌아가는 것입니다. 교회에 다니는 것이 아니라 말씀으로 돌아가는 것입니다. 이것이 진정한 해방이고 종교개혁입니다.

신이 되는 길

하나님께서 말씀하셨다. "너희는 모두 신들이고, '가장 높으신 분'의 아들들이지만, 너희도 사람처럼 죽을 것이고, 여느 군주처럼 쓰러질 것이다(시 82:6-7).

인간은 신이 되고 싶어 합니다. 그리스-로마 신화에 등장하는 이카루스가 눈부신 태양에 더 가까이 가고 싶다는 욕망을 못 이겨 결국 밀랍으로 된 날개가 녹아 추락했다는 이야기 안에는 태양으로 상징된 신에게 이르고자 하는 인간의 욕망이 그려져 있습니다. 성서에 등장하는 바벨탑의 이야기도 같은 이야기입니다. 탑을 쌓기 시작한 인류는 "탑 꼭대기가 하늘에 닿게 하자"(창 11:4)는 결의로 이 일을 도모합니다. 그들의 종말 역시 이카루스와 다르지 않았습니다. 인간이 신에 이르고자 하는 욕망은 여러 가지 상징으로 그려지고 있는데, 가장 대표적이고 구체적이며 실제적인 상징이 바로 '왕'입니다. 이스라엘에게 왕은 언제나 오직 야훼 하나님 한 분이었습니다. 그러나 그들이 인간을 왕으로 세우고 기꺼이 그를 자기들 '위'(19절)에 두겠다고 결정했던 일이 바로 사무엘상 8장에 나오는 왕의 요구입니다. 신이 되고자 하는 인간이 특정한 한 인간을 자신들의 '위'에 세우고 자신들은 기꺼이 그 '밑'이 되겠다는 것은 참 아이러니합니다.

그런데 이 얼토당토않고 불경스러운 생각이 성서 속에 아주 분명히 기록돼 있다는 사실입니다. 시편 82편 6절과 이 구절을 확증하는 요한복음 10장 35절입니다. 요한복음 말씀을 보겠습니다. "하나님의 말씀을 받은 사람들을 하나님께서 신이라고 하셨다. 또 성경은 폐하지 못한다." 한마디로 너희들은, 그러니까 우리들은 신이라는 말입니다. 신화들이 기록하는 것처럼 신이 되고자 하는 욕망은 인간의 욕망입니다. 수많은 사이비교주들이 마침내 빠짐없이 이르는 길이고, 권력자들이 부리는 '무소불위'의 권력 또한 신이 된 듯한 쾌감을 주기 때문에 중독되는 것입니다. 마약에 취하는 것도 아마 같은 원리일 것입니다. 인간이라는 무거운 짐, 녹아버린 날개를 펴고 싶은 욕망이 신이 되는 길을 헤매며 찾고 있는 것이지요.

얼마 전에 끝난 올림픽도 그런 의미가 있습니다. 인간의 육체적 정신적 한계를 극복하는 존재들에게 메달을 걸어줍니다. 인간의 한계 없음을 보여줌으로써 우리들의 '왕'의 자리에 등극하는 것이지요. 이스라엘이 왕을 세우고자 했던 그 마음에는 그를 통하여 하나님의 일(전쟁)을 대신 마음대로 하고 싶은 욕망이 숨어 있었을 것입니다. 그런데 시편과 예수님의 말씀에 "너희는 신이다"는 분명한 선언이 들어 있으니, 성경에서 '근거'를 찾고자 하는 신이 되고자 하는 인간들에게는 얼마나 희소식입니까? 그런데 성서가 말하는 '신이 되는 길'은 다른 길이었습니다. 시편 82편에서 이 구절의 결론에 이르기까지 그 신들이 행해야 하는 일들을 말하고 있습니다. 이것이 바로 우리가 신에 이르는, 신이 되는 길입니다. 그것은 공정한 재판, 가난한 사람과 고아 변호, 가련한 사람과 궁핍한 사람에게 공의와 자선을 베푸는 것입니다. 지난주일 설교 말씀에서 저는 이 한마디를 들었습니다. "용서의 권세를 쓰십시오!"* 이것이 성서가 말하는, 예수님이 확증하신 '신이 되는 길'입니다. 8월 마지막 날입니다. 눈부신 태양이 아니라 아프간의 고통 속으로 우리의 마음이 향했으면 좋겠습니다. 하나님을 기다리는 곳이 그곳일 테니 말입니다.

---

* "내가 네게 말한다 일어나서, 네 자리를 걷어서 집으로 가거라"(2021.8.29. 김종수목사 설교)

아멘! 할렐루야!

마침내 주님께서는 그들을 사로잡아 간 자들이 그들에게 자비를 베풀도록 하셨습니다. 주, 이스라엘의 하나님, 영원토록 찬송을 받아 주십시오. 온 백성은 "아멘!"하고 응답하여라. 할렐루야(시 106:46, 48).

지난 목요일에 공수처가 정식 출범했습니다. 정식 명칭은 '고위공직자 범죄수사처'입니다. 참으로 오랜 싸움이었습니다. 1996년부터 시작된 공수처법 논의는 무려 25년간의 좌절과 시도를 거쳐 오늘에 이르렀습니다. 공수처장 임명식을 바라보며 "아, 결국은 이날이 왔구나!" 하는 탄성이 터져 나왔지만, 공수처가 출범하는 과정에서 한 가정은 멸문지화의 고난을 당해야 했고 그 과정에서 드러난 검찰조직 수장의 비위에 대한 최소한의 징계마저도 결국 무효화되는 권력의 무소불위함을 목도해야 했습니다. 그 정도의 저항이 있으리라는 것을 예측하지 못했습니다. 70년 이상, 아니 일제강점기 재판소를 포함하면 126년이 넘는 세월을 강고하게 지켜온 권력의 실체를 본 셈입니다. 허나 역사는 진보하고 있으며 민주주의는 그 속에서 숨 쉬고 있습니다. 셀 수 없는 재심의 사건들이 보여주듯 억울한 의인의 명예는 회복될 것이고 무소불위 권력의 잘못은 바로잡힐 것입니다.

시편 106편은 이스라엘의 금식일에 탄식의 절차에 사용된 시편입니다. 금식은 죄를 씻기 위해 개인적으로 행하기도 했고 이스라엘이 다 함께 공식적으로 지킨 금식일도 있었는데, 바로 1년에 한 번 지켜진 '속죄일'이었습니다. 속죄일은 신년절의 한 날을 택하여 지킨 이스라엘 민족의 새해 풍습이었습니다. 이때 읽히거나 찬양으로 불린 시편 106편은 그들의 역사를 담고 있습니다. 특히 홍해를 건넌 일(6-12절), 광야의 시간(13-33절), 약속의 땅에서 우상을 섬겨 범죄한 일(34-39절)을 기록하고 있고, 그럼에도 불구하고 자비와 용서를 베푸시는 하나님(40-46절)을 찬양하고 있습니다. 사도행전 7장의 스데반의 설교나 13장의 바울의 설교도 비슷한 형식으로 되어 있습니다. 즉, 이스라엘의 신앙 고백은 다름 아닌 역사에 대한 기억과 역사적 교훈을 되새기는 것 자체였던 것입니다. 신앙은 결코 현실과 역사와 동떨어진 세계의 일이 아닌 것입니다.

우리 역시 돌아보면 굽이굽이 고난과 역경의 때를 이겨내며 오늘에 이르렀습니다. 그때마다 두려움을 이기고 일어서는 선구자들과 그 뒤를 따르는 수많은 희생이 있었습니다. 그러나 그 선택이 참이라고 믿었기에, 그것이 하나님의 뜻이라고 믿었기에 목숨을 잃는 것도 감수했던 것입니다. 이스라엘은 새해를 맞이하는 절기 중 하루를 속죄일로 삼아 금식하며 이 시편을 읽습니다. 그들의 역사와 그 역사의 발자취들, 그 길을 걸어온 사람들을 기억합니다.

그리고 그 역사의 주인이신 하나님을 찬양합니다. 이 시편은 "아멘!" "할렐루야!"로 끝납니다. 이것은 습관적으로 나오는 뜻 모를 주문이 아닙니다. "아멘"은 그렇게 살겠다는 결단의 말이며, "할렐루야"는 하나님을 찬양한다는 고백입니다. "아멘! 할렐루야!"는 종교의식의 언어가 아니라 삶의 언어, 역사의 언어입니다. 더 좋은 세상, 하나님 나라를 향해 외칩시다. 아멘! 할렐루야!

말씀대로 사는 사람

그 행실이 온전하고 주님의 법대로 사는 사람은, 복이 있다. 주님의 증거를 지키며 온 마음을 기울여서 주님을 찾는 사람은, 복이 있다(시 119:1-2).

오순절은 출애굽 한 후 50일이 지난 때를 말하며, 모세가 호렙산에서 십계명을 받은 때입니다. 이후 유대인들은 첫 번째 추수감사절(칠칠절)로 지냈으며 이날은 예수님 부활 후 50일째 날인 성령강림절과도 일치합니다. 이날은 유대인과 기독교인이 공통으로 지키는 유일한 절기입니다. 유대인들은 이때 시편 119편을 24시간 동안 읽었습니다. 시편 119편이 시편 가운데 가장 긴 시편이며, 히브리어 알파벳의 첫 번째 글자인 '알레프'부터 마지막 글자인 '타우'까지 22개의 글자를 8절씩 나누어 마치 '삼행시'를 짓듯 지은 것은 바로 이 절기를 위해 쓰였기 때문입니다. 시편 119편은 시편 중 유일하게 하나님의 법, 명령, 증거, 길, 훈계를 찬양하는 시편입니다. 그 첫 구절인 오늘 말씀은 "아쉬레"(복되어라)라는 감탄사로 시작하기에 마태복음 5장의 팔복을 연상케 합니다.

하나님의 말씀은 우리를 변화시킵니다. 우리는 말씀을 통하여 변화되기를 원하는 사람들입니다. 말씀의 은혜를 사모하는 것은 바로 변화의 기쁨을 알고 있기 때문입니다. 그러나 그 변화의 시작은 어디에 있을까요? 말씀 그 자체? 말씀을 전하는 설교자? 아니면 말씀을 읽고 듣고 행하는 사람? 코로나가 창궐하기 전까지 우리가 경험하던 세상의 특징 하나는 '여행'이었습니다. 1년에 한 번 이상 외국 여행을 다녀와야만 하고, 적어도 계절마다 나들이는 생활의 필수였습니다. 수많은 여행기가 쏟아져 나왔고 항상 베스트 셀러 자리를 차지했습니다. 여행기뿐 아니라 모든 책을 대하는 세 사람이 있습니다. '책을 사는 사람', '사서 읽는 사람', '사서 읽고 여행하는 사람, 그대로 해보는 사람'.

말씀도 그러할 것입니다. 말씀은 수천 년간 우리 옆에 있었습니다. 말씀이 선포된다고 그 말씀대로 모두 사는 것도 아니고 또 모두 그렇게 살아야 한다고 할 수도 없습니다. 그러나 우리는 말씀을 읽고 들으며 그 말씀이 나에게 말해오기를 기다리는 사람들입니다. 그리고 그 말씀이 내 삶에 들어와 내 삶이 변화되기를 원하고 꿈꿉니다. 그런데 그 열쇠는 바로 나에게, 그 말씀대로 행하고 사는 나에게 있다는 것입니다. 한 권의 여행기가 그러하듯 하나님의 말씀도 그러합니다. 그저 듣는 것만으로 읽는 것만으로 우리 삶이 바뀌지 않습니다. 그 말씀대로 행할 때, 온 마음을 기울여 그 삶을 추구할 때 변화가 복으로 찾아옵니다. 어쩌면 책을 사는 일부터 시작해야 할지 모릅니다. "주님의 말씀을 열면, 거기에서 빛이 비치어 우둔한 사람도 깨닫게 합니다"(130절). 여는 사람에게 열리기 시작합니다. 하나님의 말씀은.

고난 당한 것이 오히려

고난을 당한 것이, 내게는 오히려 유익하게 되었습니다(시 119:71a).

"인류의 역사는 도전과 응전의 역사다"는 우리에게 너무나 잘 알려져 있는 영국의 역사학자 아놀드 토인비의 말입니다. 그는 『역사의 연구』라는 대 저서를 쓰면서 흥미 있는 실화 하나를 전해주고 있습니다. 영국인들은 청어라는 물고기를 대단히 좋아한다고 합니다. 그래서 영국인들은 청어를 식탁에서 항상 신선하게 요리하여 먹기를 원하고 있습니다. 청어는 저 멀리 북해에서 잡히는 생선입니다. 그래서 원양 어선이 그곳 북해에 가서 청어를 잡아 커다란 물탱크에 넣고 먹이를 주며 영국에까지 끌고 오게 됩니다. 그러나 이 청어는 물탱크에서 먹이를 먹으며 영국까지 오게 되지만, 오랜 여행 탓인지 도착할 즈음에는 거의 탈진 상태에 이른다고 합니다. 그래서 식탁에서 신선한 맛을 주는 청어를 먹을 수 없다고 합니다.

그런데 한 원양 어업자만이 런던에 매번 신선한 청어를 공급하고 있었습니다. 그래서 한 사람이 그 원양 어업자에게 그 비결이 대체 무엇이냐고 물었습니다. 그러자 그 원양 어업자는 매우 간단한 일이라고 하면서 그 비결을 말했습니다. 청어를 영국까지 실어 오는 물탱크 안에 커다란 숭어를 두어 마리 잡아 넣어 가지고 오면 된다는 것입니다. 그러자 그 비결을 물은 사람이 "아니 그러면 숭어가 청어도 잡아먹고 그래서 청어만 더 축내는 것 아닙니까?"라고 반문하였답니다. 그러자 그 원양 어업자는 "아닙니다. 몇 마리를 숭어가 잡아먹기는 하지만, 숭어에게 잡아먹히지 않으려고 죽을힘을 다해 도망가는 청어가 그 덕분에 운동을 하기 때문에 영국에까지 신선한 채로 올 수 있습니다"라고 말했다고 합니다. "죽을 위기에 닥쳐있는 청어가 오히려 신선하게 살아있다"라는 이 역설적인 이야기는 우리에게 많은 교훈을 주고 있다고 역사학자 토인비는 말하고 있습니다.

도전에 따른 응전으로 오히려 역사는 진일보하였다는 것입니다. 목적을 가진 사람, 꿈을 가진 사람에게 응전, 즉 고난은 필수입니다. 그냥 성취되거나 거저 이루어지는 꿈은 없습니다. 꿈은 고난이라는 값을 요구합니다. 성서는 하나님이 주신 약속을 이루어 가는 고난의 대서사시입니다. 성서의 주제를 한마디로 압축한다면 그것은 고난입니다. 고난이 있기에 꿈의 성취가 가까이 왔다는 것을 알게 된다는 것입니다. 신명기 8장 5절에 의하면 "고난은 하나님의 아들이라는 증거"라고까지 말하고 있습니다. "당신들은, 사람이 자기 자녀를 훈련시키듯이, 주 당신들의 하나님도 당신들을 훈련시킨다는 것을 마음속에 새겨 두십시오." 고난 당한 것이 내게는 오히려 유익입니다.

밥보다 말씀

주님의 말씀은 내 발의 등불이요, 내 길의 빛입니다(시 119:105).

"저는 어느 부활절 때에 모라비안 교파의 목사님 댁에 가서 한 일주일 있어본 적이 있습니다. 그때 거기서 중요한 것을 하나 보았습니다. 그 목사님 댁의 어린 자녀들이 아침에 식사하고 학교 가고, 저녁에 들어와서 또 식사하고 놀고 합니다. 그런데 너무나 바빠서 막 뛰어 들어와 허겁지겁 밥을 먹으려고 해도, 거기에 놓은 성경책의 말씀 한 절을 어디든 딱 보고 난 다음에야 부모님들이 식사를 줍니다. 하나님 말씀을 한 절이라도 먹지 않고는 절대 육신의 양식을 먹어서는 안 된다는 것이지요. 이렇게 꼭 성경을 한 절 읽고, 그리고야 기도하고 식사하는 것을 보았습니다. 말씀이 모든 것보다 최우선이라는 것을 잊지 말 것입니다. 그런고로 사도 바울은 말씀을 전해야 했고, 말씀을 들려주어야 했던 것입니다" (곽선희목사, 『믿음으로 살리라』).

밥보다 먼저 말씀이었습니다. 예수님을 믿는다는 것은 그의 가르침을 깨우치고 따르는 것입니다. 예수님은 말씀이 육신이 된 분입니다. 성육신입니다. 요한복음은 아예 "태초에 말씀(로고스)이 계셨다"(요 1:1)라는 말로 시작입니다. 여기 '태초에'는 물리적 시간의 처음이 아닙니다. 근본을 가리키는 말입니다. 말씀이 근본이라는 말입니다. 예수님은 광야의 시험에서 "사람이 빵으로만 살 것이 아니라, 하나님의 입에서 나오는 모든 말씀으로 살 것이다"(마 4:4)라고 말씀하심으로 시험을 이깁니다. 신앙생활의 감격은 '말씀'에 있습니다. 말씀 없이 교회 다니는 사람들이 있습니다. 불행한 사람들입니다. 교인은 되었는데 말씀은 없는 텅 빈 강정과 같습니다. 그런 사람들이 목사건, 장로건, 교사이건, 교회의 지도자가 되면 그 교회도 불행합니다.

傳道(전도)는 '道'를 전하는 것인데 바로 그 '道'가 말씀입니다. 길 도입니다. 말씀이 내 길의 빛입니다. 그리고 말씀은 내 삶의 발을 인도하는 등불입니다. 말씀으로 세워져야 말씀을 전할 수 있습니다. 말씀이 전해지지 않을 때 교회 역시 또 하나의 속물이 됩니다. 죽은 돌이 아니라 산 돌이 되고자 한다면 말씀으로 돌아와야 합니다. 말씀을 듣고 깨우치고 전해야 합니다. "주님의 말씀은 내 발의 등불이요, 내 길의 빛입니다."

스스로의 법으로

이스라엘을 지키시는 분은, 졸지도 않으시고, 주무시지도 않으신다(시 121:4).

흔히들 하나님을 인격신이라고 합니다. 아직 그 말을 저는 이해하지 못합니다. 사람처럼 살기에 한 말은 아닐 것입니다. 사람처럼 졸고 자기에 한 말은 아닐 것입니다. 다만 사람과 사람 사이처럼 우리와 소통하시기에 한 말이라고 추측해 봅니다. 본문은 졸지도 주무시지도 않으면서 이스라엘을 지키시는 하나님을 말하고 있습니다. 물론 하나님의 은혜를 나타낸 말입니다. 마치 병든 아이를 밤새 간호하며 지켜보는 엄마처럼 말입니다. 그런데 왜 이렇게 표현했을까요? 졸지도 주무시지도 않으면서까지 우리를 지켜주시는 하나님이라고 말입니다.

몹시 피곤하고 졸리면서도 잠이 잘 안 올 때가 있습니다. 애써 자려고 해도 그냥 뒤척입니다. 그러다가도 언제 잠들었는지 잠이 듭니다. 그럴 때마다 깨고 나서 '자긴 잤구나' 하는 생각을 갖습니다.

마치 누군가가 재워준 것 같다는 생각을 해보기도 합니다. 사실 자는 일이야 마음 먹고 잠을 청하면 됩니다. 문제는 잠든 다음 얼마간은 누가 업어 가도 모를 정도로 잡니다. 그리고는 아침에 눈을 뜹니다. 참 신기합니다. 내가 뜬 것이 아니라 저절로 뜬 것입니다. 마치 누군가가 지켜보고 있다가 깨워 눈을 뜨게 해줬다는 생각이 듭니다.

'저절로'입니다. 우리의 수고가 들어가지 않았습니다. 자고 깨고 하는 것만 그러는 것이 아닙니다. 우리의 호흡이 그러하고 기침, 재채기, 하품, 방구까지 대부분 저절로 됩니다. 이게 저절로 안 되면 중병입니다. 사실 우리가 하고자 하는 대로 움직이는 신체는 극히 드뭅니다. 대부분 '저절로'입니다. 놀랍게도 우리의 몸의 대부분은 자율신경(自律神經)에 의해 움직입니다. 스스로 自(자), 법 律(율), 하나님 神(신), 길 經(경)입니다. 스스로의 법으로, 즉 저절로 다스려지도록 하나님께서 길을 열어 주신 것입니다. 그래서 생명이신 하나님이십니다.

시인은 이것을 알았습니다. 그래서 터져 나온 고백이 "이스라엘을 지키시는 분은, 졸지도 않으시고, 주무시지도 않으신다"는 것입니다. 내가 잔 것이 아니라 그분이 재워주셨습니다. 내가 깬 것이 아니라 그분이 깨워주셨습니다. 마치 인생 처음부터 내가 태어난 것이 아니라 어머니가 낳아 주었듯이 하나님께서 어머니를 통해 이 땅에 나를 보내신 것입니다. 졸지도 않고 주무시지도 않으면서 나의 일거수일투족을 다스려 주셨습니다. 생각해 보면 우리가 우리 힘으로 할 수 있는 일이 있기는 한 것입니까?

우리는 오늘도 나를 보내신 분의 뜻을 물으면서 하루를 시작합니다.

성전에 올라가는 노래

"얼마나 아름답고 즐거운가! 형제자매가 어울려서 함께 사는 모습!"(시 133:1,
다윗의 시, 성전에 올라가는 순례자의 노래)

이 시편 앞에는 "다윗의 시, 성전에 올라가는 순례자의 노래"라는
부제가 붙어 있습니다. 그런데 원문을 보면 '성전'이라는 말도 '순례
자'라는 말도 없습니다. 원문을 직역하면 "다윗의 올라가는 노래"입
니다. 물론 성전에 올라가는 것입니다. 다윗은 하나님의 집인 성전을
대단히 사랑하였습니다. 성전이 아름답고 화려하고 웅장해서가
아닙니다. 다윗 시대에 성전은 건물이 아니라 장막, 즉 큰 텐트에
불과했습니다. 거룩하다 하여 성막이라고도 부릅니다. 다윗은 "사
람들이 나를 보고 '주님의 집으로 올라가자' 할 때에 나는 기뻤다"(시
122:1)라고 찬양하고 있으며, "주님의 집 뜰 안에서 지내는 하루가
다른 곳에서 지내는 천 날보다 낫기에, 악인의 장막에서 살기보다는,
하나님의 집 문지기로 있는 것이 더 좋습니다"(시 84:10)라고 고백하
고 있습니다.

왜 다윗은 성전을 그토록 사모하고 사랑하였을까요? 성전이 단지 건물이 아니라 이스라엘의 정신이었기 때문입니다. 그 정신은 하나님의 거룩을 닮아가려는 것입니다. 하나님은 "너희의 하나님인 나 주가 거룩하니, 너희도 거룩해야 한다"(레 19:2)고 말씀하십니다. 그러므로 다윗이 성전에 올라간다는 말은 거룩을 지향하는 그의 신앙을 말합니다. 신앙의 지향점, 올라가 이르고자 하는 정점은 '거룩'입니다. 하나님을 아버지라고 부르는 신앙인은 거룩을 향합니다. 교회는 거룩을 지향하는 공동체입니다. 그리고 이스라엘 형제자매를 한 분 아버지이신 하나님 안에서 하나되게 하는 이스라엘의 정신이었습니다. 형제자매는 거룩함을 향해 올라가는, 즉 아버지에 이르는 하나님의 자녀들입니다. 신앙은 무엇인가? 아버지의 거룩함에 이르고자 하는 형제자매의 삶의 과정입니다.

성전은 하나된 이스라엘을 말해주는 이스라엘의 존재 기반입니다. 그렇기에 성전에 올라가는 노래의 내용은 "형제자매의 하나됨"입니다. 시편 133편은 "그 얼마나 아름답고 즐거운가! 형제자매가 어울려서 함께 사는 모습!"이라고 찬양함으로 시작하고 있습니다. 물론 '자매'라는 말도 원문에는 없지만 우리 새번역은 성평등의 관점에서 잘 번역한 것입니다.

원래 이스라엘은 우리처럼 한 혈통의 민족이 아닙니다. 이스라엘 백성들을 가리켜 '히브리족'이라고 말합니다만, 이 말은 원래 한 혈통의 민족을 가리키는 말이 아닙니다. '히브리'라는 말의 어원은 '하삐루'입니다. '하삐루'라는 말은 '먼지', '부랑자', '나그네', '잡동사니', '어중이떠중이'라는 말입니다. 이집트 노예 시절 어중이떠중이들이 여기저기서 모였습니다. 이들이 하나님의 인도로 이집트를 탈출하여 시내산에서 율법을 받습니다. 이 율법 안에서 그들은 한 민족, 한 형제자매가 됩니다. 그리고 이 율법에는 하나님의 약속이 있습니다. 젖과 꿀이 흐르는 가나안 땅에서 이들 이스라엘로 하나님이 다스리는 나라를 건설한다는 하나님의 약속이 들어 있습니다. 원래 '이스라엘'이라는 이름도 '하나님이 다스린다'는 뜻입니다. 산돌 형제자매의 지향점은 '거룩'입니다. 잊지 마십시오.

어울려서 함께

얼마나 아름답고 즐거운가! 형제자매가 어울려서 함께 사는 모습!(시 133:1)

혈연적으로 서로 다른 어중이떠중이인 하삐루들이 모여 세운
이스라엘이라서 그런지 인류의 첫 형제인 가인과 아벨부터 시작하
여 형제 사이가 좋은 사람이 거의 없습니다. 창세기에 보면 야곱의
아들이 열둘이라고 되어 있는데 그 관계도 그다지 좋아 보이지
않습니다. 형제들 사이에 분쟁과 다툼이 많았습니다. 동생 요셉을
죽이려고 하였다가 결국 노예 상인에게 팔기까지 합니다. 후에
이스라엘 백성들이 가나안에 들어가 열두 지파로, 오늘날로 말하면
지방자치제를 합니다만 서로의 대립과 갈등은 계속되었습니다.
이 대립으로 베냐민족 하나를 몰살시키는 우리의 6.25전쟁과 같은
일을 겪기도 했고, 끝내는 우리처럼 남북으로 분단되기도 했습니다.
다윗은 이 열두 지파를 통일시킨 최초의 이스라엘 왕이었습니다.
그러나 여전히 지파 간의 갈등과 반목의 불씨가 있었습니다. 바로
이런 상황에서 다윗은 이 시편을 통해 이스라엘을 이루고 있는 열두

지파들, 형제자매들이 한데 모여 성전 앞으로 올라가며 야훼 하나님을 한마음으로 송축하고 예배하는 그 아름답고 선한 모습을 눈앞에 그리면서 노래합니다.

옛 중동 지방의 가족법에 따르면 토지와 목초지는 아들의 수대로 나누지 않은 채 아버지에게서 아들들에게로 상속됩니다. 왜냐하면 농사나 유목은 서로 논과 밭, 목초지를 잘게 나누어서는 농사짓기도 힘들고, 힘을 합하지 않으면 외부로부터 오는 적을 막아 목초지와 샘을 지킬 수 없었기 때문입니다. 나눠지면 약해집니다. 하나가 된다는 것은 그만큼 커지는 것입니다. 그래서 아버지가 죽어도 분가란 없습니다. '쉐베트'(거주하다, 살다) '깜 야하드'(함께), 그들은 어울려서 함께 삽니다. 분가하지 않고 동거한다는 말입니다. 그러나 옛날이나 지금이나 부모로부터 서로 더 많이 상속받으려고 하기에 형제간에 분란이 일어납니다. 갈등과 반목이 생깁니다. 창세기 속에서도 이 때문에 삼촌 아브라함과 조카 롯이 분가하며 야곱과 에서가 치열한 상속권 싸움을 합니다.

우리는 어떻습니까? 우리 형제자매는 사이좋게 지내고 있습니까? 재산이 많든 적든, 서로 얼마를 가졌건 화목하게 지내고 있습니까? 차라리 가진 것이 없었다면 형제 우애라도 좋았을 것이라고 생각하지는 않습니까? 아무리 가까워도 없어서 생긴 문제보다는 있어서 생긴 문제가 더 큽니다. 재물의 신 맘몬은 형제 자매간의 불화를 부추깁니다. 맘몬은 하나님과 나란히 있습니다. 두 주인입니다. "너희는 하나님과 재물을 아울러 섬길 수 없다"(마 7:24). 교회를 다니면서도 우리 자신이 정말 하나님을 섬기고 있는지 생각하게 합니다. 하나님은 사랑 그 자체이십니다(요일 4:8). 사랑하지 않는 형제자매들은 이미 맘몬의 자손들이기 때문입니다. 하나님을 믿는다는데 의외로 맘몬의 자식들이 적지 않습니다.

양보한 자에게 주시는 능력

그 얼마나 아름답고 즐거운가! 형제자매가 어울려서 함께 사는 모습! 머리 위에
부은 보배로운 기름이 수염 곧 아론의 수염을 타고 흘러서 그 옷깃까지 흘러내림
같고, 헤르몬의 이슬이 시온 산에 내림과 같구나. 주님께서 그곳에서 복을 약속
하셨으니, 그 복은 곧 영생이다(시 133:1-3).

창세기 13장을 보면 삼촌 아브라함과 조카 롯은 없을 때는 사이가
좋았습니다. 그런데 소유가 늘자 서로 다툼이 시작됩니다. 결국
분가를 하게 됩니다. 창세기 13장 6절은 말하고 있습니다. "그러나
그 땅은 그들이 함께 머물기에는 좁았다. 그들은 재산이 너무 많아
서, 그 땅에서 함께 머물 수가 없었다."

평생을 같이했던 삼촌조카 사이도 재물 앞에서는 별 수 없었습
니다. 그래도 삼촌이 어른인지라 아브람이 용단을 내립니다. 13장
8절 이하 말씀입니다. "아브람이 롯에게 말하였다. '너와 나 사이에,
그리고 너의 목자들과 나의 목자들 사이에, 어떠한 다툼도 있어서는

안 된다. 우리는 한 핏줄이 아니냐! 네가 보는 앞에 땅이 얼마든지 있으니, 따로 떨어져 살자. 네가 왼쪽으로 가면 나는 오른쪽으로 가고, 네가 오른쪽으로 가면 나는 왼쪽으로 가겠다."

참으로 대단한 용단입니다. 고대 사회 유목민에게서 중요한 것은 물과 풀입니다. 그런데 조카 롯이 멀리 바라봅니다. 13장 10절 말씀입니다. "롯이 멀리 바라보니, 요단 온 들판이, 소알에 이르기까지, 물이 넉넉한 것이 마치 주님의 동산과도 같고, 이집트 땅과도 같았다." 롯은 기름지고 물이 많은 요단 온 들판을 갖겠다고 말합니다. 삼촌 아브라함이 선택권을 조카 롯에게 주었을 때 롯은 한 치의 망설임도 없이 기름진 요단 땅을 택합니다. 좀 심합니다. 삼촌으로서는 아버지 없는 어린 조카를 이제껏 키워 왔는데… 적어도 "삼촌, 괜찮겠어요?", "미안해요. 삼촌"이라는 말 한마디는 해야 하는 것이 아닙니까? 롯, 참 못된 녀석입니다. 호래자식이라고 욕해주고 싶습니다. 그렇기에 소돔이 멸망할 때 롯의 집안은 아주 콩가루 집안이 됩니다(창 19:30 이하). 사람 참 무섭습니다. 이게 사람입니다. 콩 한 쪽은 나눌 수 있습니다. 그러나 콩 서 말만 돼도 쉽게 나누지 못합니다. 재물이 많으면 많을수록 동거할 수 없습니다.

훗날 아브라함은 소돔과 고모라의 멸망 가운데 조카 롯을 구합니다. 형제자매의 화목을 위해 양보한 자에게 주신 하나님의 능력입니다. 구원의 능력입니다. 그래서 아브라함은 보배로운 기름 부음을 받은 구원자 메시아처럼 조카를 타락의 멸망에서 구한 것은 아닐까요?

형제자매의 동거

그 얼마나 아름답고 즐거운가! 형제자매가 어울려서 함께 사는 모습! 머리 위에 부은 보배로운 기름이 수염 곧 아론의 수염을 타고 흘러서 그 옷깃까지 흘러내림 같고, 헤르몬의 이슬이 시온 산에 내림과 같구나. 주님께서 그곳에서 복을 약속하셨으니, 그 복은 곧 영생이다(시 133:1-3).

성서는 선하고 아름다운 형제자매의 동거를 말합니다만 사실 이 아름답고 선한 동거를 이루는 사람은 그리 많지 않습니다. 왜 그럴까요? 본문 2절에서 시인은 고백합니다. "머리 위에 부은 보배로운 기름이 수염 곧 아론의 수염을 타고 흘러서 그 옷깃까지 흘러내림 같고." 여기 나오는 아론이라는 사람은 출애굽 이후 이스라엘의 첫 제사장입니다. 그리고 여기 '기름'이라는 말이 나오는데, 이 기름은 제물을 태우는 기름입니다. 선하고 아름다운 형제 동거, 사이 좋은 자매 사이를 말하는데 왜 갑자기 제사의 기름이나 제사장이 등장하고 있는 것입니까?

제사란 죄를 태우고 하나님의 의로 의로워지는 것입니다. 형제자매 화목은 하나님의 의입니다. 형제자매 화목은 하나님이 기뻐하시는 것입니다. 그러기 위해서는 형제를 갈라서게 하는 죄를 태워야 합니다. 이기심, 욕심, 시기와 질투의 죄를 태우는 것입니다. 이 죄는 어디서 나왔을까요? 서로 옳다는 자기 의에서 나왔습니다. 바로 자기 의를 태우고 하나님의 의로 사는 거기에 형제자매의 화목이 있는 것입니다. 그렇기에 그 자기 의라는 죄를 태우는 보배로운 기름이 필요합니다. 내 주장, 내 몫, 내 권리, 내 의, 내 것을 찾겠다고 하는 욕심 속에서 선하고 아름다운 형제자매의 어울림이란 없다는 것입니다.

갈등과 반목, 불화의 형제 관계를 씻기 위해서는 내 것을 내어놓고, 내 것을 주장하는 내 욕심을 태워야 한다는 말입니다. 그래야 형제요 자매입니다. 그저 같은 배 속에서 나왔다는 것으로 형제가 아닙니다. 자기 소유를 위해서 형제의 화목을 버릴 것이냐 아니면 형제의 화목을 위해 자기 소유를 버릴 것이냐는 선택의 문제입니다. 어느 것이 중요합니까? 형제자매의 동거, 화목입니까? 아니면 내 소유, 내 의가 더 중요합니까?

나를 태우는 것은 나를 부정하는 것입니다. 나를 부정해야 너와 하나될 수 있습니다. 너와 하나되는 것이 하나님의 의입니다. 형제자매의 아름다운 어울림은 여기서 나옵니다. 나를 태우는 것, 자기 의를 부정하는 것, 그것이 바로 제사입니다. 예배입니다. 그렇기에 제사장 아론이 등장하는 것입니다. 그런데 제사장마저 세습으로 탐욕에 눈이 멀었으니 이 어찌 된 일입니까? 자신을 태우는 화목의 기름이 아론의 수염을 타고 그 옷깃까지 내려갑니다. 장자 아론에게서 시작한 화목이 옷 가장자리 끝까지, 즉 막냇동생까지 내려간다는 말이 아닐까요? 오늘 한번 형제자매에게 화목의 다이얼을 돌려볼까요? "잘 지내니? 네가 있어 행복해."

하나됨의 힘

얼마나 아름답고 즐거운가! 형제자매가 어울려서 함께 사는 모습!(시 133:1)

지난 19년 전이 그리워집니다. 월드컵이 열리던 날 그때 모든 거리는 대한민국이 아니었습니다. 걷고 있는 사람들은 거의 외국인이었습니다. 꼭 외국의 어느 한가한 주말 거리를 보는 것 같았습니다. 거의 모든 우리나라 사람은 크고 작은 화면 앞에 있었습니다. 그리고 들려오는 소리는 반복된 하나의 목소리 "대~한민국"이었고, "짜작짝 짝짝"이라는 정형화된 박수 소리였습니다. 대한민국은 하나의 용광로였습니다. 모든 것을 녹이는 용광로였습니다. 우리는 그 누구도 시키지 않은 신비스러운 '하나'를 이루었습니다.

적어도 그때 6월 한 달이기는 하지만 축구는 우리 백성에게 있어서는 신앙이었습니다. 우리의 응원 모습은 그 어떤 종교의식보다도 거룩한 의식처럼 간절한 모습이었습니다. 마침내 우리는 승리를 일구어냈습니다. 마치 우리의 승리는 우리의 합심하여 드려진 기도에 대한 응답처럼 보였습니다. 응원하는 우리 각자가 스스로를 '12번째 전사'라고 여기고 있었습니다. 그때만큼 자신이 한국인이라는 사실이 자랑스럽게 느껴진 적은 없었을 것입니다. 우리는 한마음, 한 뜻이었습니다. 남녀노소 할 것 없이 모든 성(性)도 나이도 그 안에 녹아 버렸습니다. 선거 때마다 첨예하게 대립되었던 지역감정도, 임금 문제로 며칠 밤을 새우며 자기주장을 폈던 노사 갈등도, 아니 나아가 자기 종교, 자기 교단이 아니면 안 된다는 종교적인 배타성도 그 안에서는 찾아볼 수 없었습니다. 그 어느 종교도 이루어낼 수 없는 '하나됨'이었습니다. 이름이 '악마'라도 관계없고 색깔이 '붉어도' 관계없었습니다. 오직 우리는 하나였습니다.

어떻게 우리를 이토록 하나로 묶었을까요? 우리나라 축구가 너무나 잘해서일까요? 그것도 맞습니다. 그러나 이 거대한 하나됨이 없다면 그렇게까지 잘하기는 어려웠을 것이라는 생각을 해봅니다. 한국 선수들이 어찌 이렇게 잘하는가에 대해 분명 전문가적인 분석이 있을 것입니다. 기술, 체력, 전술을 말할 수 있을 것입니다. 그러나 이런 것으로 다 설명할 수 없는 '하나됨'이 있음을 부정하는 사람은 아무도 없습니다.

이 나라, 이 백성을 하나로 묶은 아름다운 정체성, 그것은 우리가 한 형제자매였음을 보여주는 것이었습니다. 아버지가 하나인 형제자매가 하나되어 어울려서 사는 모습, 그래서 그 아버지의 이름이 '하나'님인가 봅니다.

얼마나 좋은가!

얼마나 아름답고 즐거운가! 형제자매가 어울려서 함께 사는 모습!(시 133:1)

한일 월드컵 축구가 시작되기 전 우리나라 국가대표 축구 감독인 네덜란드 사람 거스 히딩크는 본국 신문에 기고한 글에서 이렇게 말했습니다.

"지금에야 하는 말이지만 한국팀의 첫인상은 가히 충격적이었다. 전력의 높고 낮음이 아니라 한국 선수들의 열정을 말하는 것이다. 그들은 내가 지시하는 점을 충실히 이행하고자 노력했으며 한결같이 착하고 순수했다. 유럽의 톱 클래스 선수들은 스스로의 생각이 강하고 개성이 탁월하다. 하지만 그들 사이에는 프로라는 의식이 있을 뿐 하나의 팀으로서, 아니 한 국가를 대표하는 스포츠 선수로서의 사명감은 많이 떨어지는 것이 사실이다. 월드컵이란 무대는 자신들의 몸값을 높이기 위한 수단에 지나지 않는 선수들도 많이 봐 왔다. 하지만 한국 선수들은 월드컵 국가대표로 선발되었다는 것 그 자체를 영광으로 생각하고 있으며 그 무대에서 뛰기 위해선 무엇이라도 할 수 있다는 자세를 보여왔다. 이러한 한국 선수들의 마음가짐에 적잖은 충격을 받았다. … 나는 한국 선수들을 사랑한다. 그들의 순수함은 나를 들뜨게 한다. 월드컵에서 우리는 분명히 세계를 놀라게 할 것이다. 모든 것은 그때 알게 될 것이다."

우리가 왜 승리했는가를 히딩크 감독은 말해주고 있었습니다. 우리 국가대표팀의 연봉에 400배 이상에 해당하는 돈을 받는 포르투갈과 스페인팀에 우리는 승리를 거두었습니다. 연봉이 승리를 결정하는 것이 아닙니다. 히딩크가 말하듯 우리에겐 한 국가, 한 민족, 한 형제자매라는 의식이 더 깊게 깔려 있다는 것입니다.

사실 이것은 선수들만이 아닙니다. 역대 월드컵 역사 속에서 우리나라와 같은 거리 응원은 없었습니다. 경찰청 집계에 의하면 거리 응원 수가 하루 550만 명이 넘었다는 것입니다. 이런 일은 어느 나라에서도 찾아볼 수 없는 것이었습니다. 그러므로 이 승리는 한 민족, 피를 나눈 한 형제자매라는 공동의 용광로에 모든 것을 녹였다는 데에서 찾아볼 수 있다는 것입니다.

그뿐 아닙니다. 지난 1987년의 6월항쟁, 1998년의 외환위기, 2016년의 국정농단에 일어난 촛불집회 그리고 작금의 코로나 방역을 생각해 보세요 위기 때마다 어떻게 극복했는가를 우리는 잘 압니다. 우리 형제자매의 어울림 때문입니다. "얼마나 아름답고 즐거운가!"에서 '아름답다'(토브)는 창조 후 "하나님 보시기에 좋았다"의 '좋다'는 말과 같습니다. 새 세상은 형제자매의 어울림에서 오기 때문입니다.

참 나이신 하나님

주님, 주님께서 나를 샅샅이 살펴보셨으니, 나를 환히 알고 계십니다(시 139:1).

신앙생활은 나를 아는 것으로 시작합니다. 하나님을 믿고 예수 그리스도를 믿는 나입니다. 그런데 그 '나'가 누구인지 모른다면 나는 제대로 하나님과 예수님을 믿는다고 할 수 있을까요? 실은 언제나 같은 '나'가 아닙니다. 한결같은 내가 아닙니다. 한결같은 나는 하나님 한 분뿐이십니다. 그래서 모세가 처음 들었던 하나님의 이름이 "나는 곧 나다"(에흐예 아쉐르 에흐예, 출 3:14)입니다. 하나님만이 한결같이 "나는 나다"라고 말할 수 있습니다. 항상 의로우시고 한결같은 하나님다운 하나님만이 언제나 "나는 곧 나다"라고 말씀하십니다. '주님'이라는 하나님의 이름은 원래 '야훼'입니다. '나'라는 뜻을 가지고 있습니다. 하나님은 모세를 노예로 있는 히브리 백성들에게 보내면서 "'나'라고 하는 분이 너를 그들에게 보냈다고 하여라"(출 3:14)라고 말씀하십니다. 우리는 그 '나'를 '참 나'라고 부를 수 있습니다.

신앙은 "나는 나다"라고 말씀하실 수 있는 '참 나'이신 하나님을 내 안으로 모셔 그 눈으로 나를 보는 것입니다. 그 눈으로 보면 나를 샅샅이 환히 압니다. 하나님은 나보다 나를 잘 아시는 분이십니다. 구석구석 아십니다. 바울은 그 눈으로 자기의 '비참함'을 있는 그대로 본 사람입니다. 이것이 자기 성찰입니다. "여기 성찰은 살필 省(성), 살필 察(찰)입니다. 察을 파자하면 집(宀)에서 제사(祭) 지낸다는 뜻입니다. 집에서 제사, 즉 예배를 드리는 것이 바로 자신을 성찰하는 일입니다"(이윤선, "제사는 무엇으로 완성되는가?", 「기독교사상」 2019년 11월호, 188). 예배는 하나님의 집에서 무릎을 꿇어 자기를 살피는 일입니다. 나보다 나를 더 잘 아시는 그분, 그렇기에 나보다 나를 더 사랑하시는 분, 참 나이신 야훼이십니다.

선한 마음으로 선한 일을 할 때의 '나'와 나쁜 마음으로 나쁜 일을 하고 있을 때의 '나'는 다릅니다. 어느 때의 내가 나일까요? 시시각각으로 다른 나를 봅니다. 바울 역시 이 문제를 가지고 갈등합니다. "곧 나는 선을 행하려고 하는데, 그러한 나에게 악이 붙어 있다는 것입니다. 나는 속사람으로는 하나님의 법을 즐거워하나, 내 지체에는 다른 법이 있어서 내 마음의 법과 맞서서 싸우며, 내 지체에 있는 죄의 법에 나를 포로로 만드는 것을 봅니다"(롬 7:21-23). 하나님의 법으로 사는 내가 있고, 죄의 법으로 사는 내가 있다는 것입니다. 그런 다른 '나'들을 두고 바울은 자신을 '비참한 사람'(롬 7:24)이라고 했습니다. 순간순간 여러분은 자신인 '나'를 알고 있나요? 죄에 갇혀 그 죄가 의라고 여기는 나를 보고 있나요?

사는 이유

내 영혼을 감옥에서 끌어내 주셔서, 주님의 이름을 찬양하게 해주십시오(시 142:7a).

시편 142편의 표제는 "다윗이 굴에 있을 때에 지은 마스길"이라고 되어 있습니다. '마스길'은 '교훈'이라는 뜻입니다. 그러므로 시편 142편은 다윗이 사울에 쫓겨 굴에 있을 때 얻은 교훈을 담은 시입니다. 사울은 다윗을 정적이라고 여겨 호시탐탐 죽이려고 했습니다. 어느 날 다윗이 엔게디 광야에 있다는 이야기를 듣고 그를 죽이러 나섭니다(삼상 24:2). 다윗은 부하들과 함께 굴로 숨습니다(삼상 24:3). 그런데 때마침 사울이 뒤를 보러 굴에 들어옵니다. 이것은 다윗에게는 사울을 죽일 다시없는 기회였습니다. 그동안 다윗은 사울로 인해 숱한 죽음을 넘겼고 고통을 당했습니다.

사울은 사람들이 다윗을 존경하는 꼴을 못 봤습니다. 그러나 아무리 둘러보아도 다윗 자신을 도울 사람과 지켜줄 사람은 없었습니다(4절). 다윗은 외로웠습니다. 그렇기에 바로 이때가 사울을 죽일 기회, 그동안의 억울함과 고통으로부터 벗어날 기회였습니다. 다윗의 주위 사람들 모두가 하나님이 주신 기회라고 여기며 사울을 죽이라고 했습니다(삼상 24:4). 그러나 그는 주님의 기름 부음을 받은 왕을 칠 수 없다고 합니다(삼상 24:6). 그는 어디서나 하나님 중심이었습니다. 하나님의 뜻이 소중했습니다. 힘들었지만 그의 목적은 언제나 더 높이 하나님을 찬양하는 것이었습니다. "내 영혼을 감옥에서 끌어내 주셔서, 주님의 이름을 찬양하게 해주십시오"(7a절). 영혼의 감옥은 사울을 죽이려는 마음이었습니다. 그러나 그 기회를 이용하지 않았습니다. 그는 주님의 이름을 찬양하는 길을 갔습니다. "그들이 나보다 강합니다"(6절)라고 말한 것처럼 고통스러웠지만 그는 자신의 기회와 힘을 이용하지 않았습니다. 그의 목적은 언제나 하나님의 영광이었습니다.

마침내 하나님은 넘치는 은혜를 베푸시고 의인들이 그를 감싸게 되었습니다(7b절). 사울을 쉽게 처단하지 않았던 다윗의 덕으로 모여든 의인들입니다. 하나님을 찬양하기 위해 사는 사람, 하나님은 그 사람을 구원하고 쓰십니다. 이제 더 이상 그들이 나보다 강하지 않습니다. 이제는 하나님이 지켜주십니다. 이제는 그가 누구보다도 강합니다. 하나님을 찬양하게 해달라는 기도를 드렸기 때문입니다. 그가 쓰러진다면 누가 하나님을 찬양하겠습니까? 그러므로 하나님은 그를 기어이 살리고 쓰십니다.

마음 지키기

그 무엇보다도 너는 네 마음을 지켜라. 그 마음이 바로 생명의 근원이기 때문이다(잠 4:23).

몇 해 전 여름에 저는 아주 오랜만에 종합검진을 받았습니다. 늘 건강하다고 생각했는데 담당 의사는 간이 좀 안 좋다는 진단을 내리며 가급적 기름기가 있는 음식은 삼가라고 충고하였습니다. 그래서 저도 고기류는 먹지 말아야겠다고 결심하였습니다. 그런데 결심한 다음 날 어느 집에 식사 초대를 받았는데 식탁에 스테이크가 나온 것입니다. 어제 결심한 것이 생각났습니다. 그러나 어제의 결심을 지키기에는 그 스테이크는 너무나 먹음직스럽게 기름이 흐르고 있었습니다. 그래서 참지 못하고 먹었습니다. 그랬더니 이상하게도 평상시보다 훨씬 더 맛있었습니다.

여러분, 이것이 바로 원죄 속에 있는 인간입니다. 원죄의 조상인

아담의 아내 하와가 그랬습니다. 하와가 뱀의 유혹을 받고 하나님께서 말씀하신 결코 따 먹어서는 안 된다는 선악과를 보았을 때 창세기 3장 6절은 "여자가 그 나무의 열매를 보니, 먹음직도 하고, 보암직도 하였다. 그뿐만 아니라, 사람을 슬기롭게 할 만큼 탐스럽기도 한 나무였다"라고 말합니다. 먹음직도 보암직도 하고, 탐스럽기도 한 열매입니다. 참기가 어렵습니다.

사람이란 참 이상합니다. 하지 말아야 할 것은 더 하고 싶습니다. 더욱이 하지 말아야 하겠다고 결심한 것에는 더 자극을 받습니다. 더 하고 싶어집니다. 이것이 다름 아닌 원죄입니다. 그래서 마음을 지키기가 어려운 것입니다. 오래전 원주에서 목회할 때 도박을 좋아하는 어느 부인을 알았습니다. 이 부인도 자신의 도박 증세를 싫어했습니다. 끊어 보려고 애를 썼습니다. 그러나 모든 방법이 허사였습니다. 여전히 도박을 안 하면 손이 떨리고 생각했다 하면 도박 생각뿐이었습니다. 그래서 나중에는 최후 결심으로 손가락 하나를 스스로 칼로 끊었습니다. 대단한 결심이라고 생각합니다. 그러나 손가락을 끊은 지 한 달 만에 다시 도박에 손을 대는 것을 보았습니다.

마음을 지키기가 이렇듯 힘이 듭니다. 손가락은 자를 수 있어도 못된 마음은 쉽게 잘려지지 않습니다. 마음을 지키고 다스리는 것이 너무나 어렵기에 잠언 16장 32절에서 솔로몬은 "노하기를 더디 하는 사람은 용사보다 낫고, 자기의 마음을 다스리는 사람은 성을 점령한 사람보다 낫다"라고 말합니다. 마음을 지키는 것이 성을 빼앗는 것보다, 성과 마음이 비교될 정도로 마음을 지키기가 이렇듯 어렵다는 것입니다.

　오늘 지켜야 할 마음이 무엇인지 집을 나서기 전 마음을 지키는 기도를 드리시기 바랍니다.

마음, 생명의 근원

그 무엇보다도 너는 네 마음을 지켜라. 그 마음이 바로 생명의 근원이기 때문이다(잠 4:23).

인생의 승부는 바로 여기에 있습니다. 얼마나 마음을 다스리고 지킬 수 있느냐에 삶의 성패가 결정된다는 말입니다. 이 구절을 직역하면 "모든 지켜야 하는 것보다 마음을 지켜라. 왜냐하면 거기로부터 생명의 시작점이 나오기 때문이다"입니다. 공동번역은 이것을 "무엇보다도 네 마음을 지키라 그것이 바로 복된 삶의 샘이다"라고 번역하였습니다. 마음을 지키는 것이 복의 근원이 된다는 것이요, 살고 죽는 생명의 문제가 걸려 있다는 말입니다. 마음을 지키지 못할 때 건강도 지키지 못합니다. 본문 22절에서도 마음을 지키는 것이 육체의 건강을 얻는 비결임을 말하고 있습니다. 현대 의학은 병의 70~80%가 신경성이라고 합니다. 한마디로 마음을 지키지 못해 병도 생기고 건강도 해친다는 말입니다.

사실 병뿐이겠습니까? 사고도 그러합니다. 마음이 술을 다스리지 못해 음주 운전 사고가 일어납니다. 술은 마음이 다스립니다. 그러나 술이 마음을 지배하면 중독은 시간문제이고 사고는 예정된 것입니다. 죄 역시 마찬가지입니다. 죄를 다스릴 마음이 무너지면 죄는 눈앞에 있는 것입니다. 하나님은 동생 아벨을 죽이기 전 형 가인에게 말씀하십니다. "죄가 너의 문 앞에 도사리고 앉아서, 너를 지배하려고 한다. 너는 그 죄를 다스려야 한다"(창 3:7b). 그러나 가인은 다스리지 못했습니다. 인류 최초의 살인도 죄를 다스리지 못하는 마음에서 일어났습니다. 마음은 모든 죄와 의의 시작점입니다. 마음을 지키는 것, 마음을 다스리는 것, 그것은 마음만의 문제가 아니라 생명 전체의 문제입니다.

우리는 때로 재물을 잘 지키고 있다고 생각합니다. 명예도 잘 지키고 있다고 생각합니다. 건강도 비교적 잘 지킨다고 생각합니다. 그러나 마음을 지키지 못할 때 재물도, 명예도, 건강도 하루아침에 날려 보낼 수 있습니다. 마음의 파수꾼이 없을 때 사탄은 여지없이 그 틈을 노리고 침입해 옵니다. 그리고 마음을 정복합니다. 사탄에 이끌리는, 사탄의 노예가 되는 삶이 됩니다. 그래서 돈의 노예가 되고, 권력의 시녀가 되고, 분노를 다스리지 못하게 됩니다. 사실 사탄이 누구겠습니까? 나 자신입니다. 나 자신의 마음입니다.

그래서 예수님께서 죄를 말할 때 행동을 말하지 않고 원인인 그 마음을 말했던 것입니다. 살인 이전 마음 안에 있는 증오를 죄의 시작으로 보았고(마 5:22), 간음 이전 음욕을 죄라고 하셨던 것입니다(마 5:28). 佛家(불가)의 고다마 싯다르타가 선정 수행에서 그릇된 분별이나 집착을 떠나 마음이 빈 상태, 無念無想(무념무상)을 말한 것도 이 때문입니다. 오늘을 시작하는 내 마음을 살피십시오.

그 무엇보다도 마음

"그 무엇보다도 너는 네 마음을 지켜라. 그 마음이 바로 생명의 근원이기 때문이다(잠 4:23).

구도자 오쇼 라즈니쉬의 글에 믿거나 말거나 한, 미국에 있는 어느 수사관에 대한 일화는 흥미를 넘어 우리에게 좋은 교훈을 줍니다. 형사 오셜록은 살인범을 추적하고 있었습니다. 그는 살인범을 쫓아 백화점, 레스토랑, 가옥 등으로 뛰어들었습니다. 그러나 끝내 그는 범인을 놓치고 말았습니다. 수사 반장은 오셜록에게 화를 내며 말했습니다. "도대체 어떻게 하다가 범인을 놓친거야?" 그러자 민완 형사 오셜록은 "나는 도시의 구석구석까지 놈을 추적했습니다. 정말 화장실까지 뛰어들어서 놈을 끝까지 추적했습니다. 그러나 놈이 극장 안으로 뛰어들었을 때, 나는 더 이상 추적할 수 없었습니다. 바로 거기서 놓치고 말았습니다"라고 대답했습니다. 그러자 수사 반장은 끓어오르는 분노를 애써 참으며 다소 가라앉은 음성으로 물었습니다. "그런데 도대체 왜 극장 안까지 쫓아가지 못했나?" 이에 형사 오셜록은 얼굴이 빨개지고 고개를 숙이며 대답했습니다. "전 옛날에 그 영화를 봤거든요"

우스운 이야기가 결코 아닙니다. 처음의 '범인 추적'이라는 마음이 '그 영화'라는 마음으로 잃어버렸기 때문입니다. 단순한 이야기가 아닙니다. 우리의 이야기입니다. 여러 가지 변명을 대던 잃어버린 우리 마음의 이야기요, 본심이 아니라고 말한 우리의 삶의 이야기입니다. 지나온 인생을 한번 돌아보시기 바랍니다. 우리는 얼마나 단절된 인생을 살아왔습니까? 어제가 오늘과 다르고, 오늘이 내일로 마음이 이어지지 못할 때 우리 인생에 남는 것은 없습니다.

삶이 힘들다고 마음마저 쉽게 저버립니다. 처음 그 열정은 어디에 갔나요? 무엇이 이 마음을 지키지 못하게 했나요? 몸만 자라나는 게 아닙니다. 마음도 자라야 합니다. 마음도 익어가야 합니다. 익어가지 못하고 머무를 때 마음은 끊기고 잃어버립니다. 성숙한 사랑, 성숙한 믿음은 마음의 오랜 호흡입니다. 생각의 호흡이 길지 못하면 되는대로 생각하고 쉽게 판단합니다. 결국 마음을 지켜내지 못합니다. 어제의 결심이 오늘 이어지고 있습니까? 마음을 지키십시오. "그 무엇보다도 너는 네 마음을 지켜라."

말의 경계

왜곡된 말을 네 입에서 없애 버리고, 속이는 말을 네 입술에서 멀리하여라(잠 4:24).

지혜자는 "그 무엇보다도 네 마음을 지켜라"(23절)라고 하면서 첫 번째로 입을 지키라고 합니다. 화가 났을 때 화나게 한 사람을 향한 말이 제일 먼저 나옵니다. 이럴 때 내 말이 왜곡되었나, 안 되었나를 따지지 않습니다. 그냥 입에서 나오는 대로 내뱉습니다. 입에서 나오는 순간 그 파장은 커집니다. 그래서 조심해야 할 첫째가 '말'입니다. 이 구절 첫 부분을 직역하면 "입술의 잘못을 너로부터 떠나게 하라"입니다. 그다음 부분도 직역하면 "그리고 입술의 사악함을 너에게서 멀리 해라(제거해라)"입니다. 사실상 같은 말의 반복입니다.

사람과 사람 사이에는 말의 경계가 있습니다. 사람 사이의 관계도 중요하지만 그에 못지않게 경계도 중요합니다. 특히 말의 경계를 넘어설 때 관계도 무너집니다. 더러운 생각이라도 입으로 발설하지 않는다면 그 생각을 정화시킬 시간이 있는 것입니다. 그 옛날, 전화나 핸드폰이 없어 편지를 써야 할 시절에는 편지를 쓰는 동안 마음을 다스려 적어도 입으로 짓는 죄는 막았습니다. 그러나 요즘에는 쉽지 않습니다. 어쩌면 마음을 지키기가 더 어려운 요즘입니다.

어떤 사람이 우리를 화나게 하는 말을 할 때 우리는 그 사람에게 그 고통을 더 크게 되돌려주고 싶어 합니다. 그래서 그 사람이 고통스러워하면 자신의 화난 기분이 누그러질 것이라고 생각합니다. 이것은 어리석은 생각입니다. 서로 고통을 더 크게 주는 악순환만 있을 뿐입니다. "만약 당신의 집이 불이 났다면 당신은 무엇보다도 먼저 불을 꺼야 할 것입니다. 방화의 혐의가 있는 자를 잡으러 가서는 안 됩니다. 그러는 사이 집은 다 탈 것입니다. 당연히 불을 먼저 끄고 봐야 합니다. 당신을 화나게 한 상대방에게 앙갚음하려고 계속 그와 입씨름한다면 그것은 마치 불이 붙은 집을 내버려 두고 방화범을 잡으러 가는 것과 마찬가지입니다"(틱낫한, 『화』, 28). 그래서 사도 야고보도 혀를 불에 비유하며 "아주 작은 불이 굉장히 큰 숲을 태웁니다"(약 3:5b)라고 말합니다.

> "호랑이 입보다 사람 입이 더 무섭다는 옛말이 있습니다. 아무리 무섭다 하여도 호랑이 입은 한 번에 한 사람밖에는 잡아먹지 못합니다. 그러나 사람의 입은 말 한마디 잘못하면 수십, 수백 명이 죽습니다. 밥이나 먹는 줄 알았던 자신의 입이 호랑이 입보다 무섭다는 것을 사람들은 모를 때가 많습니다"("옛글 나들이", 「기독교사상」 2004년 12월호).

"미련한 사람의 입은 자기를 망하게 만들고, 그 입술은 올무가 되어 자신을 옭아 맨다"(잠 18:7).

앞만 똑바로

눈으로는 앞만 똑바로 보고, 시선은 앞으로만 곧게 두어라(잠 4:25).

마음을 지키기 위해 입과 함께 눈을 다스려야 합니다. "눈으로는 앞만 똑바로 보라"는 말은 볼 것만을 봐야 한다는 말일 것입니다. 노자는 『도덕경』 12장에서 "五色令人目盲"(오색령인목맹)을 말했습니다. 온갖 색깔이 사람의 눈을 멀게 한다는 것입니다. 봐야 할 것을 제대로 보지 않고 온갖 다른 색깔에 한눈을 팔면 방황하거나 여지없이 넘어진다는 것입니다.

"시선은 앞으로만 곧게 두어라"는 말씀은 의역입니다. 직역하면 "너의 눈꺼풀은 너의 앞을 곧게 하라"입니다. 왜 '눈'(아인)이라 하지 않고 '눈꺼풀'(아프아파임)이라고 했을까요? 눈꺼풀은 눈의 문입니다. 문이 닫히면 앞을 볼 수 없습니다. 우리 말에 "눈에 콩깍지가 씌었다"는 말도 있습니다. 그의 세계는 '콩'처럼 작다는 말 아닌가요?

'눈은 마음의 창'이라는 말이 있습니다. 우리가 눈으로 본 것은 마음으로 흘러들어 갑니다. 나쁜 것을 보았다면 그것이 마음에 비쳐옵니다. 마음을 어지럽히고 생활을 어지럽힙니다. 사사 삼손이 여인의 꾐에 빠져 눈을 잃었다는 것은 매우 의미 있는 사건입니다. 여인의 미모에 그 마음이 빠져 있었다는 것입니다. 다른 것은 보이지 않습니다. 색 외에 다른 것에는 맹인이 되었다는 말입니다. 맑은 하늘을 보고 싶어도 먹구름이라는 눈꺼풀에 가려 먹구름을 닦고 나서야 맑은 하늘을 제대로 보았다는 신동엽의 시 <누가 하늘을 보았다 하는가>에 이런 구절이 있습니다.

아침 저녁
네 마음속 구름을 닦고
티 없이 맑은 영원의 하늘
볼 수 있는 사람은
畏敬(외경)을
알리라

마음의 구름을 닦지 않으면 봐야 할 것을 보지 못합니다. 구름을 닦는 자기 성찰의 기도가 없이 그냥 며칠이고 살다 보면 資(자)가 本(본)이 되는 세상에서는 그저 돈이 제일인 줄 압니다. "돈돈" 합니다. "망치를 든 인간에게는 모든 것이 못으로 보인다"고 마크 트웨인은 말합니다. 앞을 똑바로 보지 못하면 이렇습니다. 제대로 볼 것만을 보십시오. 제대로 된 것 하나만 보면 됩니다.

악에서 네 발길을

발로 디딜 곳을 잘 살펴라. 네 모든 길이 안전할 것이다. 좌로든 우로든 빗나가지
말고, 악에서 네 발길을 끊어 버려라(잠 4:26-27).

마음을 지키기 위해 입과 눈과 함께 발을 다스려야 합니다.
'발로 디딜 곳'은 발의 방향입니다. "발로 디딜 곳을 잘 살펴라."
발이 옳은 방향으로 가고 있는지 살피라는 명령입니다. 그리고
이어지는 "네 모든 길이 안전할 것이다"라는 말은 평서문이 아니라
원문은 역시 명령형으로, 직역하면 "그리고 너의 모든 길을 준비(예
비)하라"입니다. 26절은 두 개의 명령형입니다. 발이 가야 할 방향으
로 가고 있는지를 살피고, 그 길을 갈 마음을 단단히 세우라는
명령입니다.

27절 역시 두 개의 명령형인데, 첫 명령은 정해진 길에서 오른쪽
이거나 왼쪽으로 벗어나지 말라는 것이고, 두 번째 명령은 직역하면
"너의 발은 악으로부터 떠나라"입니다. 우리 새번역 본문인 "악에서

네 발길을 끊어 버려라"는 더 절실하게 번역했습니다. 그러니까 정해진 길의 오른쪽과 왼쪽 모두 악한 길입니다. 좌우로 흔들리지 말고 바른길을 가라는 말입니다. 갈 곳이 아니라면 발길을 끊으라는 것입니다.

삼국사기에서 전해진 이야기입니다. 젊은 시절 김유신이 천관녀라는 기녀와 가까이했습니다. 하루는 어머니 만명부인이 김유신을 불러 엄히 질책합니다. "임금을 받들고 나라를 세워야 할 자가 밤낮 천한 기생과 음탕하게 시시덕거리기만 하다니 도대체 무슨 짓이냐?" 아들 김유신은 어머니의 꾸중에 자신의 잘못을 뉘우치고 다시는 그 기녀의 집으로 발걸음하지 않겠다고 맹세합니다.

어느 날 술에 잔뜩 취해 집으로 돌아오는 길이었습니다. 그는 말 위에서 인사불성이 되어 쿨쿨 자고 있는데, 영특한 이 말은 언제나처럼 노상 다니던 길을 따라 터벅터벅 걸어 천관녀의 집에 가고 맙니다. 천관녀의 목소리에 술에서 깬 김유신은 "아뿔싸!" 탄식합니다. 자신의 의지는 아니었지만, 다시는 발걸음하지 않겠다고 한 약속과 맹세를 깬 것이었습니다. 결국 그는 칼을 들어 단호하게 자신이 사랑하는 명마의 목을 자릅니다. 그리고 뒤도 돌아보지 않고 천관녀의 집을 떠납니다.

우리말에 "참새가 방앗간을 그냥 지나치랴"라는 말이 있습니다. 술을 좋아하는 사람들이 술집을 그냥 지나칠 리 없다는 말입니다. 다시는 안 하겠다고 하고선 도박하는 곳으로 자기도 모르게 발걸음이 옮겨집니다. 한 번 입에 댄 마약은 일생 내내 따라다닙니다. 마음은 그게 아니라고 말합니다. 그러나 발은 죄의 길로 가고 있습니다. 이미 익숙해진 자기 마음 깊은 곳, 무의식의 발입니다. 마음은 발로 지탱됩니다. 그러므로 한 발자국, 한 발자국 어디를 향하는지 잘 살피십시오. 마음을 잠깐 놓는 순간 천관녀의 집에 있습니다.

지혜로운 부지런함

게으른 사람아, 개미에게 가서, 그들이 사는 것을 살펴보고 지혜를 얻어라(잠
6:6).

앞 절에서 음행하는 여자 때문에 재산을 탕진하며(5:7-10), 이웃
의 채무 보증 때문에 위기에 빠질 수 있다(6:1-5)는 문제가 제기되었
는데, 사람이 게으른 것도 음행하는 여자와 보증 문제만큼 심각함을
말해줍니다. '게으른 사람'은 잠언에 비교적 자주 등장합니다(10:26;
13:4; 15:19; 19:24; 20:4; 21:25; 22:13; 24:30; 26:13, 15, 16. 꼭 이 구절들을
찾아서 읽기를 바랍니다). 지혜자는 게으른 자에게 개미에게서 가서
배우라고 명령합니다. 그리고 지혜를 얻으라고 합니다.

부지런함에도 종류가 있습니다. 동물적 부지런함이 있습니다.
괜히 왔다 갔다 하는 것입니다. 아무 의미가 없습니다. 동물적인
부지런함은 미련한 것입니다. 같은 실수를 반복합니다. 그리고
실수인 줄을 모릅니다. 그러나 인간적 부지런함이 있습니다. 공부하

는 것이요, 사색하는 것이요, 생각하는 것입니다. 실수를 반복하지 않는 부지런함입니다. 지혜로운 부지런함입니다. 여러분, 지금 부지런하게 일했는데 일의 성과가 오르지 않습니까? 그렇다면 이제 자신의 경영에 대해 진단해야 합니다. 자신이 해온 일에 대해 돌아보고 생각해야 합니다. 거래 관계의 신뢰에 문제가 있는지, 자신의 고객에 대한 말에 문제가 있는지, 자신의 경영 방법에 무슨 문제가 있는지 유심히 생각해야 합니다. 부지런히 생각하는 것, 그것이 진정한 부지런함의 출발이라는 것을 잊지 말아야 할 것입니다.

"옛말에 '자식 물려 줄 것은 괭이밖에 없다'는 말이 있습니다. 무슨 뜻입니까? 원래는 자기 땅이 없이 남의 땅만 부치는 영세농민은 죽어도 자식에게 물려줄 것은 괭이밖에 없다는 뜻입니다. 지독한 가난을 빗대는 말로 아무것도 없다는 뜻입니다. 그러나 그런 나쁜 뜻만 있는 것이 아닙니다. 아무리 넉넉해도 자식에게 물려줄 것은 돈이 아니라 괭이 한 자루라는 것입니다. 돈은 사람을 게으르게 합니다. 그러나 괭이를 잘 쓸 줄 알면 괭이 한 자루로 땅을 파 얼마든지 일어설 수 있을 것이라는 말입니다. 바로 이 괭이가 부지런함의 지혜입니다"("옛글 나들이", 「기독교 사상」 2004년 6월호, 218). 혹 이 괭이를 구석에 처박아 두지는 않았습니까? 괭이 하나라고 우습게 여긴 것은 아닐까요? 이 괭이는 시간이고, 재능이고, 열정일지 모릅니다. 주어진 것이 무엇이건 얼마건 소중한 것임을 알며 부지런히 쓰고 갈고 닦을 때 하나님께서는 더 큰 것으로, 더 큰 기회로, 더 큰 은총으로 우리를 축복할 것입니다. "적은 일에 신실하였으니, 많은 일을 네게 맡기겠다"(마 25:21).

자발적 부지런함

개미는 우두머리도 없고 지휘관도 없고 통치자도 없지만, 여름 동안 양식을 마련하고, 추수 때에 먹이를 모아 둔다(잠 6:7-8).

개미에게는 지도자가 없습니다. 본문에서는 지도자의 세 부류가 제시됩니다. '우두머리', '지휘관', '통치자'입니다. '우두머리'(카친)는 군사적인 용어로서, 군인을 모으고 군대를 지휘하는 자(수 10:24)이며, 때때로 가문의 어른(미 3:1, 9), 정치 지도자(사 1:10)를 가리킬 때도 사용합니다. 달리 말하면 개미의 세계에는 명령 체계가 없다는 것입니다. 둘째 부류인 '지휘관'(쇼테르)은 셈어에서 '(글을) 쓰다, 사람을 열거하다'는 뜻에서 나왔으며, '지방 관리'를 뜻합니다, 즉, 개미는 강요나 감독 없이도 일을 잘합니다. 마지막 단어 '통치자'(모셸)는 일반적으로 아랫사람들의 행동을 지휘하는 사람을 말합니다 (잠 12:24; 17:2; 19:10; 22:7).

종합해 보면 개미는 외적인 권위는 없다 하더라도 일의 성격과

흐름을 잘 알아서 일한다는 것입니다. 이것이 개미의 지혜(6절)입니다. 군대에 가면 아이들이 다 부지런하게 됩니다. 무서운 상관이 있기 때문입니다. 그런데 며칠 휴가를 나와 집으로 가면 사흘 못 가 게을러집니다. 부모는 안 무섭기 때문입니다. 이런 부지런함은 오래 못 갑니다. 솔로몬은 바로 그런 무서운 권력자가 없는 개미는 스스로 알아서 추운 겨울을 대비하여 여름 동안 땀을 흘린다고 말하고 있습니다. 개미에게서 바로 그 지혜를 배우라는 것입니다. 본문의 '여름'은 히브리어로 '카이츠'이고, '추수 때'는 히브리어로 '카치르'입니다. 이스라엘 근동 지방에서 여름철이 추수철입니다. 이때 모든 곡식을 추수합니다. 이런 의미에서 개역 개정판이 '마련하다'(쿤)라고 번역한 것은 잘못된 것입니다.

가장 두려운 우두머리는 사실 미래입니다. 오늘의 게으름이 미래의 불행을 가져올 것이라는 두려움을 가져야 합니다. 개미는 앞으로 올 추운 겨울을 두려워합니다. 그래서 지금 바로 이 여름을 땀으로 보냅니다. 미래를 두려워하는 사람은 지혜롭게 부지런합니다. 잠언 10장 5절은 "곡식이 익었을 때에 거두어들이는 아들은 지혜가 있는 아들이지만, 추수 때에 잠만 자고 있으면, 부끄러운 아들이다"라고 말하고 있습니다. 추수 때에 모은다는 것은 단지 가을 추수만을 말하는 것이 아닙니다. 여름철, 추수 때만 거두어들인다는 의미가 아니라 기회만 있으면 열심히 모은다는 뜻입니다. 개미는 극기심과 체계적인 산업의 모델입니다. 땅 어딘가에 먹을 것을 두어 보십시오. 삽시간에 개미들이 달려와 주술을 부리듯이 가져가 버립니다. 자발적 부지런함입니다.

조금만 더

게으른 사람아, 언제까지 누워 있으려느냐? 언제 잠에서 깨어 일어나려느냐? "조금만 더 자야지, 조금만 더 눈을 붙여야지, 조금만 더 팔을 베고 누워 있어야 지" 하면, 네게 가난이 강도처럼 들이닥치고, 빈곤이 방패로 무장한 용사처럼 달 려들 것이다(잠 6:9-11).

사실 정도의 차이는 있겠지만 누구나 미래에 대한 두려움을 가지고 있습니다. 그러나 문제는 지금입니다. "내일부터 하지 뭐", "오늘까지만 쉬지" 하면서 차일피일 미룰 때 삶의 겨울은 성큼 다가와 있을 것입니다. "한 시간만 더 자자", "조금 더 쉬자" 하며 게으름에 익숙해져 갑니다. 게으름도 병이 됩니다. 잠언 26장 14절에서 솔로몬은 말합니다. "문짝이 돌쩌귀에 붙어서 돌아가듯이, 게으른 사람은 침대에만 붙어서 뒹군다." 이어서 15절에서도 말합니다. "게으른 사람은 밥그릇에 손을 대고서도, 입에 떠 넣기조차 귀찮아 한다."

'조금만 더'는 단지 좀 더 자자는 말이 아닙니다. "게으른 자의 내면을 그리는 말입니다. 그는 '조금만 더'를 삼중적으로 반복하면서, 잠과 졸음을 주문처럼 외우고 있습니다. '조금만 더'는 사실적이기보다는 풍자적입니다. 그는 잠이 더 필요하여 잠을 요청하는 것이 아니라, 잠 자체를 즐기고 있습니다"(김정우, 『백 주년 성서주석 잠언』, 234-235). 이쯤 되면 병입니다. 머지않아 슬피 우는 후회가 있을 것입니다. 그리고 후회할 때는 늦었습니다. 지금 부지런하면 내일도 부지런하게 살 수 있습니다. 그러나 오늘 게으르면 내일도 게을러집니다. 사실이 그렇지 않습니까? 봄에 씨를 뿌리지 않았는데 어찌 여름에 가꿀 것이 있겠습니까? 여름에 가꾸지 않았는데 어찌 가을 추수를 하겠습니까? "조금만 더 자야지", "조금만 더 눈을 붙여야지", "조금만 더 팔을 베고 누워 있어야지" 할 때 가난이 강도처럼 방패로 무장한 용사처럼 온다는 것입니다. 어느새 겨울이 왔다는 말입니다. "잠과 가난의 관계가 제시됩니다. 여기서 강도는 '각설이 타령'이나 부르는 '유쾌한 거지'가 아닙니다"(같은 책, 235). 거의 무장 군사 수준입니다. 신속하고 교묘하게 작전을 짜 조직적인 집단으로 쳐들어옵니다. 이쯤 되면 가난은 거의 나라님도 어쩌지 못하는 구조적인 수준입니다.

누구에게나 새벽이 있습니다. 그러나 누구나 새벽에 일어나는 것은 아닙니다. 새벽에 일어나는 사람은 그 전날 밤을 잘 보낸 사람입니다. 밤의 문화를 습관적으로 만드는 사람에게 새벽은 없습니다. 밤늦도록 술을 마시는 사람과 아침의 약속은 없습니다. 하루의 첫 시작, 아침을 약속할 수 없는 사람과 무엇을 하겠습니까? 가난은 없어서 가난한 것이 아닙니다. '조금만 더'에 마비된 것입니다.

말이 많으면

말이 많으면 허물을 면하기 어려우나, 입을 조심하는 사람은 지혜가 있다(잠 10:19).

사도 야고보는 "나의 형제자매 여러분, 여러분은 선생이 되려고 하는 사람이 많아서는 안 됩니다. 여러분이 아는 대로, 가르치는 사람인 우리가 더 큰 심판을 받을 것입니다"(약 3:1)라고 가르침을 줍니다. 선생은 물론 목사나 방송인 모두 말의 사고를 잘 낼 정도로 말을 많이 해야 하는 사람들이기 때문입니다. 그런 직업을 가진 사람들이 아니더라도 누구에게나 이유를 막론하고 말이 많은 것은 좋게 보이지 않습니다. 말이 많은 것만으로도 그의 미숙한 사람됨이 드러납니다.

말이 많은 것 자체도 문제지만, 말이 많으면 아무래도 실수가 더 나옵니다. 본문은 "말이 많으면 허물을 면하기 어려우나"라고 말하고 있는데 이 말은 직역하면 "말이 많으면 잘못을 멈추는 것이 안 된다"입니다. 말이 많으면 말에 빠져 말을 제어할 수 없습니다. 예수님은 기도할 때조차 말을 많이 하지 말라고 하십니다. "너희는 기도할 때에, 이방 사람들처럼 빈말을 되풀이하지 말아라. 그들은 말을 많이 하여야만 들어주시는 줄로 생각한다"(마 6:7). 그런데 우리는 기도를 많이 하라는 가르침을 말을 많이 하라는 것으로 착각합니다. 기도는 입으로만 하는 것이 아닙니다. 침묵의 기도는 '말하는 기도'가 아니라 하나님의 말씀을 '듣는 기도'입니다.

　말이 많다는 것은 말이 생각을 따르지 않았다는 것입니다. 생각 없이 말한다는 것입니다. 생각 없이 말했으니 얼마나 쓸데없는 말을 많이 했겠습니까? 예수님은 그 쓸데없는 말 한마디까지 심판대에 오를 것이라고 합니다. "내가 너희에게 말한다. 사람들은 심판 날에 자기가 말한 온갖 쓸데없는 말을 해명해야 할 것이다. 너는 네가 한 말로, 무죄 선고를 받기도 하고, 유죄 선고를 받기도 할 것이다"(마 12:36-37). 그러므로 말하기 전 생각해야 합니다.

　"입을 조심하는 사람은 지혜가 있다"는 말에서 '지혜가 있다'는 히브리어로 '마스킬'인데 '생각하다', '숙고하다'는 뜻의 히브리어 '사칼'의 사역동사입니다. 그러므로 "입을 조심하는 사람은 생각하게 한다"는 말입니다. 말의 조심은 생각하게 합니다. 말하기에 앞서 생각한다는 것입니다. 유대인들의 탈무드는 말의 절제가 얼마나 필요한지를 가르쳐 줍니다. 그들은 말하기 전에 세 황금 문을 지나게 하라고 했습니다. 세 가지 생각의 문입니다. 첫째 문은 "이 말은 꼭 필요한 말인가?", 둘째 문은 "이 말은 진실한 말인가?", 셋째 문은 "이 말은 친절한 말인가?"입니다.

의인의 혀 악인의 마음

의인의 혀는 순수한 은과 같지만, 악인의 마음은 아무 가치가 없다(잠 10:20).

'의인의 혀'와 '악인의 마음'이 나란히 나옵니다. 혀와 마음이
서로 다른데 어떻게 나란히 있는 것일까요? 혀의 히브리어 '라숀'은
'말', '언어'라는 뜻도 가지고 있습니다. 사실상 말입니다. 그리고
악인의 마음이 이어지는 것은 말이 마음에서 나오기 때문입니다.
말이 헛나왔다고 하지만 그냥 헛나올 수 있나요? 사실상 우리의
본심입니다. 예수님은 마음을 나무로 비유하고 말을 열매로 비유하
며 "나무가 좋으면 그 열매도 좋고, 나무가 나쁘면 그 열매도 나쁘다.
그 열매로 그 나무를 안다. 독사의 자식들아! 너희가 악한데, 어떻게
선한 것을 말할 수 있겠느냐? 마음에 가득 찬 것을 입으로 말하는
법이다. 선한 사람은 선한 것을 쌓아 두었다가 선한 것을 내고,
악한 사람은 악한 것을 쌓아 두었다가 악한 것을 낸다"(마 12:33-35)고
말씀하십니다. 잘못 말한 한마디로 "독사의 자식들아!"라고 독설을
뿜으시는 것은 말이 곧 마음임을 깊이 새기라는 말씀입니다.

의인의 혀, 그 말은 순수한 은과 같다고 합니다. '순수한'의 히브리어 '니벡하르'는 '골라낸', '선택된'이라는 뜻입니다. 의인은 깊이 생각하여 골라낸 말을 쓰기 때문입니다. 말을 고르면서 생각합니다. 핸드폰으로 문자를 보내는 우리는 얼마나 생각할까요? 그래서 손편지를 쓰는 옛사람들은 정선된 말을 썼습니다. 편지를 쓰며 생각합니다. 선한 마음이 쌓입니다. 거기서 선한 말이 나옵니다. 은같이 가치 있는 말을 생각합니다. 그 골라내는 과정에서 마음을 가꾸게 됩니다. 의인의 마음입니다. 그래서 골라낸 말은 근심과 번민을 바꿉니다. "마음에 근심이 있으면 번민이 일지만, 좋은 말 한마디로도 사람을 기쁘게 할 수 있다"(잠 12:25). 그러나 악인의 말은 다릅니다. 입에서 나오는 대로 내뱉습니다. 고를 생각조차 하지 않습니다. 아무 가치가 없는 말, 다툼과 증오의 말일 뿐입니다. 말을 고르는 것은 가치 있는 일입니다. "부드러운 대답은 분노를 가라앉히지만, 거친 말은 화를 돋운다"(잠 15:1). 정선된 은과 쓰레기의 차이입니다. 간단합니다. 말을 고르는 것입니다.

출판된 지 130년이 다 돼가는 작가 샤를 와그너의 『단순한 삶』이 현대에 와서 재출판 되었는데, 그 단순함 중 말과 글에 대한 내용이 압도적으로 많습니다. "말은 영혼을 드러내는 탁월한 도구이자 영혼이 제일 먼저 모습을 갖추는 첫 번째 형태입니다. 말은 생각하는 대로 나오는 법입니다. 인생을 단순하게 개선하려면 말과 글을 조심해야 합니다. 입술은 영혼이 말하는 대로 손가락은 영혼이 시키는 대로 움직입니다. 말 한마디, 글 한 줄에 그 사람의 영혼 그 깊이와 수준 삶 전체의 모습이 드러납니다."

의인의 말

의인의 입술은 많은 사람을 먹여 살리지만, 어리석은 사람은 생각 없이 살다가 죽는다(잠 10:21).

'의인'과 '어리석은 사람'이 대조됩니다. 둘의 차이는 '생각'이 있느냐 없느냐입니다. 여기서 생각은 영적 생명의 말로 전해집니다. '먹여 살리다'의 히브리어 '라아'는 목양의 은유에서 나온 것으로서 '양들을 먹이다'라는 기본적인 뜻을 갖고 있습니다. 비유적으로 양들에게 주는 먹이는 의인의 생각이 입을 통해 나오는 영적 생명의 말입니다. 의인의 입에서 나온 말은 많은 사람들을 영적으로 먹여 기릅니다. 교육의 기능을 갖고 있습니다. 의인의 말은 영적으로 사람들을 살립니다. '어리석은 자'는 히브리어로 '에빌림'인데 구약성서 여러 곳에서 도덕적 결함이 있는 사람을 가리킵니다. "어리석은 사람은 생각 없이 살다가 죽는다"를 직역하면 "어리석은 사람들은 생각(영적 생명의 양식)의 결핍으로 죽을 것이다"입니다. 사람은 육의 양식으로 성장하지만, 영의 양식으로 성숙합니다.

후자의 미숙함은 영적 죽음입니다. 영적 생명의 양식을 먹지 못했기 때문입니다. 이 양식은 의인의 입술에서만 들을 수 있습니다. 이 양식은 어리석은 사람에게서 들을 수 없습니다. 어리석은 사람은 지혜와 훈계를 멸시하기 때문입니다(잠 1:7). 그러므로 의인을 만나야 참 생명의 양식을 들을 수 있고 참 지혜를 깨달아 영적으로 살 수 있습니다. 즉, 의인을 만나야 하고, 의인의 입술에서 나온 말을 들어야 하고, 그 말을 듣고 의인이 되어야 합니다. 그러나 어리석은 사람을 만나면 참 생명의 말도 짓밟혀져 잃어버립니다.

공자는 『논어』「위령공편」 7장에서 "가여언이불여지언(可與言而不與之言)이요, 불가여언이여지언(不可與言而與之言)이면 실언(失言)이니"라고 말했습니다. 그 뜻을 풀면, "더불어 말할 만한 사람과 말하지 않음은 사람을 잃음이요, 더불어 말할 만하지 않은 사람과 말함은 말을 잃음이다"입니다. 정말로 말해야 할 사람과 말을 하지 않아 사람을 잃을 때가 있습니다. 의인을 만났으면서도 의인인 줄 알지 못해 어리석은 자로 살아갑니다. 그 의인이 바로 우리에게 그 큰 가르침을 주시는 예수님이신데, 그와의 만남이 없어 오늘 교회는 예수님을 잃어버린 것이 아닌가 염려됩니다.

그런가 하면 가르침의 말을 잃을 때도 있습니다. 오랫동안 교회에 다녀도 만나야 할 예수님은 만나지 않고 말할 만한 사람이 아닌 사람(어리석은 사람)에게만 귀를 기울여 큰 가르침을 잃어버리고 있는 것은 아닌지 염려됩니다. 가끔 신문 1면이 어리석은 사람의 말로 가득 차 있는 것을 봅니다. 정작 많은 사람을 살리는 깊은 영적 양식은 한참 뒷면에나 나옵니다. 이것이 세상의 순서일지 모릅니다. 영적 양식을 외면하게 만드는 구조 속에서 죽어가는 우리 모습은 아닌가요? 말씀이 기갈인, 의인이 아쉬운 시대입니다.

마을이 기뻐하고 환호한다

의인이 잘 되면 마을이 기뻐하고, 악인이 망하면 마을이 환호한다(잠 11:10).

'의인이 잘 되는 것'과 '악인이 망하는 것'이 대조되어 있습니다. 결과는 같습니다. 마을의 기쁨과 환호로 이어집니다. 의인과 악인의 결말이 의인과 악인에게만 돌아가는 것이 아니라 공동체에 귀착됩니다. "의인이 잘 되면"에서 '잘 되면'의 히브리어 '투브'의 원형은 '토브'입니다. 세상을 창조하시고서 "하나님 보시기에 좋았다"고 말한 그 '좋았다'가 '토브'입니다. 의인이 잘 되는 것이 하나님의 창조 질서가 아닌가 싶습니다. 그래야 공동체가 기뻐합니다. 살맛이 나는 것입니다.

그러나 의인이 잘 되는 것만으로는 안 됩니다. 악인이 망해야 합니다. 물론 잠언의 이 말을 하면서도 저 역시 잠언(箴言)의 잠(箴)을 맞은 듯 뜨끔합니다. 악인이라는 말 앞에 자유로운 사람은 그리 많지 않습니다. 그러나 공동체의 기쁨을 앗아가는 악인에 대한 망함은 지당합니다. 그것에 공동체의 운명, 크게는 사회와 나라 작게는 가정이라는 공동체의 운명이 달려 있습니다. '환호하다'는 히브리어로 '린나'인데 의성어로 '환호성을 지르다', '노래하다'는 뜻입니다. 기쁜 정도가 아니라 기뻐서 소리치는 것입니다. 노래까지 합니다. 그만큼 의인이 잘 되는 것보다 악인이 망하는 것이 더 중요하다는 뜻은 아닐까요?

악인이 망하는 것을 기뻐하지 않는 사람들은 그들의 패거리밖에 없을 것입니다. 물론 그 악인이 회개하여 의인으로 사는 것이 가장 좋은 것이지만, 오히려 그 악인이 모여 세력을 이루어 공동체를 망치는 것을 우리는 역사 속에서 보아왔습니다. 우리 근대사의 동학부터 4.3, 여순항쟁, 5.18, 세월호 참사에 이르기까지의 공통점은 피해자인 의인은 있는데 가해자인 악인은 없다는 것입니다. 없는 것이 아니라 청산되지 않고 있는 것입니다. 오히려 권력의 중심에 있습니다. 오히려 의인을 옥죄는 구시대의 '국가보안법'이 더욱 굳건할 뿐입니다. 친일 청산, 군부독재 유신 청산은 아스라이 멀어지고 있습니다.

작년 9월인가에 홍범도 장군의 유해가 고국에 돌아왔습니다. 오랜 세월이 걸렸습니다. 그러나 그러는 동안 친일 독재자는 반신반인이 되어 있었습니다. 아니 민주주의의 아버지라고까지 우기는 사람도 있습니다. 어처구니가 없습니다. 역사를 잊은 민족에게 내일은 없다지요? 그런데 오히려 그 악인을 청산할 기회를 주었는데도 무능함과 오만함으로 그 기회를 놓치고 말았습니다. 악인이 망하지 않고서는 대한민국이라는 공동체에 환호란 없습니다.

정직한 사람과 악한 사람

정직한 사람이 축복하면 마을이 흥하고, 악한 사람이 입을 열면 마을이 망한다
(잠 11:11).

앞 절(10절)에서는 의인과 악인의 운명이 마을의 운명을 결정한
다고 말해주지만, 이 절에서는 정직한 사람과 악한 사람의 말이
마을에 미치는 영향을 대조적으로 제시합니다. '정직한'을 뜻하는
히브리어 형용사 '야사르'는 '절단'을 뜻하는 '케리트'에서 온 말이며,
더 나아가 '언약을 세우다'라는 동사 '카라트'에서 온 말인데 하나님
과 인간의 계약에서 쓰입니다(창 15:18). 단지 윤리적으로 사람 사이
에서 정직하다는 말이 아니라 하나님과의 관계에 있어서 정직하다
는 말입니다. '카라트'는 하나님과의 약속을 어기면 베어버린다는
심판의 의미도 갖고 있는 엄중한 말입니다.

'축복하다'는 뜻의 히브리어 '베라카' 역시 하나님께 '무릎을
꿇다', '예배하다'는 뜻을 가진 동사 '바라크'에서 온 말입니다. 정직

한 자의 축복은 그의 경건의 근원이 되는 하나님에게서 왔다는 말입니다. 이런 정직한 사람이 축복을 하면 공동체가 흥해진다는 것입니다. 하나님과의 관계가 바른 정직한 사람의 역할이 이렇게 소중한 것입니다. 정직한 사람은 사실상 다른 사람이 아니라 하나님을 예배하는 가운데 자신을 성찰하는 우리 자신일 것입니다.

반면에 악인의 입은 다릅니다. 악한 사람의 입에서 무엇을 기대할 수 있겠습니까? 예수님은 "너희가 악한데, 어떻게 선한 것을 말할 수 있겠느냐? 마음에 가득 찬 것을 입으로 말하는 법이다"(마 12:34)라고 말씀하십니다. 혹시 입이 원망과 불평, 저주에 익숙해져 있지는 않은지 돌아봅시다. 입에서 나온 말이 아닙니다. 마음에서 나온 말입니다. 그 마음을 가꾸는 것이 무릎을 꿇는 우리의 기도와 예배입니다. 하루아침에 선한 마음이 생기지 않습니다. 기도와 예배라는 수행으로 쌓아지는 것입니다. 그래서 예수님은 "선한 사람은 선한 것을 쌓아 두었다가 선한 것을 내고, 악한 사람은 악한 것을 쌓아 두었다가 악한 것을 낸다"(마 12:35)고 말씀하십니다.

'망한다'는 말은 히브리어 동사로 '하라쓰'인데 주로 전쟁의 배경에서 '성'(삼하 11:25), '성벽'(렘 50:15), '도성'(애 2:2, 미 5:11), '집'(잠 14:1)을 파괴할 때 사용합니다. 전쟁이 그냥 일어나나요? 서로에게 저주를 퍼붓는 악한 말을 통해 시작됩니다. 그 이면에는 나와 내 이익을 내세우는 허영과 탐욕이 도사리고 있습니다. 단지 국가 간의 전쟁만이 아닙니다. 사람 사이도 마찬가지입니다. 악한 마음을 볼 수 있어 갖는 부끄러움은 하나님이라는 거울에 비출 때입니다.

축복의 사람

남에게 나누어 주는데도 더욱 부유해지는 사람이 있는가 하면, 마땅히 쓸 것까지 아끼는데도 가난해지는 사람이 있다. 남에게 베풀기를 좋아하는 사람이 부유해지고, 남에게 마실 물을 주면, 자신도 갈증을 면한다(잠 11:24-25).

물리 법칙에는 어긋나는 말입니다. 남에게 주는데 어찌 더 부유해지고, 아끼는데 어찌 더 가난해진다는 말일까요? 남 주기를 좋아하는데 부유해지고, 남에게 주면 자신이 갈증을 푼다는 것도 논리로는 말이 되지 않습니다. 그러나 우리 삶에서 종종 목격하는 사실이기도 합니다. 사실 어느 정도까지는 남에게 주면 내 것이 비게 되고, 아끼면 재산이 늘어납니다. 그러나 그것은 어느 정도까지입니다. 참된 부와 풍요는 그 이후에 이루어지기 때문입니다. 그래서 이것을 신비라고 하는 것입니다. 우리의 생각과 지식의 한계 너머에서 벌어지는 사건인 것이죠.

성서 잠언은 고대 중동 사회와 이집트, 바빌로니아 등의 지혜들을 모아 그 위에 솔로몬의 이름의 권위를 부여한 것입니다. 성서 잠언과 일반 잠언의 근본적인 차이는 처세의 기술을 지혜라고 말했던 고대의 지혜문헌들과 달리 야훼를 경외하는 것을 그 지혜의 근본(1:7)으로 천명하고 있다는 점입니다. 야훼를 경외한다는 것의 참된 의미는 야훼 하나님의 뜻과 질서를 삶의 방식의 근본에 둔다는 뜻이겠지요. 단지 처세술이 아닌, 더불어 함께 살아가는 세상을 위한, 특히 가난한 사람에게 관심을 기울이는 사람의 삶의 기술인 것입니다.

24-25절은 잠언에 계속 등장하는 의인의 실천을 보여줍니다. 그들은 남에게 줍니다. 베풉니다. 그렇게 함으로써 자신도 부유해지고 갈증도 면합니다. 여기 하나님이 개입이 있습니다. 하나님이 그들에게 복을 내려주시기 때문입니다. 자기 것이라 생각하여 움켜쥐는 사람에게는 하나님이 개입할 틈이 없습니다. 25절로 가면 이 사람을 '축복의 사람'이라고 표현합니다. 새번역 성경은 '베풀기를 좋아하는 사람'이라고 하였고 개역개정은 '구제를 좋아하는 사람'이라고 하였지만, 히브리원문은 '네페쉬 베라카'(축복의 사람)입니다. 베풀거나 구제하거나 은덕을 베풀거나 그 자신이 이미 '축복의 사람'인 것입니다. 사실 의인은 하나님을 대신하여 복을 행하는 사람인 것입니다.

교회라는 밭

밭을 가는 사람은 먹을 것이 넉넉하지만, 헛된 것을 꿈꾸는 사람은 지각이 없다
(잠 12:11).

저마다의 밭을 가는 것이 우리 인생입니다. 직장, 일터라는 밭, 가정이라는 밭, 학교라는 밭, 신앙인이라면 교회라는 밭이 있습니다. 확장하자면 사회, 국가라는 넓은 밭이 있고 더 넓게는 세계가 있습니다. 밭은 속이지 않습니다. 콩 심은 데 콩 나고 팥 심은 데 팥 납니다. 밭의 정직함을 아는 사람은 무엇이 날 줄 압니다. 그리고 무엇을 심어야 하는지 압니다. 그것을 알고 밭을 가는 사람은 넉넉합니다.

학교라는 밭에서 우리는 지식을 거두고 사람됨을 추수합니다. 그러나 언제부터인가 치열한 줄서기만이 밭의 소출이 되어버렸습니다. 비교육적 경쟁만 난무합니다. 사람 농사, 실패입니다. 교육학자 에브리트 라이머는 이미 오래전에 "학교는 죽었다"고 선언했고,

가톨릭 주교이자 신학자인 이반 일리치는 '탈학교 사회'를 주장합니다. 학교가 헛된 것을 꿈꾸는 지각없는 사람을 양산하는 밭이 된지 오래이기 때문입니다. 대체 학교라는 밭에 무엇을 심었기에 이런 결과가 나온다는 말입니까? 학교가 추구하는 가치는 무엇인가요?

'헛된 것'은 히브리어로 '레킴'이라고 하는데 '가치 없는', '공허한', '사악한 것'을 뜻합니다. 그리고 '꿈꾸다'는 히브리어로 '라다프'로 '추구하다'를 뜻합니다. 학교는 그렇다 치고 교회는 어떤가요? 무엇을 추구하고 무엇을 거두려는 밭인가요? 주님은 우리로 먼저 하나님의 나라와 하나님의 의를 추구하라고 하십니다(마 6:33a). 그러면서 "그리하면 이 모든 것을 너희에게 더하여 주시리라"(마 6:33b) 하셨습니다. 우리가 추구하는 먹고 마시고 입는 모든 문제가 풀린다는 말입니다. 그렇게 가치 있는 것을 추구하고 심으면 풍요를 추수하며 넉넉해진다는 말입니다.

교회는 먼저 하나님의 나라와 하나님의 의를 생산하는 밭입니다. 그러기 위해서 그 밭에 뿌려야 할 씨는 하나님의 말씀입니다. 사실 정작 중요한 것은 그 어떤 밭보다도 마음 밭입니다. 마음 밭에 무엇을 심느냐에 달려 있습니다. 바울은 "사람은 무엇을 심든지, 심은 대로 거둘 것입니다. 자기 육체에다 심는 사람은 육체에서 썩을 것을 거두고, 성령에다 심는 사람은 성령에게서 영생을 거둘 것입니다"(갈 6:7b-8)라고 말합니다. 육의 밭이 아니라 영의 밭에 심으라고 말합니다. 영생은 사람다움입니다. 지각없는 사람은 육의 밭에 탐욕을 심는 사람입니다. 지각(知覺)이란 알 知(지), 깨달을

覺(각)입니다. 알아서 깨닫는 것입니다. 알고 깨닫기 위해 배워야 하건만 배우려고 하지 않는다면 지각없는 사람이 되고 맙니다. 하나님이 농부이신 교회라는 밭, 가정이라는 밭이 되기를 기도합니다. 결국 사람 농사입니다.

부드러운 대답과 거친 말

슬기로운 신하는 왕의 총애를 받지만, 수치스러운 일을 하는 신하는 왕의 분노를 산다. 부드러운 대답은 분노를 가라앉히지만, 거친 말은 화를 돋운다(잠 14:35-15:1).

슬기로운 신하와 수치스러운 일을 하는 신하가 대조됩니다. 전자는 왕의 총애를 받지만, 후자는 왕의 분노를 삽니다. 다음 이어지는 15장 1절은 장을 달리하지만, 다른 내용이 아닙니다. 두 신하의 차이는 말에 있다는 것입니다. 잠언은 지혜의 왕 '솔로몬의 잠언'(잠 1:1)이라고 해서 왕과 신하의 궁중 이야기를 전하고 있지만, 실상은 모든 사람을 향한 침(鍼) 같은 말씀(箴言)입니다. 그런 의미에서 말을 할 때는 모든 사람을 왕처럼 여기며 말하라는 이야기가 아닐까요? 그렇게 한다면 말의 실수가 나오지는 않을 것입니다.

철학자 마틴 하이데거는 '언어는 존재의 집'이라고 말합니다.

개인이건 집단이건 말을 통해 그 존재를 드러냅니다. 다른 생명도 그러하겠지만 인간은 말을 합니다. 단지 입으로 말할 때만 말하는 것이 아니라 언제나 말합니다. 책을 속으로 읽을 때도 말하고, 생각할 때도 말하고, 심지어 침묵할 때도 말합니다. 때론 자면서도 말합니다. 그래서 말로 존재를 바꾼다는 것입니다. '일자천금'(一字千金)은 한 글자가 천금이라는 말입니다. 글자만 그런 것이 아니라 말도 그러합니다. 그래서 말 한마디에 천 냥 빚을 갚는다고도 합니다. 하지만 잘못 말하면 천 냥 빚을 더 질 수도 있습니다.

이것이 부드러운 대답과 거친 말의 차이입니다. 두 말의 대조는 슬기로운(지혜로운) 사람과 수치스런(미련한) 사람의 차이입니다. 말도 사랑과 같이 공급자 방식이 아니라 수급자 방식이어야 합니다. 아무리 좋은 이야기도 상대를 생각해야 합니다. 상대를 설득하고 싶거나 상대의 마음을 사고 싶다면 부드러운 말, 더 실용적으로 표현하면 예쁘게 말할 줄 알아야 합니다. '거친'이라는 말은 히브리어로 '에체브'라고 하는데 '아픈', '상처난'이라는 뜻입니다. 거친 말은 상대에게 상처를 준다는 것입니다. 그래서 분노를 일으키고 인간관계를 무너뜨립니다. 예법 중 가장 중요한 것이 말의 예법입니다. 잠언에 가장 많이 나오는 구절이 말에 관한 것임은 예사롭지 않습니다.

지혜로운 사람의 가장 큰 걸림돌은 거친 말입니다. 다른 것은 몰라도 말에 관한 한 부드러운 것이 강한 것입니다. 즉, 훨씬 효과적입니다. 거친 말은 급한 마음에서 출발합니다. 욕심이 앞섭니다. 주의하십시오! "급할수록 침착하게, 바쁠수록 여유 있게" 마음을 다스려야 합니다. 거친 말을 내뱉는 순간 '나'라는 존재는 무너집니다. 그만큼 공신력이 없어집니다. 말은 영혼을 드러내는 탁월한 도구이자 영혼이 제일 먼저 모습을 갖추는 첫 번째 형태입니다.

자화자찬

네가 너를 칭찬하지 말고, 남이 너를 칭찬하게 하여라. 칭찬은 남이 하여 주는 것이지, 자기의 입으로 하는 것이 아니다(잠 27:2).

'자화자찬'(自畵自讚)이라는 말이 있습니다. "자기가 그린 그림을 자기 스스로가 칭찬한다는 뜻으로 자기가 한 일에 대해서 자기 스스로 칭찬함을 이르는 말"(다음 어학사전 참조)입니다. 물론 아무도 없는 데서 스스로를 대견스럽게 여기는 것과는 다릅니다. 혼자서 자기가 자기를 격려하기 위해 자기를 칭찬하는 것은 필요한 일입니다. 아침에 일어나 화장실에서 거울을 볼 때마다 그리고 저녁에 집에 들어와 씻을 때도 거울 앞에서 자기를 격려하고 칭찬하십시오.

자기를 비난하지 마십시오. "내 주제에!", "나 같은 것이 뭘!" 이렇게 말하면 자기가 자기에게 폭행을 가하는 것이나 마찬가지입니다. 자기가 자기를 비난하여 온 마음에 멍이 든 사람들이 적지 않습니다. 자기를 비하하면 나도 모르게 부정적인 사람이 된다는 것은 잘 알려진 정설입니다. 자기를 칭찬하고 자기를 격려하는 사람은 성숙한 사람입니다.

그러나 주의하십시오. 본문이 말하려는 것은 혼자 있을 때가 아니고 남 앞에서입니다. 남 앞에서 자기를 칭찬하는 것은 상황과 상대에 따라 다르겠지만 조심하십시오. 혹 자기를 잘 보이게 하려고 남 앞에서 자신을 칭찬하고 있다면 그것은 자신을 비굴하게 만드는 것이 될 수도 있습니다. 옛날부터 우리는 남 앞에서 아내와 남편 혹은 자식을 칭찬하면 팔불출(八不出)이라고 했습니다. 팔불출이란 열 달을 채 못 채우고 여덟 달 만에 나왔다는 뜻으로, 몹시 미숙하고 어리석은 사람을 말합니다. 하물며 남 앞에서 자기를 칭찬하는 것은 말하나 마나입니다. 물론 남 앞에서 자신을 칭찬할 수 있습니다. 스스로에게 힘이 되기도 합니다. 그러나 혹 다른 마음은 없을까요? 혹 공명심이나 허영은 아닙니까? 그래서 남 앞 이전 먼저 하나님 앞에 서야 합니다. "사람의 행위는 자기 눈에는 모두 깨끗하게 보이나, 주님께서는 속마음을 꿰뚫어 보신다"(잠 16:2).

본문의 '남'은 히브리어로 '자르'인데 그 뜻은 '타인', '이방인'입니다. 어떻게 모르는 사람이 칭찬할 수 있겠습니까? 그러니 칭찬을 아예 기대하지 말라는 말이 아닐까요? 칭찬은 시작도 끝도 남이 하는 것입니다. 더 궁극적으로는 하나님입니다. "그러므로 네가 자선을 베풀 때에는, 위선자들이 사람들에게 칭찬을 받으려고 회당과 거리에서 그렇게 하듯이, 네 앞에 나팔을 불지 말아라. 내가 진정으로 너희에게 말한다. 그들은 자기네 상을 이미 다 받았다. 너는 자선을 베풀 때에는, 오른손이 하는 일을 왼손이 모르게 하여,

네 자선 행위를 숨겨두어라. 그리하면, 남모르게 숨어서 보시는
네 아버지께서 너에게 갚아 주실 것이다"(마 6:2-4).

이 순간에 있기

울 때가 있고, 웃을 때가 있다. 통곡할 때가 있고, 기뻐 춤출 때가 있다. 돌을 흩어버릴 때가 있고, 모아들일 때가 있다. 껴안을 때가 있고, 껴안는 것을 삼갈 때가 있다. 찾아나설 때가 있고, 포기할 때가 있다. 간직할 때가 있고, 버릴 때가 있다(전 3:4-6).

하나님께서 사람의 마음에 '영원'을 넣어주셨지만, 사람은 하나님이 하시는 일의 처음과 끝을 깨닫지 못합니다. 다만 전도자가 깨닫듯이 '지금 "기쁘게 사는 것, 살면서 좋은 일을 하는 것, 사람에게 이보다 더 좋은 것이 무엇이랴"(12절) 이것으로 충분합니다. 인간은 '현재'를 통하여 '영원'에 이르기 때문입니다. 그러나 우리가 '지금 여기'에 현존한다는 것은 쉽지 않습니다. 그리고 때로는 그 말을 오해하여 순간의 쾌락에 충실한 것이 그 말의 뜻이라고 착각하기도 합니다. 우리는 종종 울고 있을 때는 웃을 때를 생각하고, 통곡할 때는 언젠가 기뻐 춤출 때가 오겠지 합니다. 사랑할 때는 혹시

헤어질 때 어쩌나 염려하고, 포기해야 할 때 움켜잡습니다. 지금 여기에, 존재하지 못하기 때문입니다.

전도서 3장의 이 '때'가 있다는 가르침은 바로 그때를 놓치지 말라는 가르침입니다. 그 순간에 온전히 존재할 수 있어야 한다는 것을 말하고 있는 것입니다. 삶에는 희로애락이 깃듭니다. 생로병사의 과정을 거칩니다. 이 중 어느 것을 그냥 통과하거나 피해 가고자 하는 것은 욕심이고 어리석음이며 또 한편으로는 소중한 것을 잃는 것이 됩니다. 왜냐하면 그 모든 과정과 순간에 영원에 이르는 다리가 놓여 있기 때문입니다. 그 모든 때에 충실할 수 있다면, 현존할 수 있다면 바로 그 순간이 깨달음의 순간이며 하나님이 함께하심을 충분히 경험하는 시간이 될 것입니다. 그것을 은총이라고 하지요. 은총은 좋은 날이어야 경험하는 것이 아닙니다. 고통 한복판에서도 경험할 수 있습니다. 다만 그 순간 깨어 있다는 조건에서 그렇습니다.

우리가 살아오면서 또 살아가면서 얼마나 많은 '때'를 놓치며 살아갈까요? 그러므로 지금, 오늘 한순간이라도 이 순간에 있어 보십시오. 지금 아프십니까? 지금 그 아픔 한가운데 있어 보십시오. 지금은 '아플 때'이니까요. 지금 그 어느 때보다 만족스러우십니까? 그렇다면 한껏 그 순간을 감사로 응답하십시오. 언제 이 행복이 사라질까 그런 걱정은 저 멀리 버리고 말입니다. 그러므로 언제나 누구나 지금 이 순간 존재할 때, 지금 이때에 있을 때 우리는 행복할 수 있습니다. 몸이 아파도, 가난해도, 그 어떤 고통과 고뇌 가운데 있더라도 말입니다. 모세가 타지 않는 떨기나무 가까이 하나님을 보려고 다가갈 때 하나님께서 그에게 말씀하셨습니다. "이리로 가까이 오지 말아라. 네가 서 있는 곳은 거룩한 땅이니, 너는 신을 벗어라"(출 3:5). 하나님이 계신 곳, 따로 있지 않고 "네가 서 있는 곳이 거룩한 땅"이라 하십니다. 지금 여러분이 있는 바로 거기, 그곳이 영원의 자리입니다.

때가 있다는 것은

하나님은 모든 것이 제 때에 알맞게 일어나도록 만드셨다. 더욱이, 하나님은 사람들에게 과거와 미래를 생각하는 감각을 주셨다. 그러나 사람은, 하나님이 하신 일을 처음부터 끝까지 다 깨닫지는 못하게 하셨다. 이제 나는 깨닫는다. 기쁘게 사는 것, 살면서 좋은 일을 하는 것, 사람에게 이보다 더 좋은 것이 무엇이랴!(전 3:12)

어느덧 그 뜨겁던 날들이 사그라들고 아침저녁으로는 서늘한 기운이 사방 가득합니다. 올여름도 어김없이 덥고 힘들었지만, 곧 닥쳐올 기후위기를 생각할 때면 '아, 이 정도 더위는 그래도 견딜 만하다'는 생각이 들게 합니다. 만약 이 여름이 여름답지 않게 서늘하거나 시원했다고 하면 어땠을까요? 그것을 반가워하고 좋아하는 사람은 아마 아무도 없었을 것입니다. 오히려 심각한 현상으로 알고 걱정하거나 두려워하였을 것입니다. 왜냐하면 여름은 여름다워야 하고 겨울은 겨울다워야 하기 때문입니다. 그것이 지금 당장의 더위보다 더 큰 위기와 두려움을 막기 때문인 것이죠.

이것이 바로 '때'가 주는 평화입니다.

　전도서 3장은 '때'의 교훈에 대한 유명한 말씀입니다. "모든 일에는 다 때가 있다. 세상에서 일어나는 일마다 알맞은 때가 있다. 태어날 때가 있고 죽을 때가 있다. 심을 때가 있고 뽑을 때가 있다"(1-2절). 그러니 '지금 여기'를 살라는 것이 이 말씀의 교훈입니다. 이것을 우리는 "하나님이 모든 것을 제때 일어나도록 정해 놓으셨다"는 말로 고백합니다. 하나님께서 인간에게 "과거와 미래를 생각하는 감각(영원을 사모하는 마음)을 주셨으나, 하나님이 하신 일을 처음부터 끝까지 다 깨닫지는 못하게 하신"(11절) 이유는 우리로 하여금 '지금'을 살게 하시려는 데 있습니다. 하나님의 신비에 마음을 빼앗기기보다 나의 삶의 오늘에 충실한 것이 오히려 하나님께 더 가까이 가는 길입니다.

　우리는 종종 과거의 한때를 몹시 그리워하거나 반대로 미래의 어느 때를 한껏 기대하며 살아갑니다. 그러나 어느새 그렇게 하는 목적을 놓치고 맙니다. 과거의 한때를 그리워하는 것은 그때가 있어 오늘이 더 가치 있게 하기 위해서입니다. 미래도 마찬가지입니다. 미래의 어느 때의 영광을 위해서 지금 이 순간이 얼마나 귀중한 시간인지를 깨닫는 데 그 기대가 소용되어야 하는 것입니다. 지금을 잃어버리고 놓치고 과거의 한때에만 머물거나 미래의 아직 오지도 않았고 올지 안 올지도 모를 그때에 마음을 빼앗기는 것은 어리석은 일입니다. 그래서 하나님은 다만 '영원을 사모하는 마음'(개역)만을 주신 것입니다. 전도자는 그래서 말합니다. "이제 나는 깨닫는다. 기쁘게 사는 것, 살면서 좋은 일을 하는 것, 사람에게 이보다 더

좋은 것이 무엇이랴!"(12절) 지금 여기를 보람되게 사는 것 말고는
아무것도 아닌 것입니다. 지금 여기를 사는 사람에게 과거는 가치
있고 미래는 영광될 것입니다.

지금 여기

사람이 먹을 수 있고, 마실 수 있고, 하는 일에 만족을 누릴 수 있다면, 이것이야
말로 하나님이 주신 은총이다(전 3:13).

우리는 쉽게 '지금 여기'를 잃어버리고 살아갑니다. 그 자리를
'언젠가 어디선가'가 대신 차지하고 있습니다. '욜로족'이라고 들어
보셨지요? 욜로는 2011년도에 나온 노래 <더 모토>의 노래 가사
중 "You Only Live Once"의 머리글자를 따서 줄인 말(YOLO)입니다.
한동안 유행했고 지금도 이 가치대로 살아가는 젊은이들이 있습니
다. 이들은 일단 적게 소유하고 그로부터 만들어진 시간과 공간을
하고 싶은 일을 하는 데 사용합니다. 미래를 위해 투자하고 준비해온
기성세대와는 아주 다른 삶의 방식이죠. 욜로족이 나온 저성장시대
라는 시대적 상황이 있기는 하지만, 사실 거슬러 올라가면 인류와
늘 함께 해왔던 하나의 삶의 방식이기도 합니다(전도서 3장의 교훈
역시 욜로족의 조상쯤 될 것 같네요).

어떻게 보면 무책임하고 대책 없는 삶의 태도로 보일 수 있습니다. 좀 더 높은 가치와 의미가 따로 있어서 그것을 위해 지금은 고생하고 노력하는 과정을 감당해야 한다고 생각하기 때문입니다. "젊어서 고생은 사서도 한다"는 말, '고진감래'(苦盡甘來) 등이 그런 삶의 경험으로부터 나온 말들이죠. 아이들에게도 대학생만 되면 원하는 모든 할 수 있을 것처럼 중고등학교 시절을 공부에만 전념하도록 강요합니다. 요즘은 같은 반 친구 중에 이름 모르는 아이들도 있다고 합니다. 반 친구들뿐 아니라 학년의 거의 모든 아이의 이름을 알던 옛날과는 완전히 다른 시대인 거죠. 왜냐하면 친구를 사귀고 이름을 외우는 시간에 영어 단어 하나 더, 수학 공식 하나 더 외우는 것이 더 중요하기 때문입니다. 지금 여기를 그냥 버리고 있는 것입니다.

전도서 3장의 '때'는 하나님이 이미 정해놓으신 '운명'을 의미하는 것 같습니다. 그래서 "사람이 애쓴다고 해서, 이런 일에 무엇을 더 보탤 수 있겠는가?"(9절) 하며 운명론 앞에 무력해집니다. 그러나 하나님의 뜻은 "사람이 하나님이 하신 일을 처음부터 끝까지 다 깨닫지는 못하게 하셨다"(11절)는 데 있습니다. 하나님이 정하신 불변의 운명 앞에 살아가는 존재가 아니라 오히려 그것을 알지 못하므로 주어지는 매 순간, 지금 여기에서 "먹고 마시고 하는 일에 만족하는 것"(13절)을 통해 하나님의 은총을 경험할 수 있다는 것입니다. 그리고 나아가 운명은 바로 그 선택과 집중을 통해 사실상 이루어지는 결과인 것입니다. 간디의 말입니다. "미래는 현재 우리가 무엇을 하는가에 달려 있다."

    그것이 하나님이 정하신 운명이건 내가 이생을 통해 이루고자
하는 삶의 목표이건, 그것은 지금 여기, 내가 하고 있는 일을 통해
이룰 수 있는 것입니다. 지금 여기를 잃어버리면서 언젠가 어디선가
는 손에 잡히지 않는 헛된 꿈에 불과합니다. 태어날 때, 죽을 때,
심을 때, 뽑을 때, 울 때, 웃을 때, 허물 때, 세울 때, 찾아 나설
때, 포기할 때, 사랑할 때, 미워할 때…, 지금 내가 만나 경험하는
이 시간, 이 자리, 이 일(직업, 사람, 신앙, 쉼 등등)을 통해서 하나님께
이르시기 바랍니다. 하나님의 뜻을 이루시기 바랍니다. 다른 데서
찾지 마십시오. 다른 데는 없습니다.

산돌의 아침
매일 성서 묵상 (구약)

2023년 12월 29일 처음 펴냄

지은이 | 김종수·김경희
펴낸이 | 김영호
펴낸곳 | 도서출판 동연
등 록 | 제1-1383호(1992. 6. 12)
주 소 | 서울시 마포구 월드컵로 163-3
전 화 | (02)335-2630
전 송 | (02)335-2640
이메일 | yh4321@gmail.com

ISBN 978-89-6447-980-3 03040